北方民族大学学术文库

北方民族大学西北少数民族社会发展研究基地成果

民国时期上海回族商人群体研究

A Study of the Hui Merchant Community of Shanghai in the Period of Republic of China

杨荣斌　著

社会科学文献出版社
SOCIAL SCIENCES ACADEMIC PRESS (CHINA)

目　录

表格目录

序　言

民国时期是回族商人群体近代化转型的历史时期。清末以来政治体制、商业政策的转变，全球化商业模式的侵入，近代民族资本主义及工商业的兴起，以及上海作为全国金融中心的确立等诸多优势条件的形成，让一向善于经商的上海回族商人们，在这一时期的商业洪流中，把握机遇，充分发挥着自身的经商才能。回族商人在商业领域异常活跃，回族商业也出现了规模不断扩大，经营范围愈加广泛的整体繁荣的景象。其中，还包括了回族商业买办的出现，行业垄断的形成，民族工商业的创办，以及国内国际贸易交往不断深入等新气象的出现，上海回族商业进入了一个全新的发展时代。

随着商业的复苏，上海回族商人们开始致力于伊斯兰教事业的建设。他们集中力量整顿教务，兴办伊斯兰教学校，宣扬、发展伊斯兰教文化，救济施赈、全力支持伊斯兰教慈善公益事业，全面推动上海伊斯兰教事业的发展。但是，由于时局的动荡以及战乱的影响，上海回族人民的权益始终无法得到保障，回族同胞生活在水深火热之中。为了进一步维护国家的主权以及保障回族人民自身的合法权益，上海回族商人们纷纷带头，联合发起创办回族社团，一方面加强商业联系，进行商业合作；另一方面，进一步加强伊斯兰教慈善事业建设，抵制侮教行为，组织并参与爱国运动和斗争，合群体之力兴教爱国。上海回族社团的出现，改变了以往以行会为纽带的单一、滞后、相对孤立的组织形式，代表着整个回族社会在新时期的自觉，体现着上海回族商人与时俱进的先进性。

民国时期上海回族商人群体的发展是一个不断进步的过程，从以往孤立的个人、分散的群体，发展成为一支独立的社会力量，除了国家政策和社会环境的影响之外，更多的是回族商人们自身实力的增强，政治思想日趋成熟，阶级意识萌发增长，民族富强意识越来越强烈，迫切要求组织起来的自觉思想。上海回族商人群体在新的历史时期展现了其时代性与先进性的特征。与此同时，上海回族商人群体呈现出诸多新的发展态势。本书以上海回族商人和商业模式的新发展，以及商人对伊斯兰教事业的热衷与传承为切入点，探讨民国时期上海回族商人群体的发展特质及其影响。从民国时期上海回族商业发展与商人转型、回族商人组织的发展、回族商人资本模式及商人结构的多样化发展、回族商人对伊斯兰教事业的传承，以及回族商人群体爱国护教思想和活动的强化等方面全面揭示民国时期上海回族商人群体的演变与发展。

前　言

近代以来，上海受到西方资本主义的巨大影响，上海地区的回族商人所处的社会环境发生了重大变化，回族商人群体的发展，同传统社会相比，表现出不同的时代和地域特点。在近代，小农经济在资本主义经济的冲击下逐步解体，政府也开始逐步放弃传统的“重农抑商”的政策，开始转向扶植商业的发展，为中国商业发展创造了一定条件。但军阀混战，帝国主义的入侵，以及外国资本的涌入等，给上海回族商人群体和回族商业带来了不小的冲击。其冲击方式和程度的不同，也导致了上海回族商人群体在各领域发展过程中呈现出不同的特点。学术界对回族商人和商人资本的研究已经取得一定成果，但就上海地区回族商人及回族商业的研究而言尚嫌不足。本书选取民国时期上海回族商人群体为研究对象，旨在进一步深化对近代商人的研究，同时揭示不同地域回族商人发展的不同特点。

东南地区的回族史学研究处于刚刚起步阶段，一批有价值的史料有待挖掘和研究。现有公开材料，以及笔者搜集、整理的资料多集中于近现代以来上海回族商业领域，就材料运用而言，对民国时期上海回族商人群体的研究，资料相对丰富，具有较高的研究意义。

一　研究现状综述

（一）回族商业及回族商人研究

学术界对回族商业及回族商人的研究已趋于成熟，国内外相关研究成果也较多。涉及回族商业的理论著作有赖存理的《回族商业史》（1988）一书，此书较为详细地叙述了自唐、宋、元、明、清及民国以来回族商业的发展历程及活动特点。就相关学术论文而言，主要集中于对近代西北地区的回族商贸活动的研究。其中，马宗保的《回族商业经济与历史上的西部开发——以民国时期西北回族商业活动为例》（2005）以民国时期西北回族商业活动为例，对回族商业经济及其在西部开发中的作用进行了简要论述，并指出西北回族在边疆所开展的商业贸易活动具有跨民族、跨文化区的特点，这有利于打破传统经济文化类型的封闭性，优化了区域经济结构，推动了区域经济发展。王正儒的《试论民国时期西北回族商业经济特点》（2011）总结了民国时期西北回族商业呈现出来的新特点，即回族传统经营行业新变化、回族皮毛贸易外向型发展、回族商业资本向产业资本转化、回族商业新组织和商业新模式出现、回族官僚资本形成等。马丽娟的《近代回族商业经济的历史贡献及其作用》（2008）指出近代回族的商业经济不仅门类众、数量多，且逐步走上现代商业机制。近代回族商业的发展，对中国传统的经济结构的平衡、社会福利的增进、各民族之间的融合及国际间的交流等起到了积极的作用。

伊斯兰教对商业的重视和鼓励对近代回族的商业和商人的发展起了独特的作用，相关学术研究有刘天明的《伊斯兰经济思想》（2001）一书，此书叙述了伊斯兰教经济伦理思想中对于商业道德的重视，对丰富的伊斯兰教商业道德思想内容进行了梳理，并阐述了伊斯兰教商业思想对回族商业活动和发展起到的积极和消极的作用。相关学术论文中，王伏平的《伊斯兰教对回族商业活动的影响》（2002）认为伊斯兰教对回族群众而言不仅是宗教信仰体系，而且是一种社会价值观念，对回族经济起着重大影响。伊斯兰教对回族商业活动的影响主要表现在伊斯兰教鼓励经商、伊斯兰教重视商业道德及伊斯兰教对利息的态度三方面。郭春霞的《论回族商业伦理》（2009）指出作为全民信仰伊斯兰教的民族，回族商人在伊斯兰文化的熏陶与洗礼下，形成了一套独具特色并具有鲜明价值取向的商业伦理。其商业伦理渗透到回族穆斯林的经济生活中，并以其独特的风韵在历史和现实中发挥着积极的作用。邱双成的《伊斯兰经济思想对回族商业经济的影响》（2012）认为回族商业经济的形成、回族商业经营的顺利开展、回族商业经济的经营原则、回族商业经济行为中薄利多销的经营特点等都深受伊斯兰经济思想的影响。

针对区域回族商人的研究大多集中于西北地区，钟银梅的《近代甘宁青皮毛贸易中的回族商人》（2008）以近代甘宁青皮毛贸易中的回族商人为视点，对回族商人在近代甘宁青皮毛贸易中的角色转变、经营特点及其对贸易和民族关系的推进等方面展开阐述，深化了甘宁青皮毛贸易的研究。丁士仁的《穆斯林的商业道德和经商之道——以临潭回族商人的商业行为为例》（2008）指出临潭回族商人是中国回商的一个缩影，临潭回族商人的发展得益于伊斯兰教重视商业、提倡积极入世的价值理念，临潭回族商业的发展为甘南藏区的经济文化发展作出了重要贡献。牛海桢、李晓英的《近代包头商业城市的兴起及回族商人的作用》（2007）指出近代随着外国资本主义的侵入，包头作为一个以皮毛交易为中心的边界贸易城市发展起来。皮毛等商品交易的发展成为包头兴起的一个十分重要的原因。在此过程中，一向在中国“具有企业精神”的回族发挥了中坚作用。

国外相关回族商业及回族商人的研究成果，有美国学者吉列特所著《在北京和麦加之间——城市中的中国穆斯林的消费与现代化》（2000）一书，刻画了西安回民的经济消费状况及其变迁的过程，并阐述了中国穆斯林的商业观及消费观在现代化演进中的转变。相关论文中，美国学者詹姆斯·米尔沃德的《回族商人与中国边境地区的羊毛贸易》（1989）通过对中国回族商人在边境进行羊毛贸易的较为详尽的描述，反映了回族商人在传统商业中的优势及回族商人的特性。另外，近代日本对中国回族商业的研究也较为重视，有几志直方的《支那西北羊毛贸易和回教徒的作用》（1941）、小林宗三郎的《关于北京回民小额借贷》（1941）等。这些学者探索当时中国穆斯林动向的意味比较浓厚，其研究主要围绕皮毛贸易等西北地区回族经营的传统商业行业展开，并对中国回族商业及商人特质进行探讨。

（二）上海地区回族社会及商人群体研究现状

受史料充裕与否、学术氛围浓淡等诸多因素的影响，对我国回族商人群体研究的重点仍集中于西部地区。比较而言，东南地区，特别是上海，这一领域的研究尚处于起步阶段。20 世纪 90 年代开始，西强南弱的研究现象逐步引起了学术界的重视，上海回族社会及回族商业研究也开始初露峥嵘，涌现了一批回族学的研究专家和学者。其中，包括上海师范大学的王建平教授，上海社会科学院宗教研究所的葛壮研究员，上海伊斯兰教协会的张志诚和白润生，以及王志云、哈宝信、江宝城等学者，亦有不少相关研究成果问世。

（1）有关近现代上海回族社会概况的研究，包括张志诚、朱克同的《黄浦江畔的上海回族》（1988），王志云的《上海回族概况和民族工作》（1990），葛壮的《近代上海社会中的伊斯兰教》（1993）及白润生的《伊斯兰教在上海》（2008）等。这类文章均对上海回族的来源，以及近现代上海回族社会的经济、文化、宗教等方面作了概述性的描写，通过这些文章，可以大致了解近现代上海回族商人群体所处的社会环境。

（2）有关民国时期上海回族社团的研究成果，张志诚的《20 世纪初上海伊斯兰教学术文化团体——中国回教学会》（1992）对中国回教学会这个为中国伊斯兰文化事业做了大量工作，成为近现代中国伊斯兰教历史上一个有影响的宗教学术文化团体的创立、发展及主要工作作了一番叙述，通过此文可以对民国时期上海回族商人群体在文化教育事业发展方面的贡献有大致的了解。此外，还有王建平的《近代上海伊斯兰文化存照：美国哈佛大学所藏相关资料及研究》（2008）一书，和相应的两篇文章《清末上海穆斯林社团成立董事会事件初探》（2006）、《清末上海清真寺董事会的内外关系、样板作用及借鉴意义》（2007）。其中《清末上海清真寺董事会的内外关系、样板作用及借鉴意义》一文根据哈佛大学燕京学社图书馆珍藏的《上海清真寺成立董事会志》文献，分析了上海清真寺董事会代表的穆斯林社团与国家和地方政府的关系，以及与教职人员和教民的关系。通过宗教及和谐模式的角度分析了上海清真寺董事会在中国伊斯兰教中的样板作用，认为这样的宗教社团组织的出现是近代中国伊斯兰社会积极适应社会变革形势的发展结果。

（3）有关上海回族商业的研究，张志诚的《上海地区的回族及其经济活动概述》（1994）对民国之前上海回族经济的演进以及近代上海回族经济模式的状况进行了概括性的叙述。朱克同的《古玩市场和珠玉汇市——上海回族穆斯林传统的行业》（1996）对上海回族的珠玉及古玩业等传统商业行业的发展作了概述。葛壮的《近代上海回商群体的特征与文化贡献》（2008）从近代上海回商群体的形成及该特殊群体的外在特征及文化贡献三个方面入手，对近代上海回族商人活动和文化特征的形成和发展，以及所表现出的时代意义作了阐述。

（4）有关民国时期上海回族商人群体反帝反封建斗争的史料，哈宝信的《上海回族抗日救亡运动述略》（1995）、江宝城的《辛亥革命与反袁斗争的上海穆斯林》（1996）等文，以及上海社会科学院历史研究所的《辛亥革命在上海史料选辑》（1966）一书中有关上海回族商人群体反帝反封建斗争的资料，为民国时期上海回族商人群体反帝反封建斗争、爱国思想的研究提供了丰富的史料依据，同时也展现了上海回族抗日救亡运动对中国抗日战争胜利的作用和贡献。

简言之，近些年来对于上海回族商业的研究，国外的研究学者及成果几乎没有，国内的研究状况虽已有起色，研究成果也开始相继涌现，但仅限于为数不多的几个专家和学者的努力，仍处于起步阶段。上海回族及回族商业的研究需要受到学术界广大学者的重视。本书立足根本，紧扣当时的时代背景，以上海回族商人群体近代化发展、变化及特征为重点，以期还原近代上海回族社会、回族商业及回族商人群体的发展脉络，并进行探讨和总结。

二　主要研究资料介绍

1. 地方史志资料

本书大量运用了上海地区的地方史志资料。其中，以《上海通志》《上海民族志》及《上海宗教志》等史志中有关上海回族及伊斯兰教的资料作为写作的基础性材料。另外，具体的商业领域的志书也是本书研究的重点材料，为上海回族商业及商人研究的细化和深入提供了依据。包括《上海饮食服务业志》《上海文物博物馆志》《上海日用工业品商业志》《上海对外经济贸易志》等。此外，《上海市静安区志》《上海市卢湾区志》《上海市黄浦区志》《上海市南市区志》《上海市杨浦区志》《上海市普陀区志》《上海市虹口区志》等各区县志也对上海各地区回族在各领域的相关资料给予了很大的补充。

2. 档案馆馆藏资料

上海市档案馆馆藏资料中有关回族方面的材料，数量有限且分布零散。在为数不多的相关资料中，《上海清真寺成立董事会志》（Y3－1－195，上海市档案馆，1911）的发现，是笔者研究材料的一次突破，也是本书针对上海回族商人思想探析和研究的重要材料依据。《上海清真寺成立董事会志》是成立于清宣统元年（1909）的上海最早的回族社团——上海清真寺董事会的内部刊物。上海清真寺董事会成立一年，即将会务文件及工作记载整理成册，刊印成《上海清真寺成立董事会志》，内容包括：上海县发给董事会的告示，清真两等小学堂的暂行规则，敦请阿訇教授经文、公坟集捐规则，老北门、南门外两座清真寺照片，穿心街（即福佑路）清真寺大门及内部绘画图景，以及标明清真寺地址所在的专绘地图等。《上海清真寺成立董事会志》中的相关文章集中体现了上海回族商人群体近代化转型过程中，伊斯兰教传统思想的传承、民族观念和国家意识的加强。其中，《敬劝教员热心教育》《赞石子藩诸君热心公益纪念》《赞前辈扩充清真寺及公坟纪念》《劝戒同教箴言》《应尚贤堂民教相安论》等文所反映的就是回族商人在伊斯兰教事业各个领域建设中所展现的传统精神、民族意识和国家观念的变化和发展。

此外，档案馆馆藏其他相关资料，包括回族商业领域：《上海古玩商业历史沿革》（S186－3－1，1954）、《宝丰肇记行概况调查》（Q78－2－13429）、《中法药房股份有限公司概况调查》（Q78－2－14798，1947）等；回族文化教育事业方面：《上海市教育局关于私立清真小学呈请立案》（Q235－1－1038，1927. 11）、《上海市教育局关于私利敦化小学呈请立案》（Q235－1－1192，1930）；伊斯兰慈善公益方面：《上海市社会局关于回教慈善会注册登记等文件》（Q6－9－294，1948. 9）、《上海振兴公司股票持有人关于将股票捐助振兴珠玉汇市的来函（附股票）》（S185－1－36，1918. 1）、《上海市社会局关于苏北各属回教教胞旅沪同乡会申请登记的文件》（Q6－5－1064，1948）等。这些档案资料是民国时期上海回族商人群体在各领域活动研究的基础。

第一章　上海的回族及民国初期上海回族商人群体的形成

第一节　上海回族溯源

早在宋代，上海地区已有少数来自国外的穆斯林在当时的华亭县及青龙镇一带贸易。北宋政和六年（1116），在青龙镇所属的秀州华亭县，“兴置市舶务，抽解博买，专置监察一员”。其时“蕃商舶船辐辏住泊”。南宋以后，“后江浦湮塞，蕃舶鲜至，止令县官兼掌”①。吴淞江逐渐淤塞，导致青龙镇海上贸易日衰，到上海经商的境外穆斯林也逐步减少。

史载伊斯兰教正式传入上海始于元代。公元13世纪初，蒙古军西征，一批中亚及西亚的贵族被征服后编入蒙古军队。1275年，伯颜渡江分兵三道，董文斌帅左军，出江并海取道江阴，趋淀浦、华亭。当时，一些信仰伊斯兰教的色目人，如沙全、阿散、麻合马、纳速剌丁、涅只、阿塔纳、暗都剌、哈只、剌马丹等被差遣到上海做官。② 其中，元至元十二年（1275），元朝将领沙全（西域回回，哈剌鲁人，原名抄

① （元）脱脱等：《宋史》第1~12册，中华书局，1977，第4558页。

② 参见明正德年间顾清纂《松江府志·守令提名》第二十二卷，第1~7页；引自《天一阁藏明代方志选刊续编》第六卷，陈垣：《元西域人华化考》，商务印书馆，2008，第263~275页。

儿赤）率兵驻华亭，因功授官华亭县达鲁花赤（长官）。至元十四年（1277）建立松江府，沙全即任松江管军万户府达鲁花赤。另外，元元贞元年（1295），阿拉伯人赛典赤·纳速拉丁出任松江府达鲁花赤，部属将士随其留居松江一带。[①] 元至正年间（1341～1368），松江府已有31户色目人定居，其中主要是西域回回。[②] 这些西域回回于松江府西景家堰北与“回回坟”接壤处，建立了上海地区第一座清真寺——松江真教寺，成为伊斯兰教传入上海的标志。

明初，朱元璋分封开国元勋中的回回将领食禄金山卫和嘉定等地。明天顺年间（1457～1464），明朝为巩固海防，又将在西北地区甘州、凉州的两千多名“寄居回回”“归附回回”迁徙到江南各卫（包括上海金山卫）。[③] 至此，回回人口大幅增加，民族共同体不断聚合并趋于完整。回族的逐步形成为上海回族的发展打下了基础。

至清嘉庆年间（1796～1820），上海地区的穆斯林开始增多且聚集。道光二十三年（1843）上海开埠以后，亦有大量的穆斯林来沪谋生。另外，道光二十九年（1849）江宁水灾和咸丰三年（1853）太平军攻占南京后，原籍南京、扬州、镇江一带的回民为了避难逃至上海，最初聚居在南门外沪军营附近（今属上海南市区），因为多为南京籍回民，该地遂被称为南京街。清道光三十年（1850），英国侨民在上海开设跑马总会，在界路（今河南中路）花园弄（今南京东路）一带开辟跑马场。咸丰十一年（1861）跑马场迁至芦花湾（今人民公园、人民广场）。山东、河北等地回民从蒙古贩马来到上海，并受雇养马、驯马和赛马，其中，以山东泰安和江苏靖江的回民居多，后来转到马立斯（今大沽路）等处定

① 《上海市松江县地方史志》编纂委员会编《上海市松江县地方史志》，上海社会科学院出版社，1991，第961页。

② 《上海宗教志》编纂委员会编《上海宗教志》，上海社会科学院出版社，2001，第259页。

③ 《上海宗教志》编纂委员会编《上海宗教志》，上海社会科学院出版社，2001，第259页。

居。光绪二十一年（1895）中日甲午战争以后，山东、河南、河北、湖北、安徽、江苏、浙江等地，有不少穆斯林至沪谋生，在上海普陀区的小沙渡、药水弄、英华里（原名樱花里），黄浦区的东新桥、马立斯，杨浦区的八埭头，卢湾区的斜桥等地块，形成了新的聚居点。至光绪三十四年（1908），浙江富商叶贻铨创办江湾跑马厅（今武川路、武东路一带），招用的骑师及马夫，大都是来自宁夏、河北、山东的回民，其中以山东籍较多。此外还有流动的回族马贩子，往来宁夏、新疆和上海之间。[①]

19世纪末20世纪初，日商在沪西开设纱厂，一批来自湖北、河南、山东和安徽等受灾地区的回民经同乡同教人介绍，被招募入厂做工，多数居住在英华里。另外，因淮河和黄河泛滥，又有一批来自河南、山东和安徽等地的回民逃荒至上海，在沪西小沙渡、药水弄一带搭棚定居，主要靠拾荒、设牛羊肉摊和饼面摊，以及出卖劳动力维持生计，后在上海的南北英华里、长寿里、梅芳里、东麻里、大旭里和小沙渡、药水弄一带（今属普陀区长寿街道）形成了沪西回民聚居点。至此，新的回民聚居点逐步形成和扩展，回民聚居区不断壮大的同时，也为民国初期上海回族商人的发展、商人资本的积累，以及回族商业的逐步兴盛奠定了根基。

第二节　民国初期上海回族商人群体的形成及代表人物

一　民国初期上海回族商人群体及商人资本的形成

《古兰经》中曾描述："谁为主道而迁移，谁在大地上发现许多出

① 《上海市杨浦区志》编纂委员会编《上海市杨浦区志》，上海社会科学院出版社，1995，第966页。

路和丰富的财源……真主必报酬谁。”（4：100）[①] 回族早在其先民时期就显现出人口多迁徙、商人随商业流动频繁的特点，上海回族商人群体的形成也源于此。回族人善于经商、乐于经商的特质，加之上海国际型贸易中心的确立，吸引大批回族商人纷纷至沪经商，谋求发展。此外，时局的动荡，同样吸引了大批为了躲避战乱的穆斯林及大量资金的涌入，形成了民国初期上海回族不断扩充、回族商人队伍不断壮大的局面。

随着各地回民及回族商人的大量涌入，上海回族商人资本有了一定的积累，回族商人人数也得到了扩充，为回族商人群体的形成奠定了基础。规模性的回族商人组织的建立，最终促成了上海回族商人群体的形成。清宣统元年（1909），上海回族商人们呈请上海县知事田宝荣，成立“上海清真董事会”，旨在“教中集会、兴学、培莹，整规暨一切兴利除弊诸要务”，后又以上海市清真会之名向政府注册，有近百名回族商人及回族同胞参加了成立大会。[②] 回族商人组织的建立，改变了以往回族商人孤立、分散的局面，商人队伍得到整合，回族商人们加强协调和合作，统一从事大规模的社会活动，并作为一支独立的社会力量走上历史的舞台。加之，在以伊斯兰教为纽带的回族社会内部，宗教性、民族性强烈的回族商人组织的建立，及其各项活动的开展，进一步增强了回族商人群体的凝聚力。民国初期，随着回族商业资本的积累、回族商人人数的不断扩充，以及回族商人组织的建立，上海回族商人群体最终得以形成，并且为民国时期上海回族商业的发展和回族商人的近代化转型打下了坚实的基础。

1911 年辛亥革命爆发，大批江浙的穆斯林及回族商人逃至沪，

① 《古兰经》，马坚译，中国社会科学出版社，1996，第 239 页。（4：100）即第 4 章第 100 条，下文同。

② 《上海宗教志》编纂委员会编《上海宗教志》，上海社会科学院出版社，2001，第 269 页。

并将资金转入上海。其中，尤以江苏为多。“辛亥武昌首义后，南京的官绅即争先恐后乘船逃往上海”①。“这些金陵富贾绅商，纷纷关闭作坊和手工工场，将资金转入上海、武汉等沿江口岸城市，投资房地产业、典当业、珠宝、古玩业，甚至钱土号（即钱庄与鸦片土合而为一经营商号），他们获利致富，逐渐成为晚清、民国时期实业界、金融界的大亨，并构成近代上海市回族上层层次的主要成分”②。由此可见，民国初期南京籍回族商人在上海回族商人群体中，商业实力雄厚，且拥有很高的社会地位。

表1－1　民国初期南京回族资本转移上海的概况

投入行业	代表人物	经营项目及经济实力和影响
棉纺丝织业	蒋长泰家族、蒋含斋、蒋苏龕	南通棉纺织业、苏州丝织业
珠宝古玩业	哈少夫、金子云、马少臣、改某某	垄断上海珠宝古玩业，由沪转港、澳、东南亚
绸缎棉纱业	马希贤、马莀臣、“马源丰号”	由上海再回归南京开设“老九章”
百货批发业	马乙棠、马裔五父子、杨子渊	宁缎、缎帽、折扇批发，垄断长江流域
金融资本业	速子翔、蒋家淦	上海招商局、交通银行

资料来源：南京市伊斯兰教协会：《南京回族伊斯兰教史稿》，金陵刻经处，2000，第69页。

表1－2　民国时期镇江回族五金业资本转向上海的情况

字　号	创办人	主营业务	原籍店铺名	籍贯
“涌兴裕”	金质庵	以批发为主，兼为他家五金店代办进货业务	涌兴裕五金店	镇江
“恒裕”	金克卿	代办进货等		镇江
华兴五金店	金鹤卿	五金电料、钢铁、石油、石油电料、日用百货、生活必需用品等	九江涌兴裕	镇江
中和五金号	夏容光	五金业务及美国奇异牌电灯泡进货托运业务	中和公司	镇江
复兴五金店	金克卿	五金电料	复兴五金店	镇江

资料来源：阮仁泽、高振农：《上海宗教史》，上海人民出版社，1992，第576～577页。

① 南京市伊斯兰教协会：《南京回族伊斯兰教史稿》，金陵刻经处，2000，第46页。

② 南京市伊斯兰教协会：《南京回族伊斯兰教史稿》，金陵刻经处，2000，第45页。

此外，20世纪20年代后期，适逢工业、建筑业发展起来，大量需要五金电料，故五金电料业应运而生。此时，上海回族商人从事的五金电料业发展迅速，其中，绝大多数是由镇江籍回族商人创办的。

20世纪20年代，江苏淮阴、泗阳、宿迁等地的回族相继来沪谋生，聚居在韬朋路（今通北路）一带。30年代，河南、山东等地穆斯林也在韬朋路聚居。另外，山东籍穆斯林多聚居在戈登路（今江宁路）、康脑脱路（今康定路）。还有，河南周口、槐店及安徽等地因天灾战乱，部分回民迫于生计，离乡背井，加上陇海铁路通车，就辗转来到租界谋生。河北、北平、天津等地的“梨园”、武术界人士到上海演出后有的寓居于此。有些是公共租界巡捕房到北平、威海、烟台招募的巡捕，因到捕房工作，留居境内。[①] 当时，杨浦区系租界监狱所在地，每年西牢增补华人看守时，都会通过教亲关系吸收一批外地穆斯林来沪。另外，随着租界经济的发展，原来住在南门外经商的回民遂迁至城北九亩地一带（今属上海南市区豫园街道），从而逐渐形成了南市回民聚居点。

民国初期，随着回族商人资本的不断积累，上海回族商业开始展现蓬勃发展的势头，回族商人们也凭借精湛的技艺、高尚的品德和创新的经营，逐渐在近代上海商业经营领域占据一席之地。商人资本的有效积累，使得上海回族商人在近代化转型中，思想意识、文化素质不断提高，价值取向也更为优化，逐步形成为回族社会内部社会地位较高、经济实力雄厚且号召力极强的领导阶层，进一步促进了上海回族经济社会稳定有序的发展。

---

① 《上海市南市区志》编纂委员会编《上海市南市区志》，上海社会科学院出版社，1996，第1105页。

二　上海知名回族商人

（一）哈少夫

1. 技艺精湛，行业里手

哈少夫（1856～1934），名麐，字少甫，别号观津老人，源出西域，祖籍江苏江宁，民国时期著名回族商人。自幼家境贫寒，乃弃学经商，从事古玩行业。哈少夫勤奋好学，拥有精湛的金石和书画鉴别技艺，品德高尚，信誉卓著。他所收藏的文物中，以宋赵忠毅铁砚、苏东坡铁如意为盖世奇珍。民国 19 年（1930），哈少夫所作墨梅册页辑入《一百名家画梅集》。民国 4 年（1915）巴拿马国际博览会期间，他将经营古玩数十年所藏精品供陈列展览，荣获美国及中国工商部奖章。

民国 3 年（1914），哈少夫任上海穆斯林珠玉汇市总董。除了在商业领域担任要职外，哈少夫还兼管多家书画学会。1910 年，上海书画研究会成立，哈少夫时任协理。1911 年哈与上海书画研究会同仁办海上题襟馆金石书画会，任副会长。民国 8 年（1919）哈被推选为全国美术展览会参考部委员。民国元年（1912）哈少夫集资建馆于西湖孤山之巅，民国 12 年（1923）复捐款修理该处楼馆。民国 16 年（1927）哈少夫任杭州西泠印社社长。民国 18 年（1929），上海举行中国美术文艺展览会，特聘哈少夫为理事。

此外，哈少夫还曾两赴日本，结识了包括时任日本首相犬养毅在内的一批朝野名流和文人雅士，并获得推崇。在日本业内，更是以文物有无“观津鉴定之章”[①] 为鉴定真伪之标准，决定取舍。民国 18 年（1929），犬养毅来华，专程回访哈少夫，相谈甚欢。哈少夫以珍藏宝

---

① 马维寿：《哈少夫生平及其对上海伊斯兰教的贡献》，引自上海市委员会文史科委员会主编《上海的宗教》，上海市政协文史资料编辑部，1996，第 160 页。

贵铁砚和“铁庐”匾额一方，赠予留念。

哈少夫传承了回族传统行业的精湛技艺，拥有很深的美术和书画功底，并以此加强对外学术交流，扩大了回族传统文化在国内外的影响力。

2. 热心宗教，维护教权

清光绪二十六年（1900）和光绪三十一年（1905），哈少夫两次出资扩建上海福佑路清真寺，并担任该寺务本堂董事。其中，1900年，哈少夫与蒋星阶等22位乡老及回族商人发起扩建两进大殿；1905年又与蒋星阶、金子云、石子藩等31位乡老及回族商人发起扩建三进大殿。民国14年（1925），小桃园清真寺重建，哈少夫偕同马乙棠到武汉募捐基金。民国24年（1935），哈少夫发起翻新福佑路清真寺门楼。当时，穿心街清真寺的水房陈旧且简陋狭窄，哈少夫决心改善其洗浴条件，发起翻造三层楼房，新建水房。他首先认捐6000元，并将侯家浜哈世德堂房地产捐给清真寺。此外，在哈少夫的倡议下，上海回族商人们集资建成了日晖巷清真别墅、真如清真第二别墅和小沙渡清真墓地。

为建回民公茔围墙，董理各项殡葬事宜，哈少夫带头认捐，并倡议募捐。在他的积极动员下，回族商人团体上海清真董事会派专员负责殡葬事宜，为教胞解决了殡葬难题。哈少夫除了关注沪上回族同胞的宗教事业外，对全国教胞的宗教权益亦是积极维护。民国13年（1924）5月21日，粤当道要变卖广州流花桥外先贤宛葛师桂花岗回教坟场，广东博爱社即向上海清真董事会请求支援。哈少夫负责主持董事会议，首先致电孙中山和粤省省长，并联络北平、天津、汉口、杭州、南京、镇江、扬州等地的回族同胞联合行动。经过哈少夫的斡旋，以及各方的努力，同年6月26日，广州市政厅决议撤销拆墓原案，保留桂花岗地，并勘定界址，依界勒石。[①]

尚贤堂是美国基督教传教士李佳白创办的宗教研究单位。哈少夫与李佳白系故交，且相交颇深，哈少夫被尚贤堂特聘为董事。哈少夫经常借基督教讲坛阐扬伊斯兰教哲理，以消除教外各界对伊斯兰教的误解和隔阂，加强了相互之间的交往，提高了上海穆斯林的社会地位和威望。1909 年，哈少夫在尚贤堂的一次演讲中指出："外国基督教是来中国传教，道德高尚者固占多数，但亦有挟恃国势，偏袒教友，激成事端的，欲使民教相安，必须整顿教规，遵循礼法。"[②] 民国 20 年（1931）日军犯境，侵占上海闸北地区，哈少夫忧国忧民，悲愤莫名，乃急电警告犬养毅悬崖勒马。

民国 21 年（1932），《南华文艺》刊载《回教徒为什么不吃猪底肉》一文，北新书局出版《小猪八戒》一书，污蔑伊斯兰教，侮辱伊斯兰教众，引起上海在内全国所有穆斯林的愤慨。哈少夫在穿心街清真寺组织召开回教代表大会，主持会议，并研究行动步骤。统率傅统先和马达五等人，通过一场激烈的争论，让《南华文艺》承认错误，并立悔过书。原稿撰写人也于民国 32 年（1943）9 月 28 日在上海《申报》《新闻报》上登载启事致歉。后又因《南华文艺》拒绝刊登上海清真董事会的驳斥文章，以及北新书店事件的发生，哈少夫遂在达浦生、王义和伍咏霞陪同下，向市政府请愿。最后，聘请律师与租界当局磋商，由租界当局对北新书局强制执行停业三天，三天后北新书局被迫改名"百新"得以复业。此后，适逢天津报社刊登侮辱回教的文章，报社经理倚势拒不认错，双方矛盾激化。哈少夫联合基督教尚贤堂等，以舆论

① 马维寿：《哈少夫生平及其对上海伊斯兰教的贡献》，引自上海市委员会文史科委员会主编《上海的宗教》，上海市政协文史资料编辑部，1996，第 162 页。

② 马维寿：《哈少夫生平及其对上海伊斯兰教的贡献》，引自上海市委员会文史科委员会主编《上海的宗教》，上海市政协文史资料编辑部，1996，第 165 页。

声援天津教胞。

鸦片战争以后，上海市面兴隆，珠玉业亦发展迅猛。同治十二年（1873），京、苏珠玉业同仁设汇市于侯家浜，共同经营。后因故两方产生矛盾，汇市停业并开始了长达19年的诉讼。诉讼后期由哈少夫主要负责，他积极诉讼，广发“被屈冤单”，并刊登于各大报刊，让社会各界了解讼案的事实真相。

从兴建清真寺、回回公墓，到帮助商业同仁诉讼争利权，从在基督教机构宣扬伊斯兰教精神，再到与侮教事件作坚决斗争，不仅是哈少夫个人高尚品德的表现，更多的是作为在回族社会内部拥有较高社会地位、处于领导阶层的商人代表，对回族同胞和回族社会教权和利益的关切和维护。

3. 热心回族慈善事业

哈少夫认为要振兴伊斯兰教，首先，必须办教育，教胞有了文化知识，生活才能有保障，宗教才能保持永久，且主张经堂教育与文化教育并重的教育方式。其次，重视伦理道德，以挽救衰颓之风。最后，结盟团体，整顿教务，扩建清真寺。

宣统二年（1910），哈少夫发起募捐，于福佑路清真寺兴办公立清真两等小学堂，遴选优秀教师授课，并任命学董专职督导。学校人才辈出，其中，包括杨稼山、王义、马功甫、陈叔平等。此外，哈少夫还将生平珍藏古玩展览义卖得款2.3万元，复募集十万余元，并将淡水路三多里6栋住房出卖，将全部款项用于建造中国回教学会会址，并且帮助学会创办上海伊斯兰师范学校和敦化小学。民国18年（1929），哈少夫受聘为敦化小学校董会首席校董。为集资办学，哈少夫还在基督教尚贤堂内陈设文物展览，以募款助学。

哈少夫一生节俭，力斥奢侈，并热衷回族慈善事业。凡遇各类慈善公益活动，哈少夫历来率先认捐巨款，并动员全社会合力募捐。他常说："留财给儿孙，不如留德给儿孙。子孙贤，财多反堕其志；子孙劣，财多适长其骄奢之心。"[①] 比起把财产留给后人，哈少夫更愿意将它们奉献出来，帮助那些遭受苦难的人们，支持回族慈善事业。

表 1－3　民国时期哈少夫在全国范围内的赈灾经历

时　间	受灾地区	任　职	灾　情	赈济方式
民国 2 年（1913）	江宁	红十字会董事	军阀混战，伤兵、灾民	吁请盛宣怀租赁大通轮驶江宁救返
民国 2 年（1913）	浙江温州		灾害	帮助马榕轩前往赈济
民国 9 年（1920）	河南省	赈务会副会长	灾害	负责救灾工作
民国 10 年（1921）	山东、湖南、河南诸省	山东、湖南、河南诸省赈会董事	灾害	负责救灾工作
民国 20 年（1931）	陕西省	陕灾急赈会执行委员	灾害	负责救灾工作
民国 20 年（1931）	江苏省		涝灾	会同南京魏梅村等成立江宁水灾急赈会，并募得赈款近 20 万元
民国 21 年（1932）	东北地区、河南省、安徽省、湖北省	赈济东北难民联合会董事，以及筹募河南、安徽、湖北临时义赈会监察	灾害	赈济
民国 22 年（1933）6 月	北平		灾害	救济回教难民
民国 22 年（1933）9 月	黄河沿岸地区		水灾	急赈

资料来源：马维寿：《哈少夫生平及其对上海伊斯兰教的贡献》，引自上海市委员会文史科委员会主编《上海的宗教》，上海市政协文史资料编辑部，1996，第 168 页。

① 马维寿：《哈少夫生平及其对上海伊斯兰教的贡献》，引自上海市委员会文史科委员会主编《上海的宗教》，上海市政协文史资料编辑部，1996，第 161 页。

哈少夫还历任上海市红十字会华洋义赈会、妇孺救济会、时疫医院董事，红十字会会长，南京金陵送诊给药所总董等职。在受聘上海筹募各省水灾急赈会执行委员建审核组委员时，哈少夫当场认捐十余万元。民国22年（1933）并为北平回教临时难民救济会募捐巨款。

民国4年（1915），哈少夫发起成立振兴实业公司，集资建立振兴汇市，并发行股票，由哈少夫担任公司总董。民国22年（1933），哈少夫、蒋星阶、金子云、金元记均各认股800两，放弃股权，并将股票交至上海市振兴珠玉业回教同人保管委员会。[①] 哈少夫以创办实业、捐献个人资本的方式，力图壮大上海回族商人群体。

民国23年（1934）哈少夫79岁时自书挽联一副，作为对自己一生的评价和对伊斯兰教事业的期望。上联："自壮年往游东海，金石书画，薄负收藏虚名；幸荷士大夫折节下交，道德有人，文章有人，每过从清淡，得助我生平智识。"下联："惜垂老未朝天方，水旱兵灾，空抱慈祥志愿；端赖诸贤达集资兴学，宗教为重，蒙养为重，庶维持悠久，更慰于死后心期。"[②]

"盖闻好施乐善，慷慨出于至诚；作福降祥，仁爱本乎彝秉。修天爵而获无量之报，助公益而为全体之荣。"[③] 哈少夫正是这样一位甘愿为伊斯兰教慈善事业奉献终生的人。在那个动乱时代，伊斯兰教慈善事业恰恰也是回族商人们投入巨大精力建设和维护的。

（二）金子云

1. 热心宗教及朝觐活动

金子云（1869～1937），名基福，字子云，经名尔俩纹底里。民国

① 马维寿：《哈少夫生平及其对上海伊斯兰教的贡献》，引自上海市委员会文史科委员会主编《上海的宗教》，上海市政协文史资料编辑部，1996，第167页。

② 阮仁泽、高振农：《上海宗教史》，上海人民出版社，1992，第525页。

③ 《赞蒋森书君乐助学费纪念》，引自《上海清真寺成立董事会志》，Y3-1-195，上海市档案馆，1911，第69页。

时期著名回族商人。金子云幼年随父至上海，继承家学，熟识珠玉翡翠。青年时期开始从商，经营牛羊皮、土洋什货店、珠宝、呢绒、五金、棕麻等业。民国 20 年（1931）“九一八”事变后，积极投入抵制日货运动，是一位为上海穆斯林敬重的爱国人士。

光绪三十一年（1905），金子云协同石子藩等 12 位回族商人及热心人士，于穿心街清真寺内创立务本堂，后又成立务本学堂，以培育回族子弟。同年，为改善上海回族教胞的宗教活动场所，金子云随同哈少夫、石子藩等热心人士发起扩建穿心街清真大寺大殿。光绪三十三年（1907），金子云独资扩建穿心街清真寺水房，装置冷热水设备。宣统元年（1909），为了适应迅速发展的教务，金子云与 94 位穿心街清真寺乡彦发起改革务本堂，成立上海清真董事会。清真董事会成立后，金子云积极参加团体的内部工作，担任经理，经理银钱董事及施布、施椁董事等职，为上海伊斯兰宗教事业服务。

1910 年，走公坟队伍在肇嘉浜路清真别墅集合整队时，以人数众多，别墅不能容纳，金子云先生乃提议扩建清真别墅，并带头认捐 1000 元，当场得到多数人赞助，推蒋星阶先生负责，完成扩建大业。1911 年，金子云捐资翻建日晖巷清真别墅。[1]

民国 6 年（1917），金子云独资 1.2 万银元购入西仓街 117 号，即为占地 2.4 亩的小桃园花园住宅，邀请上海清真董事会哈少夫到场为证，舍产入公，勒石为碑，将小桃园奉献作为清真寺，并声明金氏子孙放弃对财产权利的主张。后为完善小桃园清真寺的建筑风格，金氏又现出银元一万元，并附建筑设计图，送请清真董事会协助办理。此举得到了上海市内广大穆斯林的拥护和赞助，施工三年，建筑费用达到十万银

① 上海市委员会文史科委员会主编《上海的宗教》，上海市政协文史资料编辑部，1996，第 150 页。

元。施工期间，金子云不辞酷热严寒，监督施工，以保证工程质量。施工后期，金氏还认交补足尚缺的一万余银元。改造完成之后，小桃园清真寺的建筑风格、布置及设施，皆数当时上海各清真寺之冠。通过金子云的不懈努力，小桃园清真寺终于成为阿拉伯建筑风格一流的清真寺。[①]

此外，金子云一生热心于国内的朝觐活动，为接待朝觐的教友，他特意在小桃园清真寺内设计并建造了一栋楼房，予以专用。民国时期中国广大穆斯林前往麦加朝觐的路线一般是经海路，从上海启程，先至香港回教博爱社，中转到新加坡三卡夫清真寺，再乘船至沙特阿拉伯红海港口吉大港，登岸搭车至麦加。由于需要中转、等船，且往往遇到大风浪，旅程费用高、时间长、人辛苦。民国18年（1929），金子云赴麦加朝觐，途经新加坡，就开通每年定期自上海至吉大港的直达专轮，与三卡夫清真寺教长洽谈，后者积极支持，旋即与新加坡英商蓝烟囱公司挂钩。金子云回上海后又与上海商业储蓄银行附设的中国旅行社和上海太古轮船公司磋商，最终达成协议，自1930年起，由上海至沙特的直达专轮正式开通。另外，金子云还利用小桃园清真寺，为来自陕西、甘肃、青海、宁夏等省区朝觐的穆斯林提供膳食便利；为教胞办理出国护照，并以元利商号作担保，向海关请准出国免检手续；预定舱位船票；联系海关检疫所派医生到小桃园给朝觐教胞检查体格、种牛痘、打防疫针，并根据宗教习惯，派男女医生分别为男女旅客服务。开船之日，小桃园还专门派车送朝觐人员等船。直至1937年抗日战争爆发，国内朝觐人数达1000余人次。[②]

---

① 上海市委员会文史科委员会主编《上海的宗教》，上海市政协文史资料编辑部，1996，第151页。

② 上海市委员会文史科委员会主编《上海的宗教》，上海市政协文史资料编辑部，1996，第152～153页。

朝觐，往往是一个穆斯林毕生的夙愿和追求，对回族商人而言，“向往朝觐，成为愈来愈多的穆斯林商人发展经济、勤劳致富的原动力”[①]。传统宗教活动的参与、组织和开展成为回族商人们经济活动的重要组成部分。

2. 热心文化、教育事业

金子云把小桃园清真寺房屋交给上海清真董事会用于办学，为国家及社会培育人才，让无力求学的回族贫寒子弟得以享受基本的教育权利。教授其生产技能，助其发展和成才。学校共收学生达 200 余人。学校因故停办后，金子云又接办孤儿教养所，招收 8 岁至 16 岁孤儿约 50 名，免费供给衣食，还聘请三位教师，负责教养，授以文化知识和初等阿拉伯文《古兰经》课程，一切费用概由金子云个人供给。[②]

民国 14 年（1925），金子云与马刚侯、哈德成、沙善余等创建中国回教学会，当选干事，并资助学会创办上海伊斯兰师范学校。民国 6 年（1917）起，金子云承担小桃园清真寺招收海里凡（学员）的一切费用，并兴办上海回教孤儿教养所、清真回民小学、阿拉伯文补习夜校，承担学生生活以及教育的所有所需费用。每逢岁末，他都会出资购置米票、缝制棉衣等，赈济贫苦的穆斯林同胞。

金子云等一批回族商人坚信：“助款兴学，关系甚宏，上为国家培菁英，下为同教谋发达，而况济济多士，不乏环异之材。一人功成，全教有庆。行见播佳苗于此日，收效果于将来。”[③] 所以，他们通过改革寺院经堂教育，兴办新型伊斯兰学校，倡办普通学校教育，推动回民教育的发展和近代化转型。

---

① 张永庆、马平、刘天明：《伊斯兰教与经济》，宁夏人民出版社，1994，第 367 页。

② 上海市委员会文史科委员会主编《上海的宗教》，上海市政协文史资料编辑部，1996，第 151 页。

③ 《劝捐兴学集会序》，引自《上海清真寺成立董事会志》，Y3－1－195，上海市档案馆，1911，第 24 页。

（三）马晋卿

1. 创办贸易公司，实业兴教

马晋卿（1880～1946），原名马志禄，字晋卿，民国时期著名回族商人。马晋卿自幼家贫失学，仅在南京丰富巷礼拜寺义务小学读过几年的书。清光绪二十年（1894）至沪投师金子云，学习珠玉翡翠业。光绪三十一年（1905），马晋卿自创马晋记商号，经营珠玉翡翠，兼营牛羊皮杂货出口业务。光绪三十四年（1908）又兴办川庄，经营翠玉首饰、五金百货，往返于川沪两地。民国3年（1914），第一次世界大战爆发，英法等国因军需急用牛羊生皮，马晋卿利用时机，将绝大部分资金转入对外贸易。当时，马晋卿所经营的牛羊皮贸易在上海已处垄断地位，有“马晋卿不到场，央行不开盘子”的说法。其分号遍及半个中国，其子称“在欧战的四年又三个月中，先严在上海牛羊皮出口量，居于垄断地位”[①]。

与此同时，马晋卿与哈德成、刘彬如、杨福洲等人创办协兴公司，地址设在上海方浜路晋昌里11号。协兴公司初期主要以出口牛羊皮张为主，后扩大至丝绸、茶叶、瓷器、中药材等，同时进口水晶、蓝宝石、燕窝、西洋参、西药材等货物。其分号遍及全国，分别在南京、和县、六和、蚌埠、徐州、开封、洛阳、许昌、郑州、汉口、老河口、漯河、驻马店、周口、成都、昆明等地设分号，并投资于常德、沈阳、无锡等地。协兴公司还经营木材砍伐、缫丝厂等，并在香港设中转站，在科伦坡设分公司，成为海外市场上回族人创办的最大的外贸公司。[②]

---

① 袁纣卫：《苏南回族商帮》，《回族研究》1998年第1期。

② 余振贵：《中国回族之最》，宁夏人民出版社，1998，第82页。

马晋卿所创协兴公司旨在“同伊斯兰国家开展贸易，兼及考察伊斯兰教教育，以筹集资金，兴办宗教学校和翻译《古兰经》等”①。其间，先后资送哈德成、达浦生阿訇出国学习考察，引进伊斯兰教经书。民国5年（1916）协兴公司设立经书发行处，由马晋卿出资并主持翻印《古兰经》和伊斯兰教典籍20余种。“为阐扬圣教灌输回教经文学识，特向埃及、土耳其、印度、锡兰等处运来经典多种，以供研究伊斯兰教者的需求”②。

此外，马晋卿还有着精湛的珠宝鉴定技能。民国28年（1939）有位姓郭的商人，从香港携巨玉至沪出售，包中玉石微露，多数玉商不能断其含翡翠量及质地优劣，遂不敢购买。马晋卿经过仔细观察后，凭借多年鉴别珠玉的经验，准确判断，将其买下。锯玉后乃为大块优质翡翠，其色质罕见，同业前辈皆称其为多年未见之奇玉。③

民族危机之时，具有民族危机感和先觉意识的回族商人们，开始把个人的发展与民族、国家的振兴紧密地联系到了一起，实业兴教、实业救国，救亡图存。

2. 热心文教、慈善事业

民国14年（1925）6月，中国回教学会成立，马晋卿任干事，后为执行委员。民国17年（1928）上海伊斯兰师范学校成立，马晋卿为该校校董。民国20年（1931）敦化小学成立，马晋卿任该校董事会董事。任职期间，马晋卿将花4万元购得的南市青莲街222号地产4亩捐献给中国会教学，以作敦化小学、伊斯兰师范学校开办之用。并将方斜路、方浜路两处房产的租金捐赠给中国回教学会，以供成立译经社，及聘请沙善余、伍特公、哈德成等翻译《古兰经》。马晋卿还任上海伊斯

① 阮仁泽、高振农：《上海宗教史》，上海人民出版社，1992，第527页。

② 阮仁泽、高振农：《上海宗教史》，上海人民出版社，1992，第527页。

③ 《上海民族志》编纂委员会编《上海民族志》，上海社会科学院出版社，1997，第169页。

兰师范学校校董，并承担伊斯兰师范学校学生马坚去埃及留学的一切费用。[①] 听闻马坚学成归国后，马晋卿即委托哈德成代表中国回教学会前往香港欢迎。民国 35 年（1946）马晋卿在上海归真，据马坚回忆说："临终的时候，还谆谆的嘱咐他的儿子，教他们尽量地帮助我们译经。"[②] 此外，民国 27 年（1938）马晋卿将珍藏的翠灯、翠珠、屏风等珍品，派其子马鹤年、婿杨峙三代为前往美国旧金山出席金门国际博览会艺展，其门票等收入，用于赈济穆斯林难民。马晋卿的慈善活动保障了广大回族同胞最基本的生存和受教育的权益，促进了回族社会的稳定。

（四）许晓初

1. 商业领域的全面发展

许晓初（1900～1998），光绪十六年（1890），黄楚九创办中法药房股份有限公司于法大马路（今金陵东路）。许晓初毕业于复旦大学，民国 16 年（1927）进入中法药房，因办事得力，深得黄楚九赏识，并将其女嫁与他。许晓初善于交际，结识了许多商界闻人和国民党政府官僚。民国 20 年（1931）初，黄楚九去世后由其女婿许晓初任董事长。民国时期，许晓初曾担任全国新药业同业公会主席、工部局华董委员、上海市商会候补执行委员、上海市新药业同业公会常委、上海急救时疫医院院董、公益玻璃瓶厂常务董事、化妆品业同业公会执委、图书教育委员会主席委员、商务委员会商标法规划研究委员会委员等职。

许晓初还陆续向西药业之外的领域投资办企业，除化工制药外，还包括金融、保险、地产、五金、交电、橡胶、器械、玻璃、纺织、

---

① 《上海宗教志》编纂委员会编《上海宗教志》，上海社会科学院出版社，2001，第 687 页。

② 阮仁泽、高振农：《上海宗教史》，上海人民出版社，1992，第 528 页。

印刷、出版、文具等行业。在民国34年（1945）前，计拥有主要投资企业11家，一般投资企业31家，合计42家，投资总额达伪中储券23000万元以上。此外，许晓初还将增资所得的2/3资金拨给民国32年（1943）成立的中兴振兴股份有限公司，作为股票活动资本，中法药房股票上市，由该公司专营。民国34年（1945）抗日战争胜利之前，许晓初担任董事长的公司有6处，任总经理的14处，成为当时的“药业巨子”之一。①

2. 兴办中法药房

许晓初在任职后承袭、改进并发展了公司以往以制造销售本牌产品为主的经营方针。民国22年（1933）中法药房编印出版《卫生要旨》，列有成药及化妆品408种（实际上已超500种）。本牌产品以九一四药水及艾罗补脑汁等“十大良药”为主要品种，其营业额占总营业额的70%左右。本牌产品花色品种之多，为同业之冠。②

为增加生产、发展新品种，民国24年（1935），中法药厂添置机器设备54部，改进原来的手工操作为半机械化生产。为扩大营业，许晓初先后在全国各地发展领牌或联号的代销店达51家，在台湾省台中市以及香港、新加坡、曼谷、三宝垄、泗水、庇能等7处开设特约经销处。民国25年（1936）公司营业额较民国23年（1934）增长24%左右。据民国36年（1947）统计，中法药房本埠、外埠分支机构，分别为6处。本埠厂、店职工共有350人。民国38年（1949）总公司资本为法币10.8亿元。

（五）其他上海知名回族商人

（1）蒋翰臣（1827～1897），名春华，字以行。江南富甲一方的蒋

① 《上海民族志》编纂委员会编《上海民族志》，上海社会科学院出版社，1997，第179页。

② 《上海民族志》编纂委员会编《上海民族志》，上海社会科学院出版社，1997，第178页。

氏家族的创业者，自称“金陵蒋氏”。蒋翰臣曾官至四品衔同知，后退出仕途，与弟福基一起经商。又与同乡合资开设绸缎店“春生鉴”号。19世纪末，蒋翰臣赴日本考察，归来后决意将资金全部投入上海的房地产业，遂奠定了蒋氏家族在上海拓展事业的基础。蒋翰臣一生热衷公益，曾出资购得市郊土地6.9亩，交由上海清真董事会作回族墓地之用。

（2）蒋长泰（1870～1935），字星阶，金陵富商蒋翰臣第五子。曾任上海清真董事会特别名誉议董，负责清真别墅扩建工程策划管理，包揽工程款不足之款项。民国12年（1923），蒋星阶出资募捐面粉1000包，救援日本灾荒。民国2年（1913），袁世凯、张勋攻占南京。蒋星阶租赁英商大通轮驶往南京下关、浦口救护伤兵、难民达数千人，并借屋屯置，散放饵饼，日夜照料，直至战乱平息，助资还乡。蒋星阶还创办了清真庆丰酱园。淞沪抗战爆发，蒋星阶动员子媳、儿女一起出资赶制丝绵背心分送抗日战士，其妻杨氏也变卖金饰以助军用。

（3）蒋长洛（？～1911），字书森，金陵富商蒋翰臣之次子，乐善好施，支持维新，曾创办“钟英学堂”，并为上海清真董事会办学提供英语、国文教师月薪及学费。

（4）蒋国榜（1893～1970），字苏庵，江苏南京人。工诗文，书师汉魏。喜好书画、金石、碑帖等。幼时在家塾读书。早年收集金陵古代文学家百数十家的著作，编印《金陵丛书》及《简离集》等七八种诗文集。其中不少系孤本。辛亥年（1911）举家迁上海，民国3年（1914）与王一亭、哈少夫等合资修葺嘉兴烟雨楼。民国13年（1924）与蒋新吾合资重建南京太平路清真寺。出资建上海真如清真公墓殡舍。抗日战争期间，捐款抗日救国，并率家人及亲友缝制棉衣棉被支援前线。平素乐助公益事业，凡为回民办学及资助孤儿院或国内遇有灾情，必出资救济。晚年随马一浮游，常居杭州西湖。

（5）马榕轩（1868～1923），字廷树，安徽和县人。自小随父学习铜匠技艺，后入上海某军事学堂攻读雷电专科。清末曾任海军钧和舰管带，先后任秦淮河疏浚工程负责人、上海军府稽查营务总稽查、大总统卫队司令官、雷电讲习所所长。1909 年出任上海清真董事会总董。曾投资南通大生纱厂、盐业实业股份公司、盐业银行等。出资刊印《清真指南》《天方典礼》《天方性理》《清真醒世篇》等书赠予穆斯林同胞。

（6）马乙棠（1869～1930），名桐，号位三，江苏南京人。马继承父业，开设马裕隆商号，经营华洋百货，因贸易得法，闻名长江流域。经商之余，献身伊斯兰教事业。负责保管成都清真寺、重庆江南清真寺的房地契约。清宣统元年（1909），上海清真董事会成立，经马榕轩总董，哈少夫、金星伯协董的推荐，为特别筹议董事，参与董事会的各项决策。民国 10 年（1921），协助董事会负责扩建小沙渡清真寺，倡议建立"一文钱筒子捐"，作为该寺自养和购置公坟基金。民国 13 年（1924），当选为董事会协董兼总理事。小桃园清真寺重建时，与哈少夫一起去外地募捐建设资金。曾为董事会整理上海清真寺和伊斯兰团体史料。

（7）马刚侯（1868～1936），名德藩，字中骥，号刚侯，湖北沔阳人。少时读私塾，肄业于汉口中美书院。后获三品候补知府，曾负责武昌纱布局宜昌转运局工作。清光绪二十九年（1903），在上海创办昌明公司，经销中外图书。曾掩护、营救过被清廷通缉的革命党人，结识革命党人黄兴、宋教仁等，遂加入同盟会。武昌起义后，组织商团保安会会员维护治安，救护伤员，支援民军。湖北军政府成立后任交通部长。民国 3 年（1914）以后，历任汉口各团联合会会长、湖北各界联合会筹备主任等。民国 14 年（1925）6 月在上海与哈德成、沙善余、杨稼山、马晋卿等发起成立中国回教学会，当选为干事长。民国 20 年

(1931) 任汉口市政府秘书长。

(8) 杨叔平 (1880～1965)，江苏南京人。幼读私塾，因家贫辍学。后去汉口与同学陈经畬共同经营义顺成鞋帽百货店，后转任申庄副经理。因善于经商，业务范围扩展到百货、纺织、化工等。民国 14 年 (1925) 任中国回教学会委员，并为该会成立而捐款。同年，与陈经畬在汉口创建汉口孤儿院，收容儿童 300 余人。民国 19 年 (1930)，捐款筹建上海敦化小学。民国 21 年 (1932) 与陈经畬捐资数十万元，创建南京孤儿院，亲任院长，收孤儿 500 名。民国 25 年 (1936) 成立上海市福佑路清真寺纳捐人代表会，当选为委员，并任上海回教堂理事会常务理事。抗战时期，与上海工商界人士协力组织救济难民工作。曾花巨资购买德国全套制皂及提炼甘油设备，日本人欲与之合作，生产炸药，遭杨拒绝，他首先将设备的核心部件拆除销毁，最后将全部机器以废铁处理殆尽。

(9) 李鹄成 (1887～1971)，名顺鸿，字鹄成，湖北沔阳人。13 岁在沙市马松和香粉店学徒 3 年。16 岁入上海友信洋行随日商坂川当学徒，翌年升职员。李鹄成是近代上海回族商人中较早经营棉花业的，他于清光绪三十四年 (1908) 赴日本西之宫内外棉纺织厂学机器安装技术和车间管理。民国 4 年 (1915)，因见日本工头欺辱中国女工，遂将工头打伤后辞职从商，与同乡李玉山 (汉族) 合伙开办万丰花号。[①] 后另立李鹊记牌号，地址在天津路盆汤弄，独资经营，担当棉花代客买卖经纪人。[②] 之后开设信成花号、义成花号，并扶持诸多回民开设花号。李鹄成还受聘于上海纱布交易所理事，任该所棉花鉴定人，成为当时全国九大棉花鉴定人之一。[③] 同时还受聘任上海市五马路商界联合会理事。李鹄成还曾去会见日商内外棉厂经理板川武英，希望纱厂能帮助把

① 《上海民族志》编纂委员会编《上海民族志》，上海社会科学院出版社，1997，第 179 页。
② 《上海民族志》编纂委员会编《上海民族志》，上海社会科学院出版社，1997，第 179 页。
③ 《上海民族志》编纂委员会编《上海民族志》，上海社会科学院出版社，1997，第 180 页。

回族穷苦同胞安排在厂里工作。“经日本厂方同意……先后介绍了一大批来自湖北、安徽、河南、山东等省籍的教胞约400余人去做工”[①]。民国14年（1925）上海发生“五卅惨案”时，被推选为商民联合会代表，在罢工、罢学、罢市中担任纠察，参加斗争与谈判。抗日战争时期，为苏北解放区提供物资。

（10）薛贵笙（1912～2013），南京人。民国13年（1924）开设“薛贵记文玩号”，擅长瓷器鉴定。民国35年（1946）、民国37年（1948）先后当选为第一、二届上海市古玩商业同业公会理事。1950年5月被聘为上海市古玩商业公会筹备委员会委员。

哈少夫、金子云、马晋卿、许晓初等人都是民国时期上海回族社会赫赫有名的商人，他们技艺精湛、品德高尚，在各自经营领域，经营有方且商业实力雄厚。作为回族商人，他们宗教信仰笃定，宗教生活是他们日常生活必不可少的组成部分，伊斯兰教事业的维护和建设亦是他们所追求和热衷的。兴建清真寺、组织朝觐、支助伊斯兰教慈善公益事业，无不倾注了他们极大热情和心血。动荡时局下，他们忧国忧民，施赈救灾、发展新式回民教育、实业兴教救国，诠释着民族意识和国家意识的统一。以哈少夫、金子云、马晋卿为代表的一批回族商人，在其近代化转型中，思想意识、文化素质不断提高，价值取向更为优化。具有先觉意识的他们，开始联合起来，合群体之力，发展伊斯兰教、维护国家主权、救亡图存。上海回族商人群体社会地位较高、经济实力雄厚，有能力且有意愿倡兴伊斯兰教各项事业，所以在以伊斯兰教为纽带的回族社会内部，回族商人群体赢得回族广大同胞的信任和尊重，成为上海回族社会中的领导阶层，代表着回族社会的先进思想和先进生产力。他们的发展对上海回族经济社会稳定、有序地发展起到了至关重要的作用。

---

① 阮仁泽、高振农：《上海宗教史》，上海人民出版社，1992，第590～591页。

第二章　回族商人的商业活动

自古以来，回族商人就以善于经商著称，重视商业、鼓励经商也是伊斯兰教传统思想的重要组成部分。伊斯兰教创始者穆罕默德年轻时就有过经商的经历，当时他为古莱氏富孀赫蒂彻经商，“他从不玩忽职守，事实上他证明自己是个精明、诚实的经理人”[①]。穆罕默德曾这样高度评价商人：“商人犹如世界上的信使，是真主在大地上的可信赖的奴仆。”[②]

对于伊斯兰商人的商业道德，穆罕默德也是这样要求：“忠实可靠的商人，在复活日，将与烈士们在一块。”“诚实的商人在报应的日子将坐在主的影子之下。”[③] 回族商人在重视商业经营的同时，必须恪守伊斯兰商业道德，诚实经商：“他曾规定公平，以免你们用称不公。你们应当秉公地谨守衡度，你们不要使所称之物分量不足”（55：7～9）[④]；严禁重利：“吃重利的人要像中了魔的人一样，疯疯癫癫地站起来。这是因为他们说‘买卖恰像重利。’真主允许买卖，而禁止重利”（2：275）[⑤]；提倡施舍：“你们为吃利而放的债，欲在他人的财产中增加的，在真主那里，不会增加；你们所施的财物，欲得真主的喜悦的，

---

① 〔巴勒斯坦〕马茂德：《伊斯兰教简史》，中国社会科学出版社，1981，第20页。

② 南文渊：《伊斯兰教对商业经济的影响》，《宁夏社会科学》1989年第3期。

③ 南文渊：《伊斯兰教对商业经济的影响》，《宁夏社会科学》1989年第3期。

④ 《古兰经》，马坚译，中国社会科学出版社，1981，第414页。

⑤ 《古兰经》，马坚译，中国社会科学出版社，1981，第33页。

必得加倍的报酬”（30：39）[①]。民国时期的上海回族商人群体在探索商业发展的同时，亦遵循伊斯兰商业道德，经商有道、恪守原则。

上海地区，由于优越的地理位置和畅通的交通条件，自古就有“江海通津，东南都会”的美誉。特别自1843年开埠之后，上海成为西方文化输入的窗口，并逐步成为近代中国的经济中心、贸易中心和金融中心。进入民国时期，随着上海社会的进步，经济的繁荣，全国各地的商人、贫民纷纷涌入。其中，也包括一部分回族商人、手工业者和城市贫民。他们的到来，一方面，加速了上海的人口汇集和人口流动；另一方面，则促进了上海经济的发展，以及本民族经济的振兴。其中，江苏籍回族商人从事的商业活动，初期主要是皮货业，后改营珠玉业、古玩业、鸡鸭熟食业、手工业及进出口贸易等。湖北、山东、安徽、河南籍穆斯林，有的当起了劳工，有的发迹后开办工厂，绝大部分则是从事传统的清真行业。20世纪20年代后，有回民经营皮毛、医药、棉花、印刷、五金、进出口贸易等业。经过回族商人们的不懈努力，民国时期的上海回族商业取得了一定的发展。“据统计，新中国成立时，上海回族经营的工业、商业总数为1276户，其中商业（包括坐商、摊商、行商）为1214户，占工商总数的95.14%，而工业只有63户，只占4.86%，可见上海回族的商业经济比例之大”[②]。然而，民国时期，内忧外患、时局动荡，商业环境并不理想，“目前工商剧战，机械日新，魄力之宏，吾华难与比并。试阅海关年册，进出相较，每年溢出外洋金钱八千数百万之巨，而赔款尚不在此数。年年如是，无怪财尽民穷。若再因循，不出一二十年，将索华人于枯鱼之市矣！岂不哀哉？”[③] 上海

① 《古兰经》，马坚译，中国社会科学出版社，1981，第311页。

② 张志诚：《上海地区的回族及其经济活动概述》，《回族研究》1994年第4期。

③ 《劝戒同教箴言》，引自《上海清真寺成立董事会志》，Y3-1-195，上海市档案馆，1911，第40页。

回族商人们逐步认识到："惟商贾能兴百业，工艺可塞漏厄。故欧美均以二者为立国大本。"[①] 故决心"亟宜合群图谋，扩充工艺，去短取长，坚持勿懈，加以集合商力，广开实业、学堂，一面造就人才，改良商务，事事足踏实地，诚信相孚，以为进寸进尺之计，万勿再效近时倒账覆辙，败坏大局"[②]。积极改进工序技艺，改良生产方式，培养优秀商业人才，改善商业运作模式，合群力促回族商业之发展。

第一节　传统行业的新发展

一　珠玉业

（一）上海回族商人经营的珠玉业

珠玉、古玩业是回族中最具历史传统的商业行业。所谓珠玉，即指珠、玉、宝石、翡翠；古玩即指金石、书画、文物等。早在唐朝时期，阿拉伯半岛的波斯及大食商人们即已来华经商，他们主要从事珠宝、象牙、丝绸、药材及香料等贸易。在当时的广州等东南沿海城市，来自波斯及大食的商船不计其数，据记载："并载香料、宝石，积载如山，其船深六七丈。"在长安和广陵，胡店、胡邸专售宝石、象牙、琉璃、珍珠。元代也有"回回以宝玉鬻于宫"的记载，至明代，"其人善鉴识，每个贾胡海市中，廉得其琛，故称曰识宝回回"[③]。此后，"识宝回回"

---

① 《劝戒同教箴言》，引自《上海清真寺成立董事会志》，Y3－1－195，上海市档案馆，1911，第40页。

② 《劝戒同教箴言》，引自《上海清真寺成立董事会志》，Y3－1－195，上海市档案馆，1911，第40页。

③ 茅瑞征：《皇明世法录》卷八一。

的美誉名扬天下。

民国时期，无论是回族珠玉商人个人的商业实力，还是回族珠玉业整体的繁荣程度都达到了新的高峰，上海地区尤为突出。据记载，“民国初年，金才宝于广东路202号开设金才记。民国23年（1934），由子从怡经营。民国35年（1946），登记资本10万元，雇佣伙计4人。是上海最大的古玩店”[①]。也曾有人这样形容民国时期的上海回族珠玉业，“吾教商人，除少数从业洋货、五金、颜料及银钱业之外，其大多数则为珠宝、翡翠及古玩商。此等商人大多数资本雄厚，实力庞大，堪执沪市该行业之牛耳”[②]。

民国时期上海回族珠玉业的发展也并非一帆风顺。时局的动荡，让经营珠玉业的回族商人们的发展愈发艰难。“抗日战争前，外销甚盛，当时营业大多数为外商垄断，同业中少数直接经营出口贸易，然皆限于资本以及业务难以发展；抗日战争时期，日寇侵入巧取豪夺，偷盗不少历史文物，我业限于时势，营业清诶，甚至多数手工艺制品者废其业去度负贩生活糊口；抗日战争胜利后，反动政府通货膨胀制定不合理之外汇政策，扼住喉咙，应该复苏之本业以致窒息奄无生气，同业业务始终在风雨飘摇中过来”[③]。逆境中前行，上海回族商人们开始有意识地加强联合，合办公司、壮大同业组织，合群体的力量，共谋发展。“一些回民通过珠宝、古玩的交易，积累了资本，再投资到皮革、颜料、轻工业等行业，成为民族工商业者”[④]。

上海回族珠玉业商人们在取得商业进步的同时，亦将极大的热情投入到伊斯兰教事业中，“在上海的伊斯兰宗教事业中，小到清真寺什物

---

① 《上海通志》编纂委员会编《上海通志》，上海社会科学院出版社，2005，第6266页。

② 淡泊：《战时上海回教徒之生计问题》，载《绿旗》1940年第1卷4、5、6期合刊。

③ 《上海古玩商业历史沿革》，S186－3－1，上海市档案馆，1954。

④ 朱克同：《古玩市场和珠宝汇市——上海回族穆斯林的传统行业》，引自《中国伊斯兰教研究文集》编写组编《中国伊斯兰教研究文集》，宁夏人民出版社，1988，第469页。

添置，大到建盖清真寺、购置墓地等，其财源基本来自上海回民珠宝古玩商人”①。

（二）抗战前，加强国内商业合作及对外贸易

上海开埠之后，南京籍回民陆续抵沪谋生。其中，一部分即已开始从事珠玉和古玩业，“溯我古玩一业其经营范围颇广，然皆小本经营”②。初期，受财力限制，他们只是在城隍庙四美轩、环龙桥一带设珠宝玉器摊。或在茶楼等处做掮客，回民手捧托盘，上面放着墨镜、烟壶、翠玉饰物等，在邑庙、酒肆、游人聚集地兜售。同治元年（1862）邑庙内出现第一家由回商马青山开设的“恒益兴”珠宝玉器店。同治八年（1869），巨商哈弼龙在上海新北门附近开设了第一家由回族商人经营的古玩商铺——“天宝斋”。随后大批穆斯林子弟被送往古玩珠玉业当学徒。此后，四美轩、新北门、老北门一带，开设了数家回民珠玉古玩店。他们逐步积累经验和资金，不断取得发展。

清同治十二年（1873）上海回族珠宝玉器业经营者在南市侯家浜开设珠宝玉器交易公所——玉器公所，主要从事珠玉交易，主要经营者为南京籍的“京帮”和苏州籍的“苏帮”。前者主要是来自南京的回族商人，亦称“金陵帮”，后者则主要是来自苏州的汉族商人。起初，苏帮财力雄厚，其经营的茶会设在城隍庙著名的茶楼——罗神殿内，向大户人家的阔太太、阔小姐销售珍珠、翡翠等，生意日兴。而当时的京帮仅在城隍庙一般的茶楼——四美轩内做有限的珠玉交易。后来，罗神殿进出女人川流不息，引起社会公众议论，认为有伤风化，要求予以取缔。苏帮迫于舆论压力，主动与四美轩的京帮穆斯林商量联合。四美轩

① 《上海文物博物馆志》编纂委员会编《上海文物博物馆志》，上海社会科学院出版社，1997，第426页。

② 《上海古玩商业历史沿革》，S186－3－1，上海市档案馆，1954。

也希望借此机会扩大经营和实力，故双方达成协议，联合扩展，并以石碑记载为据。两帮联合购地盖屋、合作经营。光绪十六年（1890），京苏两帮因捐资建所费用悬殊而诘讼，讼案长达 19 年之久。民国 19 年（1930），京苏两帮复归统一，合并成立上海市珠玉业同业公会。民国时期的上海回族商人们，借与汉族商人的合作，壮大了自身的实力。同时与汉族商人们一起振兴商业，促进同业的整体发展。

上海回族珠玉业商人们一直活跃于同业组织的创建和参与。清同治十二年（1873）上海回族珠宝玉器业经营者在南市侯家浜开设珠宝玉器交易公所——玉器公所。民国 3 年（1914）京帮以发行股票方式集资 11 万两白银，在侯家路 75 号建立韫辉堂振兴珠玉汇市（又称振兴公所），哈少夫任总董。民国 19 年（1930），京苏两帮复归统一，合并成立上海市珠玉业同业公会。民国 9 年（1920），回族商人马长生在租界五马路创建上海古玩市场（俗称老市场），主要经营金石书画、玉器雕刻、古绣名瓷、珠玉古玩，以及手工艺精品等。民国 23 年（1934），因老市场发展需要，珠玉古玩商们另租五马路七开间门面房，创建中国古玩市场（亦称新市场），以出口交易的“洋庄”生意为主。新市场、老市场中回民从业人员占 50% 以上。进入 20 世纪 30 年代以后，上海地区经营珠玉、古玩的回族商人愈发活跃，穆斯林珠玉、古玩业也逐步走向繁盛时期。

民国初期，上海鲜有珠玉商人创办公司。“本市经营珠玉者可分苏邦、甬帮、京帮三种。就中苏帮家数最多，而声势亦大，次为甬帮，再次京帮。言其组织，合资者居多，独资次之，公司经营，尚无所闻”①。民国 4 年（1915），回族商人哈少夫发起成立振兴实业公

① 《上海储蓄银行有关珠宝业调查资料》，Q275 - 1 - 1941，上海市档案馆，1933，第 141 页。

司，集资建立振兴汇市，并发行股票，由哈少夫担任公司总理。回族商人们率先成立公司，以先进的商业模式开创新的发展空间。之后，民国20年（1931），回族商人马鹤卿同合伙人于上海九江路江西路口创办中国贸易进出口公司，主要从事钻石磨制加工业务，兼营进出口业务，此外，还经营车料玻璃器皿等高档进口消费品，以及出口景德镇瓷器。民国35年（1946），回民马功甫将民国路（今人民路）的诚昌祥仿古玩店迁至福州路汉弥登大楼，扩为诚昌进出口公司，经营出口玉器、翡翠、摆件。

民国初年，上海回族商人们便逐步加强对外贸易。20世纪初起，珠玉、古玩业的回族商人们便同广州、香港及东南亚、日本、欧美商行、教会等挂钩，进行出口交易。曾有南洋庄、香港庄（珠玉业的行话，即代表珠玉的颜色为淡雅之意）和美国庄、法国庄、日本庄（代表珠玉颜色为浓郁之意），以及英国庄（代表色浓、粒小、价高之意）之分。[①] 其中，回族商人马长生、马晋卿等人通过美国在沪一家公司专做美国生意，从此发迹。民国元年（1912），回民马功甫在民国路（今人民路）开设诚昌祥仿古玩店，后扩为诚昌进出口公司，经营出口玉器、翡翠、摆件。诚昌进出口公司曾向乌拉圭出口瓷器17箱。金才记古玩号主持人金从德也曾赴美接洽古玩出口业务。[②] 随着进出口贸易的不断深入，不少回族商人将目光瞄准了欧美市场，在欧美各地直接开设店铺，进一步开拓、占领海外市场。回族商人仇荣光于20年代在巴黎塞纳河畔开设了永寿华行，主要从事珠宝玉器的进出口贸易。[③] 另外，回族商人何星厚、何星甫合伙开办的厚昌红木古

① 阮仁泽、高振农：《上海宗教史》，上海人民出版社，1992，第564～565页。

② 《上海文物博物馆志》编纂委员会编《上海文物博物馆志》，上海社会科学院出版社，1997，第426页。

③ 《上海民族志》编纂委员会编《上海民族志》，上海社会科学院出版社，1997，第178页。

玩号，制售红木仿古、新式器皿，及贩售古玩。其货转销本埠华洋巨绅，古玩输往法国，并且在法国巴黎、美国纽约设立分号。作场工人达五六十人之多。[①] 此外，回族商人达静轩等人往来于日本，专做日本庄买卖，成为日本庄代表人物之一。上海回族商人中做日本庄生意的人数较多，且财力雄厚，并且还把持着香港庄和南洋庄的买卖。开埠后，上海的对外贸易日益增多，上海回族珠玉业商人们尝试着打破贸易局限，逐步加强对外贸易，开拓海外市场，积极探索新的发展道路。

（三）抗战时期，逆境中求发展

民国 26 年（1937）8 月 13 日，淞沪战役爆发。上海市区除租界以外，包括苏州河以北的公共租界在内全部沦陷。苏州河以南的公共租界以及法租界成为“孤岛”。当时，上海地区遭受日军狂轰滥炸、烧杀抢掠，商业亦遭受严重破坏。据战后初步统计，在整个日军占领区，12915 家商店 70%受到不同程度破坏。遭受严重损失的华商企业，南市区占 30%，杨树浦、虹口区占 70%，闸北地区几乎是全部。“上海城隍庙商业街十有六七停业，香雪路一带，原来珠宝店、古玩铺和书店、书摊连成片，战争使香雪路变成一片瓦砾堆。沦陷区人烟稀少，市面凋敝，摊贩几近绝迹”[②]。

南市回族珠玉古玩商纷纷将商号迁至租界，有些在五马路古玩市场和附近茶楼接洽业务；有些则在法租界新城隍庙周围设摊；有的避乱歇业，“抗战前南京中央商场曾有回民常子春、马晋卿、杨仲友合资经营的‘中国珠宝商店’，1937 年抗战爆发歇业，胜利后由常子春独资经营‘荣宝斋’珠宝店”[③]；有的干脆改行经营他业，“民国 30 年（1941）12

① 《上海储蓄银行有关古玩业调查资料》，Q275－1－1954，上海市档案馆，1932，第 34 页。

② 朱国栋、王国章：《上海商业史》，上海财经大学出版社，1999，第 155 页。

③ 南京市伊斯兰教协会：《南京回族伊斯兰教史稿》，金陵刻经处，2000，第 45 页。

月，日军占领整个公共租界，五马路新、老古玩市场营业日趋衰弱，一部分回民从业人员无法维持营生，改营他业”[①]。

抗战爆发后，旧城厢的古玩商纷纷涌到广东路及江西路一带开设古玩商号，近百家古玩店在这里形成沪市古玩商业的集散中心，广东路东段成为古玩商业街。据《黄浦区商业志》记载，抗战期间，境内新开的银楼、珠宝、玉器仅有50余家。“自一二八沪变以来，上海市面衰败，古玩销路呆滞”[②]。市场凋敝，物价飞涨。恶劣的商业环境中，上海回族商人们审时度势，合群力办公司，共谋发展。“而外来之珠钻，因受战争影响，已告绝迹，故市价亦告狂涨。但在目前物价飞涨声中，买卖珠钻所需筹码颇巨，有时恐非一人或数人之功所能及者。于是，本市珠宝商，乃于上年十月间，共同集资创设上海兴业钻石翡翠股份有限公司”[③]。民国32年（1943），回商常子春、马受百、马鹏年、马心田等合资创建“上海兴业钻石翡翠股份有限公司”[④]。

（四）抗战后，复苏及振兴

“抗战以后，原料来源中断且币值波动，本业受影响，畿有衰弱之势，南市的同业渐移租界不免原气受伤，非可昔比。”[⑤] 然而随着抗战前迁出的工厂、企业、学校、社团等纷纷迁回上海，新的消费群体逐步形成，上海市场开始复苏。民国36年（1947），全市有酒菜馆705家，旅馆436家，从事金融投机的银行和钱庄增加一倍

① 《上海民族志》编纂委员会编《上海民族志》，上海社会科学院出版社，1997，第163页。

② 《上海储蓄银行有关古玩业调查资料》，Q275－1－1954，上海市档案馆，1932，第10页。

③ 《上海储蓄银行有关古玩业调查资料》，Q275－1－1954，上海市档案馆，1932，第113页。

④ 《上海兴业钻石翡翠股份有限公司申请登记、经济局呈批函、实业部令》，R13－1－1911－1，上海市档案馆，1932。

⑤ 《上海古玩商业历史沿革》，S186－3－1，上海市档案馆，1954。

以上，珠宝饰品、古玩玉器、参燕银耳等奢侈品销量大增，各大百货公司顾客盈门。[①] 上海回族商人经营珠宝、古玩业状况亦开始好转。上海古玩商业同业公会民国34年至民国35年（1945～1946）会员名册记载有回民商店70家。民国35年至民国36年（1946～1947），上海市珠玉商业同业公会有回民会员店137家。民国36年（1947），上海古玩商业同业公会理事和监事，50%以上是回民。[②] 民国35年（1946）3月28日，上海市古玩商业同业公会成立，会址设于广东路218号古玩市场内。3月28日全体会员大会选举产生理事11人，其中，回族古玩商人有金古斋经理金从仁、诚昌斋经理马功甫等；监事5人，回族古玩商人有达永龄文玩号经理达永龄、瑞珍斋经理陈春芝等；常务理事中回族古玩商人有宝云阁经理刘凤高、协昌号经理金少华等。4月3日工会召开首次理、监事联席会议，在各级部门中任职的回族古玩商人包括：负责总务的协昌号经理金少华、鼎古斋经理速世永；司职交际的宝云阁经理刘凤高；负责调查的信昌永经理撒平水、薛贵记经理薛贵笙；负责财务的建义古玩号经理林义生。[③]

表2-1 民国35年至民国36年（1946～1947）上海市资本额在100万元以上的回民珠玉商号

单位：万元

商号名称	组织类别	代表人	资本总额	使用人数	营业地址
同昌首饰商店	合伙	马受百	100	4	洛阳路465号
丽昌首饰商店	独资	马心田	100	5	静安寺路288号
正昌恒记	独资	伍仲南	150	2	泰山路和合坊56号
协昌公司	合伙	金少华	100	2	南东路233号

① 朱国栋、王国章：《上海商业史》，上海财经大学出版社，1999，第200页。

② 《上海通志》编纂委员会编《上海通志》，上海社会科学院出版社，2005，第1459页。

③ 朱克同：《古玩市场和珠宝汇市——上海回族穆斯林的传统行业》，引自《中国伊斯兰教研究文集》编写组编《中国伊斯兰教研究文集》，宁夏人民出版社，1988，第473页。

续表

商号名称	组织类别	代表人	资本总额	使用人数	营业地址
罗泽记	独资	罗泽均	100	2	喇格纳路华宝坊6号半
同昌首饰商店	合资	马静斋	100	4	福煦路327号
华珍首饰商店	合伙	达静轩	100	4	霞飞路590号
晋昌厚记	合伙	马晋卿	500	2	陶尔斐斯路四合里34号
华南记三合行	合伙	杨华章	500	7	太仓路松村5号
四海斋	独资	蒋鸿瑞	100	3	柳林路118弄21号
宜斋号	独资	马存义	100	3	山海关路474号
协昌号	独资	金少华	100	3	东台路荣生里7号
丰记号	独资	马谋忠	100		吴士路21弄4号
天德号	独资	吕恩溥	100	3	南昌路上海别墅8号
升记号	合伙	改维德	100	3	南昌路四合里1号
源昌首饰商店	独资	金致诚	100	4	中正路483号
达昌号	独资	达筱轩	150	3	西藏南路恒茂里7号
罗泽记	独资	罗永建	100	3	城内露香园路开明里52号
鼎昌号		马忠臣	100	3	海防路海防屯42号
合丰	合伙	王宏珊	137	2	西门路天和里85号
晋昌厚	合伙	马南鲲	500	2	南昌路28弄1号
亚开	股份	穆竟成	500		静安寺路68号
同昌禄记首饰商店	独资	马受百	100	4	中正中路465号
同昌静记首饰商店	独资	马静斋	100	4	中正中路327号
百福生饰品有限公司	合伙	杨峙山	3000	6	林森中路1160号

资料来源：《上海民族志》编纂委员会编《上海民族志》，上海社会科学院出版社，1997，第163～167页；《上海市珠玉商业同业公会会员名册》，S185－1－30，上海市档案馆，1946，第65～111页。

表2－2　民国34年12月至民国35年12月（1945.12～1946.12）上海市资本额在100万元以上的回民古玩商号

单位：万元

商号名称	组织类别	代表人	籍贯	资本总额	使用人数	营业地址
信昌永	独资	撒平水	安徽和县	200	3	五马路古玩市场
金古斋	独资	金从仁	上海	400		五马路古玩市场

续表

商号名称	组织类别	代表人	籍贯	资本总额	使用人数	营业地址
薛贵记	独资	薛贵笙	南京	300		五马路古玩市场
鼎古斋	合伙	速世永	南京	200		五马路古玩市场
协昌号	合伙	金少华	南京	500	2	南京路哈同大楼 301 室
瑞珍	独资	陈春芝	南京	200		民国路 541 号
金才记	独资	金从怡	上海	1000	4	五马路 202 号
同源斋	独资	杨仲三	北京	100	4	同孚路 98 号
宝盛	独资	陈康元	南京	100	2	中正东路 1253 号
瑞珍分号	独资	陈春芝	南京	200		广东路古玩市场
艾少记	独资	艾少卿	江苏江都	800	2	五马路 201 号
宝云阁	独资	刘凤高	上海松江	100	1	江西路 59 号
东方美艺馆	独资	何星源	南京	300		南京西路 969 号
荣宝斋	独资	金长荣	南京	100		北京西路 481 号
健义古玩号	合伙	林义生	南京	200		五马路古玩市场
协记	独资	哈恭仁		100		江西路 67 号
富润斋	合伙	杨仲友	南京	100		五马路古玩市场

资料来源：《上海民族志》编纂委员会编《上海民族志》，上海社会科学院出版社，1997，第 167～169 页。

《上海市古玩商业同业公会会员资本额清册》，S186－1－2－26，上海市档案馆，1946。

（五）传承与发展

珠宝、古玩，作为回族人颇具传统意义的商业经营行业，它的发展凝结着回族商人传统的经营方式和经营理念。然而，随着时代的变迁，上海回族商人们在保持传统商业道德和精湛技艺的同时，也开始积极探索全新的发展道路，将珠玉业的发展推向了又一高峰。

“他曾规定公平，以免你们用称不公。你们应当秉公地谨守衡度，你们不要使所称之物分量不足”①。上海回族珠玉业商人沿承伊斯兰传

① 《古兰经》，马坚译，中国社会科学出版社，1981，第 414 页。

统商业精神，诚实经商、注重信誉。金从怡以经营新出土石器、青铜器、唐三彩、宋元名瓷为主。经营讲究货真价实，所售古玩如被确认为赝品，即照价退赔，从不以假乱真、以次充好，声誉甚佳。他经营的"T·Y·KING"也一度成为国外古玩爱好者所熟知的中国大古董商号。太平洋战争爆发前后，京沪古玩业普遍萧条，但唯"金才记"生意兴隆。[①] 与此同时，他们还不断强化传统专业知识和鉴别珍宝优劣、真伪的技能，在同行业竞争中保持独特的优势。民国 28 年（1939）有位姓郭的商人，从香港携巨玉至沪出售，包中玉石微露，多数玉商不能断其含翡翠量及质地优劣，遂不敢购买。回商马晋卿经过仔细观察后，凭借多年鉴别珠玉的经验，准确判断，将其买下。锯玉后乃为大块优质翡翠，其色质罕见，同业前辈皆称其多年未见奇玉。

此外，善于采集原料、收集文物等传统商业技能，也保证了回族商人在珠玉行业保持较强的竞争实力。"金颂清常年在外，远至日本，近则京津等地，收购旧书字画，尤其注重清代精校精刊书，在当时的上海书店中独树一帜，受到社会各界的关注"[②]；"有的则与北京、天津古玩商联系，收购大量流散在外的宫廷珍宝、文物、古玩"[③]；有的回族商人则以上海为据点，往来于云南及缅甸、伊朗等玉石产地，收购原料，进行修饰、加工；有的不断提高服务质量，扩大营销范围。当时日本人爱以质地优良、琢工精细、图案优美的翠玉显耀门第，回商鲍云生抓住日本人春秋两季来沪的时机，持货上门，由客随意挑选。摊商们纷纷效仿，珠玉业地摊业务逐年上升。日本庄形成，对品种的需求也日益扩大。20 世纪 30 年代，鲍云生等回商除了与日本客商同行经营日本庄的

---

① 《上海通志》编纂委员会编《上海通志》，上海社会科学院出版社，2005，第 6266 页。

② 《上海民族志》编纂委员会编《上海民族志》，上海社会科学院出版社，1997，第 211 页。

③ 朱克同：《古玩市场和珠宝汇市——上海回族穆斯林的传统行业》，引自《中国伊斯兰教研究文集》编写组编《中国伊斯兰教研究文集》，宁夏人民出版社，1988，第 469 页。

业务外，还每天持货至虹口一带日本人开设的商店销售，敲开了日本厂商、厂主、高级职员及侨民的门户。另外，还有的上海回族珠玉商人则出入于租界一些特殊场合，结识豪门富户，销售珠宝、玉器、首饰等，谋取厚利，例如金云庵、马子清等人。[①]

在近代化转型中，回族珠玉业商人们积极创新工艺，适应市场需求，促进商业发展。20 世纪 20 年代，鲍云生发现日本游客中有不少珠玉商，便谋划设计日本人喜爱的珠玉及珠玉饰品。如用琢有花卉虫鸟图案的腰圆或长方形的翠玉片，加工成日本男子和服的配饰或搭扣。鲍云生发现日本妇女喜仿唐朝饰物，便结合特有的“富士山”式的发型制成样式独特的配饰，如翠玉两头各穿一孔，镶成头饰，称为“亚鬓钎”，受到日本妇女喜爱。[②] 另外，回族商人们还积极探索自主研发之路，弥补国内商业生产的空白。民国 16 年（1927）春，回商马鹤卿于新北门老永安街创建中国第一家磨钻厂——中国磨钻厂[③]，自任经理，先后培训回、汉青年技工 50 余人，承接全国各地的磨钻加工业务。为了研制钻石磨制工艺的技术，马鹤卿先是同一位英国人前往香港及新加坡、马来西亚等地，调查国外钻石市场产销及磨钻工业技术水平的情况。回国后，又着手探寻国内的钻石原料出产地，含辛茹苦，四处奔波。马鹤卿将采集的钻石原胚携回上海，进行研究和试验，终于加工磨制出我国第一件钻石首饰。

民国时期，上海回族商业进入了一个全新的发展时代，传统商业行业珠玉业也出现了行业规模不断扩大，经营范围愈加广泛的整体繁荣的景象。但动荡的时局使得上海回族商业及商人们不得不在不断的调适中

① 朱克同：《古玩市场和珠宝汇市——上海回族穆斯林的传统行业》，引自《中国伊斯兰教研究文集》编写组编《中国伊斯兰教研究文集》，宁夏人民出版社，1988，第 469 页。

② 《上海民族志》编纂委员会编《上海民族志》，上海社会科学院出版社，1997，第 169 页。

③ 致维德：《中国磨钻工业创始人——马鹤卿》，引自阮仁泽、高振农《上海宗教史》，上海人民出版社，1992，第 575 页。

进行变革和创新。在近代化转型中，上海回族商人一边传承传统技艺、保持传统商业道德，一边开拓新市场、创新新工艺，整个发展过程伴随着传统和现代的交织和统一。

二　清真饮食业

（一）上海的清真饮食业

上海饮食业历史悠久，早在南宋咸淳年间，上海已有本地人开设的便饭店。[①] 清道光二十三年（1843）上海辟为商埠后，万商云集，经济迅猛发展，饮食业的发展亦相当活跃。直至清末，上海酒菜业已具有京、广、川、沪（本地）、扬、苏、宁、锡、杭、徽、闽、湘、豫、潮、清真和素菜等16种风味特色。其中，以洪长兴、南来顺等知名菜馆为代表的清真饮食业已在上海兴盛起来，并且在民国时期确立了重要的商业地位。

早在唐代，回族人中已有出于生计经营饮食者。沈既济《任世传》云，郑子早行，因“门肩未发，门旁有胡人鬻饼之舍，方张灯炽炉，郑子憩其帘下，坐以侯鼓”[②]。上海的清真饮食业始于清末，多由外籍穆斯林经营，尤以南京籍回商居多。经营范围大致可分为清真糕点业、清真鸡鸭熟食业、清真牛羊肉业及清真饼馒业。

清咸丰年间（1851～1861），南京籍回族商人马大兴在今金陵东路河南南路口创办的清真大兴食品商店，成为上海最早一家经营清真糕点的店；上海的清真鸡鸭熟食业亦始于咸丰年间，源于江苏。自明代以来以南京板鸭为代表的南京清真鸡鸭熟食业就已经享誉全国，江苏籍穆斯

① 《上海饮食服务业志》编纂委员会编《上海饮食服务业志》，上海市印刷七厂印刷，2006，第48页。

② 李昉等:《太平广记》卷四五二，任氏，中华书局，1961，第3693页。

林带着名师传授的技艺来到上海，有的总店在南京，只在上海开设分店，字号沿用南京总店的名称，其中就包括了韩介侯经营的韩复兴号、金元庆经营的魏宏兴号、左亮卿经营的金恒兴号等，被称为“南京八大家”的板鸭商号。清末上海晏海路上的“恒源东鸡鸭店”，其总店就是南京的马恒源号。逢冬季，南京板鸭店应时上市，恒源东的货源全来自南京马恒源总店运送上海经销。[①] 光绪十七年（1891），北京马二爸在上海创办第一家清真羊肉馆（洪长兴羊肉馆前身）。之后，上海又出现了清真饼馒、面点店铺。“20 世纪 30 年代，从河南、安徽一带因灾荒而流落在租界内的回民，多数设摊卖大饼、油条、馒头来维持生计，晚上就在摊上栖身，民国 26 年抗战开始后，山东、南京、镇江等地避难而来的回民有的也经营此业”[②]。

民国时期大批经营饮食的外籍穆斯林及回族商人涌入上海，充盈着上海商业经济，同时也丰富了上海的清真饮食业。

（二）店铺林立、行业垄断

民国以后，上海穆斯林从事清真鸡鸭熟食业的店面逐渐遍及全市。20 世纪 30 年代至上海解放，上海清真鸡鸭业进入大发展时期，仅南市九亩地一带，清真鸡鸭熟食店，盈街满巷，字号林立，然后从九亩地一带向周围扩展，进入到了法租界、英租界以及小沙渡地区。例如，老西门关帝庙附近，马炳章开设的春鑫祥鸡鸭店，法租界白来尼蒙马浪路（今马当路）马鸿禄开设的荣盛祥鸡鸭店，常年顾客盈门，为当年法租界第一流的名店。在荣盛祥的影响和带动下，清真鸡鸭熟食业迅速在上海发展起来。如打浦桥的金元春，永康路的王占元，徐家汇路的安小

① 阮仁泽、高振农：《上海宗教史》，上海人民出版社，1992，第 570 页。

② 《上海市黄浦区志》编纂委员会编《上海市黄浦区志》，上海社会科学院出版社，1996，第 1110 页。

七，以及后来兴起的聚兴楼、源盛兴号、聚兴祥、伊斯兰、振兴、万源泰、老余兴及著名老店慎发祥等。“据统计，近代上海的主要鸡鸭熟食店几乎全系穆斯林开办”[①]。由此可见，民国时期上海的清真鸡鸭熟食业几乎被回族商人所垄断。

19世纪末20世纪初，上海的清真牛庄业开始兴盛，摊点主要集中于法租界南阳桥一带，较知名的有永兴牛肉庄、杨顺兴牛庄和荣兴牛肉庄等。其中，民国21年（1932），上海回族商人仝启荣于茄勒路（今吉安路）161号开设荣兴牛肉庄，日宰牛108头，门市日售40头。牛肉庄的稳定发展为上海地区广大穆斯林提供了充足的清真食材，巨大的销售量也体现出当时回族商贩一定的商业实力。至20世纪20年代前后，在上海的爱多亚路（今延安东路）、方浜路、东新桥（今浙江中路）、民国路（今人民路）、小沙渡、沪西曹家渡等地区先后出现洪长兴清真羊肉馆、回风阁牛肉店铺、杨同兴清真牛肉馆、青梅居清真羊肉馆、金陵春清真饭菜馆、南来顺羊肉馆等名店。[②] 当时回民曾有“吃羊肉到‘洪长兴’，吃牛肉到‘杨同兴’”之说。到1949年为止，由上海穆斯林开设的牛羊肉菜馆、摊柜等，至少在100家以上，而且它们大多设在沪上繁荣地区。[③] 据记载，“于1936年成立了上海清真牛肉饭菜业同业公会……当时参加同业公会会员有70多位穆斯林，可见其实力之强”[④]。行业公会强化了经营清真饮食业回族商人的商业联系与合作，商业实力得到进一步提升。

抗日战争前后，上海清真食品业再度繁荣，宝兴楼清真豫菜羊肉馆、回光楼、群丰清真馆、雪园清真西菜社、水上饭店、源元祥、荣兴

---

① 阮仁泽、高振农：《上海宗教史》，上海人民出版社，1992，第570页。
② 《上海宗教志》编纂委员会编《上海宗教志》，上海社会科学院出版社，2001，第289页。
③ 阮仁泽、高振农：《上海宗教史》，上海人民出版社，1992，第567页。
④ 阮仁泽、高振农：《上海宗教史》，上海人民出版社，1992，第568页。

牛肉庄、魁园斋食品店等一大批清真厂店遍布全市。至 1949 年，上海的清真饮食店（铺）不下 200 家。[①]

（三）民国时期上海知名清真食品店

（1）回风楼清真饭店。清咸丰年间（1851～1861），南京籍回民在南市九亩地创办何万兴清真茶食店，后改名回风楼清真饭店，店址河南南路 89 号，设有三层餐厅，可容 200 多位宾客同时进餐。该店烹饪厨师善于创新，“回风牛煲”就运用了广帮“煲”的烹调方法，熘黄青蟹是用本帮油酱毛蟹之法烹调，水晶河鳗是采用浓油赤酱的烧法。还有硝牛肉、酱目鱼、白切羊肉、芹菜开洋、韭黄鱼丝、西芹果仁等风味菜肴。葱油鲈鱼、回风牛排、巴基斯坦羊肉、涮羊肉是该店经久不衰的精品。回风楼的点心亦颇具特色，包括沪上绝迹的“银丝卷”，仅拇指大小的牛肉小粽，以及红油水饺、牛肉小笼、香菇菜包、豆沙包、软脯等。

（2）大兴回民食品商店。咸丰年间，由南京籍马姓回民于金陵东路创办，是上海市区最早由回民创办的清真食品店，有“马大兴”之称。名牌产品有熏鱼、鸡饺、松子黑麻饼、鸡丝月饼、桂花蛋糕、蜜饯、酥糖、云片糕、寸金糖等。大兴回民食品商店在沪宁、沪杭铁路沿线各大城市颇有影响，被誉为“百年老店”。

（3）洪长兴羊肉馆。光绪十七年（1891），由北京籍著名京剧艺术家马连良（回族）的二伯马春桥在吕宋路（今连云路）租房办清真餐饮店起，一度发展成为上海最大的清真饮食店，该馆外形带有浓郁的阿拉伯建筑风格，被誉为申城一景。该店被国内贸易部命名为“中华老字号”，被上海新亚集团等命名为“上海名特商店”。该店特色为涮羊

① 《上海宗教志》编纂委员会编《上海宗教志》，上海社会科学院出版社，2001，第 289 页。

肉，羊源的选种北不过黄河、南不过长江，调味品十分考究，注重清淡、避免油腻，讲究锅底，被广大顾客赞誉为“上海名涮”。清真名肴有扒羊肉条、炸羊排、香饯牛排、红煨牛尾等。该馆按伊斯兰教义宰杀牛羊，在阿訇的主持下举行宰杀仪式，并在专业人员的监督下进行选料、成形、切片、包装。在运输工具和生产工具上做到专车专运，专器专用。

（4）杨同兴清真牛肉馆。光绪三十二年（1906），由镇江回民杨希才创办，原址在新闸路福海里附近，后迁石门二路。民国时期上海回民间曾有“吃牛肉到‘杨同兴’”之说。杨同兴清真牛肉馆的大焖子灶具有一人多高，可放入一两头牛，水牛煮4小时，黄牛煮2小时，为上海滩独一无二。该店经营品种较多，有煎包、锅贴、水饺、炒交面、牛肚面、爆鱼面、盐水鸭、油鸡、酱牛肉等。

（5）梁裕兴鸡鸭店。清光绪末年，由南京籍梁姓穆斯林开办，总店位于四马路（今福州路），分店位于石路（广东路、福建中路附近）。总店以斩冷盘为大宗，靠招揽南京路上永安、先施、新新三大公司附设的大东、东亚和新新酒楼的烧鸭冷盘而发家致富，包括制作讲究的烧鸭、盐水鸭、油鸡和鸡鸭卤味等。每天“斩盘子”不下数百份，是清真鸡鸭熟食业同行中唯一能从十六铺鸭行大量买进活鸭的清真鸡鸭店。分店则以服务对象广而取胜，买卖曾盛极一时。梁裕兴鸡鸭店总分店于民国26年（1937）关闭。

（6）马小七鸡鸭店。清末民初，由回民马小七于九亩地（今大境路阜春街）开办。该店在九亩地回民中久负盛名。早市售“水泡”（现宰去毛，带内脏而整个出售的生鸭子），中、晚市售鸡鸭熟食。抗日战争前，由白钟祺接手经营，店号改为源鸿祥鸡鸭店。该店还经营烧鹅，颇受穆斯林同胞欢迎。抗战期间关闭。

（7）慎发祥鸡鸭店。民国初年，由镇江籍刘姓穆斯林于龙门路

（金陵东路口）开办。该店为原法租界第一家大鸡鸭店，所有法租界大菜馆鸡鸭冷盘几乎都由该店供应，许多清真鸡鸭摊熟食均由该店批发，规模仅次于福州路上的梁裕兴。

（8）魁元斋清真食品店。民国 12 年（1923），回民安秀林在劳勃生路（今长寿路）搭棚开店，名为天津魁元斋果子店，经营自制京式糕点等清真食品，深受回民喜爱，经营规模不断扩大。民国 26 年（1937），改名为魁元斋清真食品店，为当时区内开设最早、规模最大、信誉最好的清真食品店。

（9）清真庆丰酱园。20 世纪 20 年代初，由回民蒋星阶于肇嘉浜路大木桥附近创办。该酱园为上海最早的一家清真酱园。民国 13 年（1924）在在太平桥（现自忠路顺昌路口）设立第一门市部，在南市回民集中的大境路设立第二门市部。该酱园酿造出的酱油鲜美，甜酱白姜、芽姜，甜红萝卜、胡萝卜条等酱菜也颇受上海市民欢迎。

（10）清真荣盛祥鸡鸭店。20 世纪 30 年代初，回族马鸣禄于白来尼蒙马浪路（今马当路）266 号开设清真荣盛祥鸡鸭店。经营盐水鸭、板鸭、油鸡、油鹅、卤味鸭膀脚等，咸度较低，适合上海人口味，受到青睐。

表 2－3　民国时期上海回族商人经营主要清真饮食店情况

店　　名	创办时间	地　　址	创办人	饭店特色
何万兴清真茶食点（回风楼清真饭店）	清咸丰年间（1851～1861）	南市九亩地	南京籍穆斯林	涮羊肉
大兴回民食品商店	清咸丰年间	金陵东路	南京籍马姓回族商人	熏鱼、鸡饺等
洪长兴清真羊肉馆	光绪十七年（1891）	今延安东路 803 号	马连良二伯马春桥	涮羊肉

续表

店　　名	创办时间	地　　址	创办人	饭店特色
杨同兴清真牛肉馆	光绪三十二年（1906）	今石门二路	杨希才	一人多高大焖子炊具烹煮牛肉
梁裕兴鸡鸭店	清光绪末年	四马路（今福州路）	南京籍梁姓回族商人	烧鸭冷盘
马小七鸡鸭店（源鸿祥鸡鸭店）	清末民初	九亩地（今大境路阜春街）	马小七	“水泡”、鸡鸭熟食
慎发祥鸡鸭店	民国初年	龙门路（金陵东路口）	镇江籍刘姓回民	鸡鸭冷盘
青梅居清真羊肉馆	民国初年	宁海东路（西藏中路口）转角	天津籍回族商人	酸辣汤
青美居清真羊肉馆	民国初年	青梅居清真羊肉馆附近	天津籍魏姓商人	烤羊肉
宝兴楼清真豫菜羊肉馆	民国初年	云南中路广东路转弯处	河南籍回族商人	爆炒羊肉
金陵春清真饭菜馆	民国初年	石路	王玉生、陶麻子合伙	上海第一家清真大饭店
魁元斋清真食品店	民国12年（1923）	劳勃生路	安秀林	京式糕点
清真庆丰酱园	20世纪20年代初	肇嘉浜路大木桥附近	蒋星阶	酱油、酱菜
清真荣盛祥鸡鸭店	20世纪30年代初	白来尼蒙马浪路（今马当路）266号	马鸣禄	盐水鸭

资料来源：《上海宗教志》编纂委员会编《上海宗教志》，上海社会科学院出版社，2001，第290～292页；阮仁泽、高振农：《上海宗教史》，上海人民出版社，1992，第568～569页。

（三）传统与创新

上海回族商人对清真饮食业垄断式的经营，除了回民善于经商外，更大程度上是穆斯林对伊斯兰宗教习俗的尊崇，即饮食禁忌的恪守，以及回族商人们经营理念和经营模式的不断转变及创新。

回族富商蒋星阶一次参观一家酱园，发现酱缸内竟泡有猪肉，惊叹道："上海有很多穆斯林，却没有一家清真酱园，无论如何要创办一家清真酱园，以便穆斯林们能吃清真酱油。"[①] 于是他便在肇嘉浜路清真别墅毗邻处购得土地 4 亩多，购置酱缸、建造酿造场房，并从江苏湖州、常熟一带聘请了八位酿造师傅，分别在今延安东路福建路口、酿造厂前、太平桥、南市九亩地等处设立门市部，从此方便了上海地区广大穆斯林的清真饮食用料。由于宗教习俗之故，清真饮食食材的选用亦是十分讲究，"汉族牛行的货，即便活杀的牛，膘肉再佳，回族绝对不用……老板从外地牛贩子手里成交接货或派人就地采购，载运回沪，都要请阿訇掌刀，按回民习惯宰用"[②]。"这些牛肉庄或是从外地采购活牛，或是从苏州河畔二殿周家嘴桥一带的牛贩子手中购进活牛，然后请掌刀阿訇念经宰牛"[③]。回族商人恪守伊斯兰宗教习俗和饮食禁忌，在他们经营的店里几乎都是挂牌"本馆清真，外荤莫入"[④]。对广大回族同胞而言，回族人自己经营的饮食才算是真正意义上的"清真"食品，所以固定的消费群体稳固了回族商人经营清真饮食业者商业发展的基础。

民国时期经营清真饮食业的回族商人们，转变经营理念，推广营销，拓展创新。以经营"杨同兴"的杨希才为例，他的经营理念是"赚钱、亏本不在乎，先要做出牌子"[⑤]。他对职工"要求严，赏罚明"，对货源立下严格标准："油膘不到一寸厚的不用，不新鲜的不用，别人

---

① 李永继：《上海最早的一家清真酱园》，载《民族联谊》，1986。

② 中国人民政治协商会议上海市静安区委员会文史资料工作组：《上海市静安区文史资料选辑》第 2 辑，1986，第 180 页。

③ 《上海宗教志》编纂委员会编《上海宗教志》，上海社会科学院出版社，2001，第 289 页。

④ 中国人民政治协商会议上海市静安区委员会文史资料工作组：《上海市静安区文史资料选辑》第 2 辑，1986，第 180 页。

⑤ 中国人民政治协商会议上海市静安区委员会文史资料工作组：《上海市静安区文史资料选辑》第 2 辑，1986，第 179 页。

拣剩的不用，而且指定专人跑牛行，不准违拗要求。”[①] 摒弃了回族旧有摊贩式的商业经营方式，重视商品质量，把信誉度、知名度作为自身发展的首要任务，转变了以往狭隘的营销方式。转变经营理念的同时，回族商人们还不断创新制作，杨希才为了制作更为优质的牛肉食品，专用特制的“大焖子”，可放一两头牛下去，该炊具有一人多高……这在当时上海是独一无二的。[②] 回族商人李贵斌曾任上海翠文斋清真食品厂厂长，他自创的百果提浆饼，皮薄色深，醇香味浓，堪称佳品。他还吸收西式糕点的制作方式，创制了“中西结合”的新品种奶白酥合子等。[③] 制作工艺的创新，极大丰富了清真饮食的种类。此外，“抗日战争胜利后，有东北回民在黄浦公园门口的浦江边开设水上饭店，以及雪园清真西菜社”[④]。制作工艺及经营模式的不断创新，也大大提升了上海回商清真饮食业的市场竞争力。

第二节　新兴行业的发展

民国时期上海回族商人经营行业面不断扩展，较以往局限于经营与穆斯林生活习俗有关的及具有传统优势的行业，经营范围有了突破性的扩充，将那些与伊斯兰宗教文化无多联系的行业纳入了经营范畴。“花纱业、五金业、医药业、呢绒业、照相业以及房地产、化工原料、印

---

① 中国人民政治协商会议上海市静安区委员会文史资料工作组：《上海市静安区文史资料选辑》第2辑，1986，第180页。

② 中国人民政治协商会议上海市静安区委员会文史资料工作组：《上海市静安区文史资料选辑》第2辑，1986，第181页。

③ 《上海民族志》编纂委员会编《上海民族志》，上海社会科学院出版社，1997，第176页。

④ 《上海市黄浦区志》编纂委员会编《上海市黄浦区志》，上海社会科学院出版社，1996，第1110页。

刷、皮毛、旅馆、书店、鞋帽礼品等行业都不同程度地占据了上海的一席之地”。[①] 其中，知名商铺和企业也不占少数。照相业有张子丹于民国 26 年（1937）开办的光艺照相馆，摄影师皆为穆斯林。[②] 礼品业有陈民于民国 23 年（1934）开设的回教和平喜幛局，经营内容有贺幛、对联、银盾等。[③] 绸缎业有马乙棠开办的马裕隆商号，经营绸缎及折扇等百货。[④] 禽羽业有阮镜湖创办进出口公司经营。[⑤] 烟草业有吴蓉舫创办的庆余烟号。[⑥] 图书业有回族商人金颂清于民国 3 年（1914）至民国 26 年（1937）间先后开办的“食旧廛”“青籁阁”“中国书店”“中国通艺馆”及“秀州书社”。[⑦] 此外，百货业有南京籍回商杨叔平经营的义顺成鞋帽百货店、申庄，后经营范围扩大到百货、桐油、纺织、化工等。[⑧] 民国时期上海回族商人逐步转变经营理念，扩大经营范围，在商业领域取得了一定的发展和进步。就整体而言，回族商人的经营虽然逐步冲破传统的行业模式的束缚，但仍以那些与民众生活息息相关的产业为主要经营模式，多为小规模的生产和经营。小规模、分散的经营方式反映出回族商人联合经营的力度不够，群体经营意识不强烈。

一　铜锡、五金业

上海生产铜锡制品可追溯到明代，《松江府志》中就曾记载：“明万历年间（1573～1619），华亭胡文明有鎏金鼎炉瓶盒等物，上海有黄

---

① 阮仁泽、高振农：《上海宗教史》，上海人民出版社，1992，第 525 页。
② 《上海静安区志》编纂委员会编《上海静安区志》，上海社会科学院出版社，1996，第 1065 页。
③ 阮仁泽、高振农：《上海宗教史》，上海人民出版社，1992，第 577 页。
④ 南京市伊斯兰教协会：《南京回族伊斯兰教史稿》，金陵刻经处，2000，第 374 页。
⑤ 阮仁泽、高振农：《上海宗教史》，上海人民出版社，1992，第 577 页。
⑥ 阮仁泽、高振农：《上海宗教史》，上海人民出版社，1992，第 577 页。
⑦ 《上海民族志》编纂委员会编《上海民族志》，上海社会科学院出版社，1997，第 211 页。
⑧ 《上海民族志》编纂委员会编《上海民族志》，上海社会科学院出版社，1997，第 183 页。

芝轩古色炉瓶”等制作。[①] 近代上海铜锡作坊多从南京、苏州、绍兴、宁波等地传入，形成宁、苏、绍、甬等帮派。

上海开埠以后，轮船、外资工厂的运营，以及清政府兴办的军民用工业和民族资本主义工业的相继产生，对五金器材的需求大大增加。上海五金业开始兴盛，回族商人经营此业者亦是抓住机遇迅速发展。上海五金业中资金雄厚的大户，其业务以大工厂、大企业、外部客帮及本帮同业的批发为主；经营五金零件、铜锡器皿等中小型商店，一般依靠门市零售业务。[②] 回族商人中经营此业者多为以门市零售业务为主的中小型五金商号。但也有规模较大的，如“涌兴裕”就以批发业务为主，从汉口到南通与长江两岸各码头的同行有往来，并且为长江沿岸各家五金店代办进货业务。[③]

1914 年 8 月至 1918 年，第一次世界大战爆发。大战期间德国实行潜艇封锁政策，切断了英、法等国的来华贸易，加之商船大量被交战国征用，就使得一战时期上海的进出口贸易较战前大大减少。外国进口货物的减少，使得上海市场上的进口货物紧俏，价格上涨。这在一定程度上刺激了民族资本主义的发展，五金、钢铁、铜锡、玻璃等商店在民国 3 年（1914）至民国 7 年（1918）的 5 年间就增设了 110 余家，营业额平均每年达 5000 万元左右，约等于战前的 5 倍。[④] 由于战争的需要，五金、铜锡、钢铁、石油等战略物资开始紧俏。镇江籍回族商人金鹤卿抓住时机，在上海创办综合型五金商店“华兴五金店”。除经营五金电料业务外，此五金店还专门从事钢铁、石油、石油电料、日用百货及民用

---

① 《上海日用工业品商业志》编纂委员会编《上海日用工业品商业志》，上海社会科学院出版社，1999，第 297 页。

② 朱国栋、王国章：《上海商业史》，上海财经大学出版社，1999，第 110～111 页。

③ 阮仁泽、高振农：《上海宗教史》，上海人民出版社，1992，第 576 页。

④ 朱国栋、王国章：《上海商业史》，上海财经大学出版社，1999，第 127 页。

生活必需品等业务。[①]

一战以后至抗战前，上海五金商业又有了新的发展，行业队伍不断扩大。民国7年（1918），上海五金业户数253家，从业人数3317人，资本额白银3349万两，营业额白银5076多万两。民国26年（1937），五金户数为897家，从业人数7042人，资本额白银2762万两，营业额白银10652万两。[②] 与此同时，五金商业内部专业的分工也更为细致，大致可分为五金业、钢铁业、五金零售业、铜锡业、玻璃业以及旧五金杂铁业，即五金的拾废利旧业务。回族商人所经营范围几乎覆盖行业全部项目。其中，五金业有金质庵经营的涌兴裕五金店，钢铁业有金浩如经营的华兴五金店，五金零售业有金子云、金浩如、哈韵松经营的福裕五金店，铜锡业有金克卿经营的复兴五金店，五金杂铁业有王彤丞经营的国成五金店等。

20世纪20年代后期，上海回族商人们从事的铜锡业兴盛一时，其中，大多数的五金商号是由镇江籍的回族商人创办。后来由于铜源枯竭，铜锡业开始萎缩，回族商人们兴办的铜锡商号亦受到严重打击。适逢工业、建筑业发展起来，大量需要五金电料，故五金电料业应运而生。此时，原本从事铜锡业的上海回族商人们，把握时机，纷纷改营五金电料。上海回族商人中经营五金电料的有金浩如创办的华兴五金店，金子云、金浩如、哈韵松创办的福裕五金店，以及由镇江籍回族商人创办的中和、复昌、庆康三家回民五金电料商店等。

抗日战争爆发，上海五金业受到巨大破坏，夏容光等回族商人将五金店迁入租界内经营，遂即重又兴盛起来。民国27年（1938），北京路（仅河南路至浙江路段）五金商店就多达百家，广东路满庭坊一带就五金摊点也增加到88户，新的五金商业街及集中地形成。[③]

① 阮仁泽、高振农：《上海宗教史》，上海人民出版社，1992，第576页。

② 朱国栋、王国章：《上海商业史》，上海财经大学出版社，1999，第146～147页。

③ 朱国栋、王国章：《上海商业史》，上海财经大学出版社，1999，第158～159页。

表 2－4　民国时期上海回族五金业资本情况

字　号	创办人	主营业务	原籍店铺名	地　址
“涌兴裕”	金质庵	以批发为主，兼为他家五金店代办进货业务	涌兴裕五金店	南市新开河达布街
“恒裕”	金克卿	代办进货等		不详
华兴五金店	金浩如	五金电料、钢铁、石油、石油电料、日用百货、生活必需用品等	九江涌兴裕	江西南路吉祥街
中和五金号	夏容光	五金业务及美国奇异牌电灯泡进货托运业务	中和公司	不详
复兴五金店	金克卿	铜锡原料	复兴五金店	南阳桥如意里
“福裕”	金子云、金浩如、哈韵松	五金电料，兼营批发业务		新开河涌兴裕附近地段
国成五金店	王彤丞	收旧废铜锡，兼营代客进货		永安街永安坊
祥康铜锡五金店	镇江籍回族商人			西藏南路敏村
中和、复昌、庆康五金电料商店联合办事处	镇江籍回族商人	进货，沟通信息，洽谈业务		金陵东路吉如里

资料来源：阮仁泽、高振农：《上海宗教史》，上海人民出版社，1992，第 576～577 页；《上海民族志》编纂委员会编《上海民族志》，上海社会科学院出版社，1997，第 182～183 页。

日军占领租界以后，即颁布《重要物资申报办法》，对上海市场上的五金类、药品类、橡皮类、汽车类及燃料、颜料油脂类五大类物资进行“申报登记”，实为以极低的价格收购。当时，据估计，上海五金八个行业在“登记收购”中的损失金额，约值 1000 万两白银，其中仅钢铁业的损失，就达 647 万银元。[①] 五金业的发展受到巨大打击，回族商人经营此业者亦是受到重挫，从此一蹶不振。

① 吴景平等：《抗战时期的上海经济》，上海人民出版社，2001，第 101 页。

二 棉花业

近代上海回族商人中较早经营棉花业的是李鹄成，他于清光绪三十四年（1908）赴日本西之宫内外棉纺织厂学机器安装技术和车间管理。民国初年，李鹄成创立李鹊记牌号，地址在天津路盆汤弄，独资经营，担当棉花代客买卖经纪人。①

表 2-5 民国时期上海回族商人经营棉花业情况

名称	创办时间	地址	创办人	经营项目
李鹊记牌号	民国 4 年（1915）	天津路盆汤弄	李鹄成	棉花代客买卖、收购棉花
福和花号	民国 14 年（1925）	山西路种德里	魏富堂	棉花贩运、代客买卖业务
同丰花号	民国 16 年（1927）	爱多亚路（今延安东路）金玉里	王治平、宗有才	代客销售、解货送厂
镒泰花号	民国 19 年（1930）	河南路中汇大楼三楼	金卉滋、王秀荣、马明禄等	代客买卖业务
同懋花号	民国 28 年（1939）	紫金路人和栈	金卉滋、王秀荣、马怀之、答容川等	代客买卖、兼做订购美棉交易
集大花号	抗日战争胜利后	爱多亚路泰晤士报大楼	金卉滋、马明禄	自营棉花买卖、兼做代客经营
永泰花号	民国 35 年（1946）初	中汇大楼四楼	答容川、李鹄成、王治平、金卉滋等	代客买卖业务

资料来源：《上海民族志》编纂委员会编《上海民族志》，上海社会科学院出版社，1997，第180～181页。

民国时期上海回族棉花业商人经营理念的一大特点就是加强联合，共谋发展。民国时期棉花业商贸环境恶劣。其中，民国 25 年（1936），宋子文通过中国银行建立中国棉业公司，资本初为法币 50 万元，民国

① 《上海民族志》编纂委员会编《上海民族志》，上海社会科学院出版社，1997，第 179 页。

26年（1937）5月扩充到法币1000万元，该公司在上海从事商业买卖和投机，原棉交易总额达法币1300万元，经销纱布约法币500万元，信托业务法币300万元，成为当时最大的商品交易公司之一。[①] 操控国内棉花市场。此外，民国27年（1938）6月1日，日本侵略者执行"新税制"后，对进口货物中的棉花、棉纱、棉布、棉织品、毛织品、人造丝、海产等实行减税；对出口货物中棉花、矿产实行免税。抗日战争时期，日军推行"以华制华"的经济手段，即把物资统制交由汉奸傀儡政府办理，自己转为幕后操控。民国32年（1944）3月，日汪联合设立"物资统制审议委员会"。同年3月15日，在上海成立"全国商业统治总会"（简称商统会），并颁布《战时物资移动取缔暂行条例》，以加强物资统制。民国33年（1944）3月24日，商统会下令在上海实行棉纱棉布登记，日军开始强制收购棉花类物资。8月9日，汪伪"最高国防会议"在上海召开临时会议，决议通过《收买棉纱棉布实施纲要》和《收买棉纱棉布暂行条例》，以配合日军强制收买上海市内的棉纱棉布。这次强制收买，造成多家棉、纱厂停业、歇业，棉商损失惨重，棉布业一蹶不振。另外，"棉花统制委员会"收购的棉花，90%被日军拿走，华商只得一成，由于原棉供应严重不足，纱厂纷纷停工减产，纱商关门歇业。[②]

日寇借此大量从我国掠夺大量的战略物资，同时也严重阻碍了国内棉花业的发展。上海回族商人们纷纷联合，加强商业合作，逆境中求发展。

首先，回族商人之间加强互助合作的力度。民国35年（1946）初，回族商人笞容川邀李鹄成、王治平、金卉滋等合资开设永泰花号，地址

---

① 〔美〕帕克斯·M. 小科布尔：《江浙财阀与国民政府（1927～1937）》，蔡静仪译，李臻校，南开大学出版社，1987，第163页。

② 朱国栋、王国章：《上海商业史》，上海财经大学出版社，1999，第175页。

位于中汇大楼四楼。后陆续设分庄于武汉、沙市、南通、西安等地。[①] 另外，回商李鹄成在开设信成花号、义成花号期间，还扶持诸多回民开设花号。

其次，回族商人还积极与汉族商人进行商业合作，相互扶持，抵制帝国主义的商业倾销和垄断经营。早在民国 4 年（1915），回族商人李鹄成就与同乡汉族商人李玉山合伙开办万丰花号。[②] 19 世纪 60 年代，美国南北战争引起英国棉花原料短缺，上海花价也因之上涨，不少花行开始经营出口业务，而与国外资本主义发生联系。[③] 抗战胜利以后，民国 36 年（1947），美国棉花对华大量倾销，价格大大低于国产棉花，各纱厂纷纷大量购买美棉，国内各棉花号损失惨重。回族商人答容川所办永泰花号亦受重创，资金额下降到 300 担棉花。股东王治平出面向申帮庆盛花号邱永清求援，请其融通资金并打开销售渠道，永泰遂即转危为安，1949 年资金额上升至 2800 担棉花。[④] 此外，李鹄成还受聘于上海纱布交易所理事，任该所棉花鉴定人，成为当时全国九大棉花鉴定人之一。[⑤]

上海棉花业回族商人与其他行业的回族商人一样，热心伊斯兰教慈善事业，关注回族同胞生计问题。当时，“回族商人金子云、李鹄成曾去会见日商内外棉厂经理板川武英，希望纱厂能帮助把回族穷苦同胞安排在厂里工作。经日本厂方同意，回商哈少夫、蒋星阶、石子藩等乡老去厂参观后，先后介绍了一大批来自湖北、安徽、河南、山东等省籍的教胞约 400 余人去做工”[⑥]。

---

① 《上海民族志》编纂委员会编《上海民族志》，上海社会科学院出版社，1997，第 181 页。
② 《上海民族志》编纂委员会编《上海民族志》，上海社会科学院出版社，1997，第 179 页。
③ 朱国栋、王国章：《上海商业史》，上海财经大学出版社，1999，第 109 页。
④ 阮仁泽、高振农：《上海宗教史》，上海人民出版社，1992，第 590 ~ 591 页。
⑤ 《上海民族志》编纂委员会编《上海民族志》，上海社会科学院出版社，1997，第 180 页。
⑥ 阮仁泽、高振农：《上海宗教史》，上海人民出版社，1992，第 590 ~ 591 页。

三　皮毛业

民国时期，西北地区的回族商人利用西北部皮毛资源丰富、皮毛品质优良等优势，迅速发展皮毛贸易，将西北地区打造成全国乃至全球的毛料供应的集散地，推动西北回族地区经济的繁荣。而上海地区从事皮毛业经营的回族商人或商贩大部分为河南籍人，且多为行商。上海首家回民皮毛行是创办于民国23年（1934）8月的“达记行”。抗战时期，在甘肃平凉、兰州经营皮毛贸易的河南籍回民，见上海生皮销路较大，且盈利丰厚，遂迁入上海。至1951年，全市有19个回民皮毛行，从业者先后有200多人。①

表2-6　民国时期上海回族商人经营皮毛业主要商号情况

商号名称	创办时间	地　址	经理姓名	籍　贯
达记行	民国23年（1934）8月	北海路18弄3号	丁仁卿（女）	河南孟县
义兴长皮行	民国35年（1946）	浙江中路同春坊9号	丁常山	河南孟县
达丰生熟皮毛行	民国37年（1948）10月	广西北路229弄2号	达萌华	江苏六合
水源惠记皮毛行	民国37年（1948）10月	新民路313弄6号	沙惠恩	河南陵宁
隆昌生熟皮毛行	民国37年（1948）9月	广西北路271号	马韵亭	河南洛阳
仁记皮庄	民国37年（1948）11月	河南路海宁路590弄29号	张学仁	山东济宁
豫隆兴皮毛行	民国37年（1948）1月	浙江路精勤坊17号	罗鹤洲	河南

资料来源：《上海民族志》编纂委员会编《上海民族志》，上海社会科学院出版社，1997，第177页。

① 《上海民族志》编纂委员会编《上海民族志》，上海社会科学院出版社，1997，第177页。

就上海地区经营此业的回族商人而言，虽未能出现整体繁荣的景象，但其中亦不乏实力雄厚者。民国3年（1914），第一次世界大战爆发，英法等国因军需急用牛羊生皮，上海回族商人马晋卿利用时机，将绝大部分资金转入对外贸易。当时马晋卿所经营的牛羊皮贸易已处垄断地位，有“马晋卿不到场，央行不开盘子”① 的说法，其分号遍及半个中国。足见回商马晋卿商业实力之雄厚，及在全国皮毛业界的影响力。

表2－7 民国时期（一战期间）马晋卿经营牛羊皮贸易情况

贸易线路	所涉县市	开设商号	聘用经理
沪宁线	南京、和县、六合等	昌记号	熊洪贵（阿訇）、金元忠、达应庚
津浦线	蚌埠、徐州、皖北	厚记号	李幼三（阿訇）、武文连（阿訇）、杨益三（马晋卿表弟）
陇海线	开封、洛阳、郑州、许昌	志记号	郭子良（阿訇）、王四（阿訇）、李光华、马泽民
京广线	汉口、老河口、漯河、周口、驻马店	晋号	刘耀三（阿訇）、马俊斋（阿訇）、王大明（阿訇）
川滇线	昆明、成都	懋和号、晋昌厚号	改实君、杨蓝田、改春庭
山西线	山西省内县市	晋号	尹光宇

资料来源：袁纣卫：《苏南回族商帮》，《回族研究》1998年第1期。

四 西药业

（一）中法药房和上海回族西药业

西药业又称新药业，以经营药品、医疗器械、医用玻璃仪器等商品为主，兼营化妆护肤用品、妇女卫生用品、滋补品等。个别药房经营化学试剂。早期药房以门售为主，设配方部调配处方，资金雄厚者兼营批发业务。中国西药业始由西方教会传教士随带西药入境，以施诊给药配

① 袁纣卫：《苏南回族商帮》，《回族研究》1998年第1期。

合传教。道光二十三年（1843），英商查顿·马地臣（William Jardine James Matheson）开设怡和洋行，兼营西药。上海地区的第一家外商药房开设于道光三十年（1850），是由英国药剂师洛克（J. B. Dispenser Lock）在江苏路（今四川中路）开设的上海药房。光绪十四年（1888），华商顾松泉效仿外商药房开设中西药房，成为上海第一家华商开设的中西药房。以后又有华英、中法、五洲、华美、万国等华商药房成立，逐步形成了西药行业。其中，光绪十六年（1890），上海西药业创始人之一的黄楚九创办中法药房股份有限公司，公司位于法大马路（今金陵东路）。民国20年（1931）初，黄楚九去世后由其女婿回族商人许晓初接任中法药房股份有限公司董事长。据记载，“本药厂，在国内成立最早，所制药品种类最多，行销区域亦称最广”[①]。“本厂出品向占国内各药厂销货之首位，故最为注重参照抗战以前本公司在英属及荷属，南洋各埠每年销货数额以现在币值估计即应在三十亿元以上”[②]。由此可见，民国时期的中法药房无论是创设年代，还是行销区域，以及销售额度等方面，都已远超同行，成为同时期上海回族经营西药业，乃至整个华商经营西药业中的佼佼者。

辛亥革命以后，随着中国医学教育及卫生事业的发展，上海西药行业的经营也呈逐年增长之势，店号从1911年的28家增加到民国6年（1917）的37家。民国7年（1918）一年中，新开的药房和药行达44家，民国9年（1920）又增设45家，直至民国16年（1927）西药行业实存家数为73家。[③] 20世纪30年代以前上海西药市场多为外商垄断，但自30年代以后，外商药房由于政治局势影响，且因开支过大，经营能力不敌华商药房，营业额萎缩而陆续改组或歇业。民国25年

① 《中法药房股份有限公司概况调查》，Q78-2-14798，上海市档案馆，1947，第161页。
② 《中法药房股份有限公司概况调查》，Q78-2-14798，上海市档案馆，1947，第166页。
③ 朱国栋、王国章：《上海商业史》，上海财经大学出版社，1999，第127页。

(1936)，外商药房存 75 家，而华商药房有 166 家。华商药房的资本总额 754.4 万元，营业额 4150.9 万元，盈余 264.4 万元，职工 2012 人；其中 15 家大药房资本总额占全行业资本总额的 79%，营业额占全行业 68.3%。[①] 华商药房、西药行及药社兴起，上海遂成为全国的西药市场的中心，上海药房的分号遍布全国各大城市。上海回族商人所经营西药业多为民国 19 年（1930）以后创办。其中，经营中小型药房（行、公司、厂）的以江苏南京籍回民居多。从民国 17 年（1928）至新中国成立前回族商人开设的药房（行、公司、厂）计有 20 多家。在中法药房的引领下，回族西药行以及制药厂纷纷建立，相对分散的商业力量开始日趋集中，上海回族西药业亦逐步形成和壮大。

表 2－8　民国时期上海回族商人经营西药业情况

名　称	创办日期	地　址	经理或代表人	籍　贯
中法药房股份有限公司	1890 年，民国 20 年（1931）许晓初接任公司董事长	北京路 851 号（总店）	许晓初	安徽寿县
宝华药房	民国 17 年（1928）2 月	广东路 556 号至 558 号	马超群	南　京
华生药房	民国 24 年（1935）	虞洽卿路 83 弄 6 号	孙竹君	南　京
华侨化学制药厂	民国 26 年（1937）	宝庆路 22 号	马龙发	南　京
中法油脂化学制造厂	民国 28 年（1939）	北京路 851 号	陈敦民（协理）	安　徽
永生熊记西药行	民国 28 年（1939）6 月	交通路 62 号	李秉法	江苏江宁
太康西药行	民国 28 年（1939）	西藏路 83 弄 2 号	徐昌富	南　京
生生大药房	民国 29 年（1940）	白克路 572 号	马启新	
中国通用化学公司	民国 29 年（1940）	康脑脱路 528 号至 534 号	钱匡一	上　海

① 《上海医药志》编纂委员会编《上海医药志》，上海社会科学院出版社，1997，第 124 页。

续表

名　称	创办日期	地　址	经理或代表人	籍　贯
惠罗制药公司	民国 30 年（1941）1 月	西藏路 83 弄 4 号	马骏声	江苏江宁
国际药房	民国 30 年（1941）1 月	福煦路 458 号（总店）	钱鹤卿	江　苏
国际发记药房	民国 31 年（1942）1 月	中正北一路 94 号	马龙发	南　京
华生药物研究所	民国 32 年（1943）6 月	北京路 796 弄 19 号	孙竹君	南　京
定一化学厂	民国 32 年（1943）12 月	愚园路 910 号	钱匡一	江　苏
利群药房	民国 35 年（1946）4 月	汉口路 663 号	马启旺	
诚昌贸易公司	民国 36 年（1947）10 月	江西中路 170 号 606 室	马功甫	南　京
大北药房	民国 36 年至民国 37 年（1947～1948）	沙市二路	何义贵	南　京
而昌药房	民国 38 年（1949）7 月	南京西路 288 号	马心田	南　京

资料来源：《上海民族志》编纂委员会编《上海民族志》，上海社会科学院出版社，1997，第 179～180 页（1928 年～1951 年上海市回民经营西药业情况表）。

当时，上海西药行业还实行领牌联号制度。至民国 25 年（1936），全国 21 个省中有 112 个县镇的商人向上海中法、中西、五洲、华美等药房领牌。民国 21 年至民国 24 年（1932～1935）间，中西、中法、五洲、华美四大户仍保持每年共 40 万元的盈余，民国 25 年（1936）达 83.8 万元，全业盈余 266.4 万元。[①] 回族商人许晓初先后在全国各地发展领牌或联号的代销店达 51 家，在台湾省台中市以及香港、新加坡、曼谷、三宝龙、泗水、庇能等 7 处开设特约经销处。民国 25 年（1935）公司营业额较民国 23 年（1934）增长 24% 左右。据民国 36 年（1947）

① 朱国栋、王国章：《上海商业史》，上海财经大学出版社，1999，第 149 页。

统计，中法药房本埠、外埠分支机构，分别为6处。本埠厂、店职工共有350人。民国38年（1949）总公司资本为法币10.8亿元。[①] 中法药房对领牌联号制度的有效利用及推广，不仅网罗了国内市场，而且为进一步拓展国外市场打下了坚实的基础，为上海回族西药业的发展整合了国内外市场资源。

民国时期，中法药房股份有限公司投资其他事业甚广。许晓初陆续向本行业之外的领域投资办企业，除化工制药外，还包括金融、保险、地产、五金、交电、橡胶、器械、玻璃、纺织、印刷、出版、文具等行业。在民国34年（1945）前，计拥有主要投资企业11家，一般投资企业31家，合计42家，投资总额达伪中储券23000万元以上。许晓初还将增资所得的2/3资金拨给民国32年（1943）成立的中兴振兴股份有限公司，作为股票活动资本，中法药房股票上市，由该公司专营。民国34年（1945）抗日战争胜利之前，许晓初担任董事长的公司有6处，任总经理14处，成为当时的“药业巨子”之一。[②] 此外，许晓初还曾担任全国新药业同业公会主席、工部局华董委员、上海市商会候补执行委员、上海市新药业同业公会常委、上海急救时疫医院院董、公益玻璃瓶厂常务董事、化妆品业同业公会执委、图书教育委员会主席委员、商务委员会商标法规划研究委员会委员等职。

表2-9　民国时期中法药房股份有限公司投资项目情况

单位：元

投资公司名称	行业性质	投资金额（法币）	投资事由
镇江江苏省报	报刊发行业	60000000	业外投资
市民日报	报刊发行业	10000000	业外投资
永祥印画报	报刊发行业	17022281	业外投资

① 《上海民族志》编纂委员会编《上海民族志》，上海社会科学院出版社，1997，第179页。
② 《上海民族志》编纂委员会编《上海民族志》，上海社会科学院出版社，1997，第179页。

续表

投资公司名称	行业性质	投资金额（法币）	投资事由
新新报业公司	报刊发行业	100000000	业外投资
华美晚报	报刊发行业	10000000	业外投资
上海商报	报刊发行业	200000000	业外投资
正言报	报刊发行业	200000000	业外投资
越光印刷公司	印刷出版业	20000000	业外投资
大成出版公司	印刷出版业	100000000	业外投资
中华文化出版公司	印刷出版业	100000000	业外投资
大象出版公司	印刷出版业	100000000	业外投资
中国联合出版公司	印刷出版业	5000000	业外投资
世界广告公司	印刷出版业	10000000	业外投资
福利营业公司	印刷出版业	50	业外投资
大陆电台	传　媒　业	583055000	附属事业投资
中华制药公司	制　药　业	5500000000	附属事业投资
天平药厂	制　药　业	19000	事业证券购买
丙康药厂	制　药　业	3000500	业外投资
中南药房	制　药　业	8000000	业外投资
正德药厂	制　药　业	57800000	业外投资
公益瓶厂	制　药　业	550	事业证券购买
中法油脂厂	制　药　业	54685215	附属事业投资
中法血清厂	制　药　业	294756840	附属事业投资
中国保安厂	制　药　业	314627179	事业证券购买
罗威公司	医　药　业	1000000	附属事业投资
中国电化厂	电　力　业	318750	事业证券购买
上海电力公司	电　力　业	91	业外投资
科学化工厂	化　工　业	1375	业外投资
双龙橡胶厂	化　工　业	2400	业外投资
富华银行	金融保险业	6000	事业证券购买
浙江典业银行	金融保险业	200000000	业外投资
富华保险公司	金融保险业	429913	事业证券购买
通易信记公司	金融保险业	2475	业外投资
中兴振业公司	金　融　业	15796307	事业证券购买

续表

投资公司名称	行业性质	投资金额（法币）	投资事由
中兴振业农事蜂厂	农副产品业	382500	事业证券购买
嘉禾蓄植公司	农　　业	25000000	业外投资
上海乳品厂	食　品　业	500000000	业外投资
慎源茶叶公司	食　品　业	10000000	业外投资
公信会计用品社	日用品业	200000000	业外投资
裕皇织造厂	纺　织　业	90022500	业外投资
中国国货联营公司	销　售　业	337	业外投资
爪哇大世界	销　售　业	20	业外投资
中南兴业公司	运　输　业	25000000	业外投资

资料来源：《中法药房股份有限公司概况调查》，Q78－2－14798，上海市档案馆，1947，第118～119页。

民国24年（1935），中法药厂添置机器设备54部，改进原来的手工操作为半机械化生产。之后，中法药房的硬件设施及设备日趋完备，"厂房占地十二亩，设有制丸间、打光上衣间、磨粉间、轧片间、节粉间、乳化间、胶囊间、搅拌间。建有三层钢骨水泥工厂一所，砖造化学工厂一所，办事处及职工宿舍一所，仓库四处"[①]。许晓初为了增加生产、发展新品种，不断地加大资金投入，壮大公司规模。中法药房股份有限公司于民国35年（1946）5月8日的调查报告中，有这样的描述"民国元年，合伙组织时，资本为六万八千元，四年改为公司组织，增资至十万元。十八年又增至五十万元……三十二年七月现金增至四千五百万元"。[②] 资金的不断注入为中法药房的发展提供了有力的保障。

（二）逆境中发展的回族西药业

民国3年（1914）第一次世界大战爆发后，华商药厂得到发展，

① 《中法药房股份有限公司概况调查》，Q78－2－14798，上海市档案馆，1947，第2页。

② 《中法药房股份有限公司概况调查》，Q78－2－14798，上海市档案馆，1947，第2～3页。

国产药品投放市场开始增多。战后，华商药房亦迅速增加。大型药房停止制售变相毒品“戒烟药”，开始转向生产利润优厚的自制本牌成药，将制药间扩建为与药房同名的制药厂。制药工业从西药行业中脱颖而出。国内一些大的华商药房不仅直接向国外厂商订货或向洋行进货，而且自己设厂制造本牌药品，以市内外中小药房和西药行为主要批发对象，也向全国各大医院、军队单位、市内烟纸店批售。有的还在港澳、东南亚等国家和地区设立分销处。以中法药房为代表的回族制药亦开始从药房制药逐步向工厂制药发展。其中，回商许晓初在接管中法药房有限公司后，承袭、改进并发展了公司以往以制造销售本牌产品为主的经营方针。民国22年（1933）中法药房编印出版《卫生要旨》，列有成药及化妆品408种（实际上已超500种）。本牌产品以九一四药水及艾罗补脑汁等“十大良药”为主要品种，其营业额占总营业额的70%左右。本牌产品花色品种之多，为同业之冠。[①] 一战后，以中法药房为代表的回族西药业开始寻求变革，着力倡兴本牌产品，以适应多变的西药业市场。回族西药业在改革中取得了突破性的发展，“本厂制品多数为民间用药，深入内地由来已久，复以内地人民对于英文既罕谙习而于复杂之，服用方法亦感不便，故对本厂制品夙所欢迎、信任”[②]。回族西药业商人对民间用药的研发，普及了本牌药品的同时，也拓展了国内市场。

民国26年（1937）日军发动全面侵华战争，给中国人民带来了深重的灾难，并且造成医疗药品供给严重缺乏。“过去抗战八年间，国际交通遭受封锁，医疗药品进口困难，民需军需，同感匮乏。其间，受伤及患病军民辗转呻吟，无药救济，凄惨状有不忍卒观者”[③]。与此同时，

---

① 《上海民族志》编纂委员会编《上海民族志》，上海社会科学院出版社，1997，第178页。

② 《中法药房股份有限公司概况调查》，Q78－2－14798，上海市档案馆，1947，第161页。

③ 《中法药房股份有限公司概况调查》，Q78－2－14798，上海市档案馆，1947，第161页。

由于外汇紧缩，进口西药价格飞涨，原料药上涨5～50倍，成品药上涨3倍以上。上海沦陷后，租界人口激增，物价上涨，药店增加。民国34年（1945），全市有西药行、药房653家，大多经营投机买卖。诸多不利因素破坏并阻滞了上海回族商人在西药业的发展，以中法药房为例，“战前所处各种药品，行销于国内各地及南洋一带。嗣受战事影响，销路限于国内”[①]。

抗日战争胜利以后，西药业国际贸易市场开始复苏，“盘古、西贡、仰光、新加坡、庇能、八打威、泗水、岷尼剌等埠，均已纷纷前来要求发货”[②]。上海回族商人经营西药业者开始致力于国内外市场的恢复，“是以于三十六年度南洋市场之恢复，不仅为本身业务打算，且亦有关吸收外汇。认为实属当前急要之图。此外，东北、华北各省战前本公司出品亦行销甚盛，现正派员北上，着手进行推广。至台湾一省，今既重入我国版图，日本药品业已绝迹，台胞殷切内附深盼国内药品之源源接济，而对本公司之出品尤认。为切合需要，表示欢迎，理应及早图谋以免外货乘虚而入，事关挽回漏卮”[③]。经营西药业的回族商人们深知，“民间用药，有助于健康生活者至大，其不容忽视，实不亚于一般日用品”[④]。所以，对于当时的回族西药业而言，市场的恢复不仅仅在于西药业的重振，更重要的是维护国民身体之健康，助益国家之强大。

正当回族商人们准备重振旗鼓，发展民族工商业之时，动荡的时局再次影响和冲击了上海回族西药业。其中，出现大批药品摊贩，出售走私或偷运药品。民国37年（1948）物价暴涨，投机商纷纷囤积居奇，西药已成为重要的囤积商品，期间，西药行和药房增开91家，开闭频

① 《中法药房股份有限公司概况调查》，Q78－2－14798，上海市档案馆，1947，第3页。
② 《中法药房股份有限公司概况调查》，Q78－2－14798，上海市档案馆，1947，第166页。
③ 《中法药房股份有限公司概况调查》，Q78－2－14798，上海市档案馆，1947，第166页。
④ 《中法药房股份有限公司概况调查》，Q78－2－14798，上海市档案馆，1947，第161页。

繁。民国38年（1949）5月，上海地区外商药房只剩美商科发药房一家，全市西药商户636家，从业人员4418人。[①] 此外，“美货倾销，所有专供医师应用之制剂及注射药，因国人崇尚洋货心理之驱使，致受影响甚大”[②]。囤积投机的猖獗，殖民列强物资倾销的肆意泛滥，再次将蓄势待发的回族商人们拖入深渊。

尽管如此，经营西药业的回族商人们仍然通过加强对外贸易、创汇等方式支持国家经济，“尤以鉴于抗战期间所受教训之重大，深以职责所在，无论为本身业务打算，或为国家经济建设着想，均应就环境之所许，力求生产量之增加。其行销于国外南洋群岛一带，尤能吸收外汇。其于今日之国内经济，更未可等闲视之”[③]。面对殖民侵略，以及资本主义经济掠夺，回族商人们亦开始自觉：“制药工业不仅为民族工业，更为国防工业。”[④] 回族西药业遂把个人的发展和国家的兴盛紧密联系到了一起，将国防事业及国家经济的倡兴放在了首位。在民国时期动荡的时局下，上海回族西药业以及其经营者，作为中国经济的一部分，在其发展的同时，也深刻地诠释着民族意识的凝聚和国家意识的上升。

五　出版印刷业

民国时期，“中国回教文化低落，学术空气暗淡”[⑤]。寺院经书、伊斯兰经书课本奇缺，阻滞了宗教教育和基本常识的普及。与此同时，上海的伊斯兰文化教育事业也因此无法得到全面的发展。广大回族商人及穆斯林学者纷纷从国外带回大量经书原著，进行翻译、印刷及出版，带动了上海回族出版印刷业的发展，伊斯兰出版事业取得长足进步，蒸蒸日上。

---

① 《上海通志》编纂委员会编《上海通志》，上海社会科学院出版社，2005，第2736页。
② 《中法药房股份有限公司概况调查》，Q78－2－14798，上海市档案馆，1947，第161页。
③ 《中法药房股份有限公司概况调查》，Q78－2－14798，上海市档案馆，1947，第161页。
④ 《中法药房股份有限公司概况调查》，Q78－2－14798，上海市档案馆，1947，第161页。
⑤ 《上海宗教志》编纂委员会编《上海宗教志》，上海社会科学院出版社，2001，第269页。

（一）民国时期上海回族出版业

1. 热衷伊斯兰教经典的翻译出版

民国时期，上海回族商人们热衷于《古兰经》的翻译及出版。其中，“回族商人马晋卿捐献5栋房产充作基金，组成译经委员会，委派哈德成赴港请马坚来沪主持译经工作”[①]。民国17年（1928），回族古董商哈少夫与当时地产巨头哈同商议，由哈同出资并聘请中外学者在哈同花园从事《古兰经》的翻译工作。[②] 此外，中法药房股份有限公司董事长、回族商人许晓初还资助印刷出版《古兰经》。民国35年（1946）王静斋为经书出版到达上海，“抵沪后，在许晓初帮助下，于同年3月18日与永祥印书馆订立合同，付印《古兰经译解》（即丙种译本）5000部。10月上旬正式出版发行”[③]。上海回族商人团体中国回教学会成立后，也将翻译《古兰经》作为主要工作之一，并于民国29年（1930）成立“译经社”，专门从事译经活动。经过上海回族商人及伊斯兰学者的不懈努力，《古兰经》的翻译及出版工作卓有成效。由哈同出资翻译的《古兰经》，计30卷114章，被认为是中国最早的汉译文言体《古兰经》。回族商人团体中国回教学会新译《古兰经》第1~9卷（1926~1929），并在《中国回教学会月刊》上连载3卷。民国16年（1927）12月，中国回教学会出资刊印马复初汉译的五卷本《古兰经》，名为《宝命真经直解》。至民国30年（1941），学会共译文言文体13卷，马坚自译白话文体《古兰经》1~9卷稿。

民国2年（1913）2月6日，上海回族商人马晋卿发起创办上海协

---

① 《上海宗教志》编纂委员会编《上海宗教志》，上海社会科学院出版社，2001，第282页。

② 《上海市静安区志》编纂委员会编《上海市静安区志》，上海社会科学院出版社，1996，第832页。

③ 冯今源：《王静斋年谱》，《世界宗教研究》1989年第4期。

兴公司。旨在“为阐扬圣教，灌输回教经文学识，特从埃及、土耳其、印度、锡兰等地运来经典多种，以供研究伊斯兰教者的需求”[①]。民国5年（1916）、民国6年（1917），马晋卿出资请达浦生、哈德成阿訇出国去埃及、土耳其、印度、南洋等地考察访问，带回大量原文经书。上海协兴公司在哈德成回国后不久，即结束海外经营，将全部精力投入到伊斯兰文化学术的研究中，并于民国8年（1919）设立经书发行处，专门办理经书经销业务。此外，为了翻印经销伊斯兰经书、传播宗教文化、满足清真寺经堂教育，民国23年（1934）10月，回民珠玉业商人达静轩于西藏南路恒茂里7号创办上海穆民经书社，主要翻印、出版由朝觐者带回国的《古兰经》《圣训》，以及相关教义、教法、伦理和阿拉伯语法、修辞等学科的经典和书籍。

《古兰经》及伊斯兰教经典是伊斯兰教传统文化的精髓，它的编印和传播，对于伊斯兰传统文化的传承、发展有着重要的意义。上海回族经营印刷出版业者，热衷传统伊斯兰教经典的印刷和出版，不仅仅是追求商业利益，更多的是追求伊斯兰教传统文化的优质传承。

2. 伊斯兰经典出版机构

（1）协兴公司经书发行处。民国2年（1913），马晋卿的上海协兴公司为“供研究伊斯兰教者的需求”，开始引进阿文原版经典，翻印《古兰经》和伊斯兰教经典。民国5年（1916）、民国6年（1917），马晋卿两次出资请达浦生、哈德成阿訇前往土耳其、埃及、印度、南洋等地考察访问，带回大量原文经书。并于民国8年（1919）设立经书发行处，专门办理经书经销业务。民国15年（1926）停业。

（2）中国回教经书局。民国19年（1930），买俊三阿訇于西仓桥

① 《中国回教学会月刊》。

街华兴里 43 号创办中国回教经书局，宗旨是“宣扬发展圣教，沟通回汉文化”，由买俊三任主编、黄承才任副主编，下设编辑、印刷、装订、发行等部门，是以编译出版营销经书为主的综合性书局。最初，中国回教经书局是翻印、经销埃及哈勒比书局阿拉伯文版《古兰经》《圣训》《〈古兰经〉注》《阿拉伯文法经》《修辞学经典》等伊斯兰教经典。之后，买俊三、黄承才开始出版《中阿对照拼音读本》《中阿对照回教六大信仰问答》《中阿对照礼拜必读》《模范中阿会话》《初级回语读本》《高级回语读本》《回教历史教科书》《回教真相》等编译后的伊斯兰教通俗读物和教材，并经销西北、东北、中原及西南各省。中国回教经书局还再版明清以来中国伊斯兰教著名学者在“以儒诠经”时期译著的经籍，如王岱舆《正教真诠》《清真大学》《希真正答》，刘智《天方至圣实录》《天方性理》《天方典礼》，马德新《大化总归》《四典要会》等。还翻印海外穆斯林学者的宗教著作，如《伊斯兰教》《天方历法》《阿拉伯文学典》等。民国 23 年（1934），中国回教经书局更名为中国回教书局，销售各类经书 20 万册。民国 26 年（1937），“八一三”事变爆发，中国回教书局设在闸北的印刷、装订工场，库存经书，全部毁于侵华日军炮火。

（3）上海伊斯兰文化供应社。民国 23 年（1934）创办，旨在“发扬宗教，尤重宣传”。社址初设于南阳桥全裕里 14 号，后迁至蒲石路（今长乐路）380 号。上海伊斯兰文化供应社主要从事出版前人遗著，各种书籍；经售书报杂志；代办广告、制版、校对、影印、文具等业务；代办报考学校、朝觐等业务。民国 24 年（1935）8 月，上海伊斯兰文化供应社出版了由周沛华、汤伟烈合作翻译的伦敦清真寺教长桂乍加么屋甸所著《穆罕默德言行录》。民国 26 年（1937），抗日战争爆发，上海伊斯兰文化供应社遂停业。

（4）上海穆民经书社。民国 23 年（1934）10 月，回族珠玉业商人达静轩于西藏南路恒茂里7号创办，以翻印经售伊斯兰教经书为主。最初，上海穆民经书社将去麦加朝觐的金子云、达静轩等人带回的阿拉伯文原版《古兰经》《圣训》、伊斯兰教法及阿拉伯文法等经书翻印出版。后不久因资金匮乏，出版中断。

3. 伊斯兰出版物及刊物

（1）汉译《古兰经》。民国15年（1916），中国回教学会的哈德成、伍特公、沙善余合作翻译《古兰经》。首先是由哈德成阿訇逐段讲解《古兰经》，伍特公记录，然后参照印度穆罕默德·阿里英文译本《古兰经》，写出初稿。再与沙善余据英译本校正写成二稿，最后由哈德成审定，先后译成5卷，在《中国回教学会月刊》上发表3卷。民国28年（1939），马坚由埃及留学归国，逗留香港。马晋卿、哈德成、伍特公、沙善余、杨福洲等得悉，委派哈德成赴港请马坚至上海主持译经工作。马晋卿捐献5幢房产充作基金，组成译经委员会，继续译经。民国29年（1940），马坚到达上海，协助伍特公、沙善余译成文言体《古兰经》13卷，自己译成白话体《古兰经》9卷。民国30年（1941）12月，太平洋战争爆发后，译经工作难以继续，哈德成、马坚相继离开上海去往四川，伍特公、沙善余则闭门坚持译经。民国32年（1943），文言体《古兰经》14～30卷译稿完成，但由于无人审定，未能出版。

（2）马坚汉译《古兰经》。民国29年（1940），马坚在中国回教学会以白话文体译著《古兰经》。民国30年（1941）12月因太平洋战争爆发，马坚离开上海返回四川，继续坚持译经，民国34年（1945）完成汉译白话《古兰经》30卷。但是由于注释尚未完成，未能付印。直到1981年4月才于北京出版。

（3）《汉译〈古兰经〉第一章详解》。民国30年（1941），伍特公以笔名道隐译著，借用香港中国回教会名义在上海出版，全书10余万字，结合中国先秦诸子和西方哲学思想，并引证了《古兰经》其他章节，译解伊斯兰教的六大信仰、五大功修和伦理道德等。除首章外，还附《古兰经》第二章首五节的译解。

（4）哈同资助出版汉译《古兰经》。民国 17 年（1928）5 月，由犹太人欧司艾·哈同出资，姬觉弥总编，李虞震阿訇起草，汉文学者樊抗甫和福佑路清真寺教长薛子明互相参证，开始汉译《古兰经》。译至 20 卷时，樊抗甫去世，后由钟仁翾继之。民国 19 年（1930）完成汉译《古兰经》，系线装石刻本，30 卷 114 章，无注释，并由岑春煊、郑源、哈少夫、夏寿田等作序，薛子明作跋。译本以阿拉伯文原本为主，以穆罕默德·阿里之英译本及坂本健一之日译本为参考。民国 20 年（1931）由上海广仓学窘出版，是中国最早的汉译文言体《古兰经》。

（5）《宝命真经直解》。清末伊斯兰教学者马复初（1794～1874）译著《古兰经》5 卷本《宝命真经直解》，为中国最早的汉译《古兰经》。后马复初遇害，此书不知下落。民国 16 年（1927）春，浙江衢州穆斯林赵真往麦加朝觐，途经上海，将其珍藏的《宝命真经直解》赠送给中国回教学会。民国 16 年 12 月，该学会翻印出版 2000 册。

（6）《古兰经译解》。民国 30 年（1941），中国著名伊斯兰教学者、阿訇王静斋（1879～1949），在重庆翻译汉文通译本《古兰经译解》30 卷。民国 35 年（1946）3 月，由上海永祥印书馆出版《古兰经译解》5000 部。

（7）汉－阿文对照《古兰经》选。《古兰经》选，通称《海题目古兰》。采用阿拉伯文与汉文对照，附有注释，是中国穆斯林的传统节选本。

（8）《中国回教史》。民国 29 年（1940）7 月由上海商务印书馆出版，傅统先著，由哈德成、沙善余审稿。全书 10 万字，分回教与穆罕默德、回教之传入中国、唐宋之回教、元代之回教、明代之回教、清代之回教、中华民国之回教等7章50节组成。该书对中国各个时期的伊斯兰教政治、经济、文化、教育，以及穆斯林的地位和对国家的贡献等作了详尽的阐述，引证大量史料，是研究中国伊斯兰教史的一部重要参考书。

（9）《中国回教学会月刊》。民国15年（1926）1月创刊，宗旨为“阐明教义”，“除敷陈教理译述经籍外，并采渐进主义，温和论调，以经义为根据，以宗教为范围”。《中国回教学会月刊》为中国回教学会机关刊物，编辑沙善余、伍特公。会刊任务是：“（1）指导中国回教在宗教上之趋向；（2）纠正宗教上相沿已久之错误习惯；（3）提倡其社会上地位之改善；（4）灌输关于世界回教之知识；（5）销释新旧派之纷扰；（6）引起一般人对于回教之信仰与兴趣。”[①] 《中国回教学会月刊》共出版12期，其中3、4期，9、10期，11、12期为合刊。民国16年（1927）1月停刊，民国18年（1929）10月复刊，刊名改为“中国回教学会季刊”，仅出1期即停刊。

（10）《上海伊斯兰学生杂志》。民国20年（1931）1月创刊，宗旨是“练习文学，研究教义，提倡宗教教育，鼓吹爱国思想”。《上海伊斯兰学生杂志》由上海伊斯兰经学研究社（上海伊斯兰师范学校）主办，主编金志晏，刊物主要介绍《古兰经》《圣训》《教法》，阐述伊斯兰教义及学术文化，以及有关改进中国伊斯兰教经堂教育，激发穆斯林青年爱国热忱等。其中，民国20年（1931）“九一八”事变后，刊物发表《为日军强占我东北各省敬告伊斯兰同胞书》，深刻揭露侵华日军暴行，呼吁广大穆斯林“速起捍卫国家、保护宗教”，“同仇敌忾，共赴国难”。《上海伊斯兰学生杂志》创刊以后共出5期，民国24年（1935）8月，因经费困难停刊。

---

① 《上海宗教志》编纂委员会编《上海宗教志》，上海社会科学院出版社，2001，第284页。

表 2－10　民国时期上海主要回族刊物一览表

期刊名称	创办人姓名	起讫时间	共出刊期	编辑部地址
《清真》月报		民国 9 年（1920）2 月至不详	不详	霞飞路（今淮海中路）
《中国回教学会月刊》	沙善余、伍特公	民国 15 年（1926）1 月至民国 18 年（1929）10 月	13 期	方浜路晋昌里 8 号，后迁至青莲街 222 号
《回教青年》月报	傅统先、鲁忠辅、陆昌洪	民国 18 年（1929）至民国 20 年（1931）	12 期	回教青年研究社内
《上海伊斯兰学生杂志》	金志晏	民国 20 年（1931）1 月至民国 24 年（1935）8 月	5 期	青莲街 222 号
《晨镜报》	张怀德	民国 22 年（1933）至不详	不详	劳勃生路（今长寿路）梅芳里 100 号
《人道》月刊	杨玉书	民国 23 年（1934）6 月至民国 26 年（1937）1 月	20 期	蒲柏路（今太仓路 386 号）
《改造》	傅统先、王义、鲁忠翔	民国 23 年（1934）至不详	不详	戈登路（今江宁路）1216 弄 3 号
《伊斯兰妇女》杂志	何玉芬、陈咏彩	民国 25 年（1936）4 月至民国 26 年（1937）	不详	贝勒路（今黄陂路）330 号
《回教报》	完捷三	民国 26 年（1937）至民国 28 年（1939）	3 期	重庆路清真寺内
《绿旗》	杨玉书	民国 28 年（1939）10 月至民国 30 年（1941）	16 期	西摩路（今陕西北路）33 号
《回教》	李叔度、王寿富	民国 30 年（1941）	1 期	重庆路清真寺内

资料来源：《上海宗教志》编纂委员会编《上海宗教志》，上海社会科学院出版社，2001，第 284 页（《1920～1941 年其他期刊一览表》）

4. 民国时期回族新闻出版工作者

（1）伍特公（1886～1961），亦名石卿，字正钧，笔名天真、墨者、道隐。清光绪三十三年（1907），进上海申报馆任英文编译员。民国元年（1912），兼任路透社上海分社译员，所译英文名词“列宁”“布尔什维克”“希特勒”“罗斯福”“甘地”“尼赫鲁”等成为今通用译名。民国 14 年（1925）6 月，与哈德成等发起成立上海中国回教学会，主编《中国回教学会月刊》。民国27年（1938），任上海《申报》总主笔，发表《回教与抗战》等多篇社论，鼓动穆斯林参加抗日救亡，被日伪通缉。抗日战争胜利后，到上海《正言报》工作，民国36年（1947）任法新社英文翻译。

（2）金颂清（1878～1941），书店经营者，对我国图书文物的研究有较高的造诣。民国3年（1914）与罗振玉于上海天主堂街（今四川南路）共同创办“食旧廛”；民国4年（1915）创“青籁阁”；民国15年（1916），于上海虞洽卿路（今西藏中路）大庆里开设“中国书店”，专营古今图书；民国21年（1932），在上海汉口路创办“中国通艺馆”；民国26年（1937）在上海西摩路（今陕西北路）33号创办“秀州书社”。民国28年（1939）前后，为了从日寇手中抢救国家图书文物，金颂清大量采购古旧书画、书籍，并寄往香港，共2790余件，为国家保住了一批非常珍贵的图书文献。此后，金颂清把“中国书店”店堂后的一间灶披间供《救亡日报》作编辑、发刊之用。

（3）金祖同（1914～1955），为金颂清第四子，甲骨文研究者，著作有《殷锲遗珠》《龟卜》《殷锲卜辞讲话》及《郭沫若归国秘记》。十余岁时就与章太炎谈殷墟论甲骨，民国25年（1936）东渡日本，师从郭沫若，协助郭完成《殷锲粹编》。抗战爆发，金祖同和钱瘦铁瞒着日本当局，共同策应郭沫若秘密归国从事研究和出版工作。

（4）杨玉书（1906～1979），新闻编辑。民国18年（1929）2月进入《上海时报》馆工作，直至民国28年（1939）8月《上海时报》停刊。其间，民国21年（1932），上海《南华文艺》和北新书局侮教事件发生后，利用报纸抨击北新书局侮辱伊斯兰教事件，积极进行宣传，使公众了解事件的真相。民国23年（1934）6月，杨玉书在上海创办《人道》月刊。民国28年（1939）10月，创办《绿旗》月刊，自任编辑兼发行人，发表大量抗日救国文章，特别注意对回民妇女的宣传教育。用《古兰经》上的话鼓励回民抗日，歌颂清代回族将军左宝贵在甲午战争中抗日的英雄事迹，受到日本宪兵队追查。并协助哈德成、伍特公、沙善余、马坚等负责汉译《古兰经》首章详解的排版印刷工作。民国34年（1945），进入《大公报》编辑部做校对工作。

（5）傅统先（1910～1985），经名麦斯欧德。初中毕业后，考入上海民立中学高中。居住小桃园清真寺期间，研读伊斯兰教汉文经典。民国18年（1929），与鲁忠辅、陆昌洪一起创办上海回教青年研究社，出版《回教青年月报》（1929～1932）。民国20年（1931）在全国性伊斯兰教刊物《月华》上发表《追求中的真宰》论文。民国21年（1932），毕业于上海圣约翰大学哲学系。同年10月参加上海穆斯林反对北新书局及《南华文艺》侮教事件的斗争。民国22年（1933），与鲁忠翔、王义等创办上海穆斯林刊物《改造》，宣传伊斯兰教文化。次年，参与发起组织中国回教文化协会，任常务理事，组织出版《中国回教丛书》。民国24年（1935），创办回民职业补习学校，兼上海伊斯兰师范学校教员。民国29年（1940），所著《中国回教史》由商务印书馆列入中国文化丛书出版。

（二）回族商人经营的印刷业

上海地区最早开办的印刷厂是润丰印刷厂，此厂系20世纪20年代初由安徽和县回民鄂庆恩创办，地址在六马路（今北海路）。鄂氏因此被回民同行称为开山鼻祖。[①] “至1951年，全市有回民创办的印刷厂（所）21家。其中，安徽和县回民办的占17家。厂（所）绝大多数集中在南市一带，印刷厂的规模一般较小。从业人数计有100多人。主要经营学校簿本、广告、发票、信纸、信封等小批量印刷业务。经营方

① 《上海民族志》编纂委员会编《上海民族志》，上海社会科学院出版社，1997，第181页。

式：一般由回民厂商到有关厂家、商店等单位联系业务，以销定量。”[①]

表 2－11　民国时期上海市回族商人经营印刷企业一览表

名　称	地　址	创办时间	负责人	籍　贯
润丰印刷厂	南市旧仓街和平里 4 号	20 世纪 20 年代初	鄂撒应凤（女）	安徽和县
陆新华印刷制盒厂	南市旧仓街春源里 23 号	民国 13 年（1924）	陆悦亭	南　京
丽美印刷所	南市	民国 19 年（1930）前后	仝万钦	安徽和县
童大达印刷所	南市阜春街 70 号	民国 23 年（1934）11 月	童云清	安徽和县
精精印刷所	南市大境路狮子街 44 号	民国 29 年（1940）	仝钰廷	安徽和县
群益凹凸印刷厂	南市福佑路豫园后面	约在抗日战争胜利前	王德全	安徽和县
顺发印刷所	延安东路宝裕里 52 号	抗日战争胜利前	马汉章	安徽和县
智伟印务局	南市旧仓街 175 弄 4 号	民国 34 年（1945）8 月	马光智	扬　州
南建新印刷所	南市四牌楼 98 弄 41 号	民国 34 年（1945）11 月	撒光群	安徽和县
庆丰印刷所	南市张家街 50 弄 39 号	民国 35 年（1946）7 月	李志盛	安徽和县
王三一印刷所	南市松雪街 21 弄 10 号	民国 36 年（1947）8 月	王雨桂	南　京
俭荣印刷所	南市松雪街 7 弄 1 号	民国 37 年（1948）8 月	禹诚俭	安徽和县
荣茂印刷所	南市方浜中路 531 弄 42 号	民国 37 年（1948）8 月	仝茂山	安徽和县
启文印刷所	南市松雪街 71 弄 1 号	约在抗日战争胜利后	兰凤翔	安徽和县
松原印刷所	卢湾区	约在抗日战争胜利后	禹松坡	安徽和县
南协盛印刷所	南市福佑路 416 号	约在抗日战争胜利后	撒舜英	安徽和县
新文化印刷所	浏河路	新中国成立前	陆哲钦	安徽和县

资料来源：《上海民族志》编纂委员会编《上海民族志》，上海社会科学院出版社，1997，第 182 页（《1920～1956 年上海市回民经营印刷业情况表》）。

此外，从事其他行业的回族商人也有不少有意介入并大力资助及投资印刷出版业。其中，西药业回族巨商许晓初就对出版印刷业的发展投入了极高的热情，投资额也相当可观。据中法药房股份有限公司于民国

① 《上海民族志》编纂委员会编《上海民族志》，上海社会科学院出版社，1997，第 181～182 页。

35 年（1946）5 月 8 日的调查报告记载，其投资报刊及出版事业的情况可见一斑，“镇江江苏省报（60000000 元），市民日报（10000000 元），中国联合出版公司（5000000 元），永祥印画报（17022281 元），新新报业公司（100000000 元），华美晚报（10000000 元），上海商报（200000000 元），正言报（200000000 元），越光印刷公司（20000000 元），大成出版公司（100000000 元），中华文化出版公司（100000000 元），大象出版公司（100000000 元）”①。

第三节　商业发展的新特点

一　开创民族工商业

1911 年 10 月，辛亥革命爆发，清朝封建专制统治被推翻，与此同时，所谓“官办”“官商合办”的商业模式被废除。1912 年 1 月，中华民国南京临时政府的成立，又为中国民族资本主义的发展提供了政策上的保障。《中华民国临时约法》中明确规定：“人民有财产及营业之自由。”孙中山对新时期的中国商业有着这样的认识，“现在民国大局已定，亟当振兴实业，改良商货，方于国计民生有所裨益”②。对于民族资本主义工商业的发展，孙中山亦寄予期望：“此后社会当以工商事业为竞点，为新中国开一新局面。”③ 南京临时政府不仅在中央设有实业部，而且要求各省成立实业司。此外，还颁布了一些保护工商业的法规章程，以鼓励商人们兴办实业，诸如《公司条例》《公司保息条例》

① 《中法药房股份有限公司概况调查》，Q78－2－14798，上海市档案馆，1947，第 119 页。

② 中国科学院近代史研究所史料编译组《辛亥革命资料》，中华书局，1961，第 547 页。

③ 广东省社会科学院历史研究室、中国社会科学院近代史研究所中华民国史研究室、中山大学历史系孙中山研究室合编《孙中山全集》第 1 卷，中华书局，2006，第 547 页。

《农商部奖章规则》《商会法》《暂行工艺品奖励章程》等。此后，第一次世界大战的爆发，造成进口货物的稀缺，进一步刺激了民族工业资本的发展。

随着封建制小农经济的逐步瓦解，以及西方资本主义产业资本的不断侵入，回族商业民族资本主义工商业开始起步。最初，“在上海，回族曾办有几家伞骨厂与古玩玉器作坊，但这些还不是近代机器工业，只能是工厂手工业向机器工业的过渡。此外，还有一些回族经营的商店、饮食店，也有雇工，基本上可以算是属于近代资本主义工商业范围之内了”[①]。之后，回族商人开始经营西方工业产品，与西方资本主义的商业贸易也逐步加强，并且建立了密切的经济关系，于是“一些回民通过珠宝、古玩的交易，积累了资本，再投资到皮革、颜料、轻工业等行业，成为民族工商业者”[②]。

民国时期，上海回族商人的经营模式也开始向近代工业化转型。1933 年全国国民所得总数中，近代工业占 2.5%，手工业占 6.6%，两者合占 9.1%，而商业则占 12.6%。[③] 1927～1937 年间，上海开设的主要民族资本工业企业约有 87 家，其中由商业资本家单独投资或参与投资的计有 21 家。[④] 民国 23 年（1934）回族商人方鹤山在广东街（今半凇园路）创办顺利锁厂，专制铁包锁。次年，于今斜土路 117 号设大华顺记金工厂，自产自销三角牌铁包锁、骆驼牌煤锹。民国 29 年（1940）转产铁铰链。[⑤] “九一八”事变以后，民族工商业虽然受到外国资本主

① 民族问题研究会编《回回民族问题》，民族出版社，1980，第 75～76 页。

② 朱克同：《古玩市场和珠宝汇市——上海回族穆斯林的传统行业》，引自《中国伊斯兰教研究文集》编写组编《中国伊斯兰教研究文集》，宁夏人民出版社，1988，第 469 页。

③ 吴承明：《帝国主义在旧中国的投资》，人民出版社，1955，第 120 页。

④ 陈真：《中国近代工业史资料》第 1 辑，三联书店，1958，第 248～256 页。

⑤ 《上海市卢湾区志》编纂委员会编《上海市卢湾区志》，上海社会科学院出版社，1998，第 964～965 页。

义的经济侵入日益加深，但先店后厂、自产自销的联号企业等商业方式的发展，还是一定程度上促进了商业资本向工业资本的转化。在企业近代工业化的转型过程中，回族商人们还积极与国外资本主义进行合作，利用西方资本主义丰富的国际市场资源开拓国内外市场。同治九年（1870），英商在外滩（今中山东一路延安路口）开设麦边洋行，为上海最早经销煤油（又称火油）的洋行。此后，光绪二十年（1894）至民国8年（1919），美国美孚石油公司、英国亚细亚火油有限公司、美国德士古煤油公司先后在上海设立经营机构，形成了垄断上海石油商业的洋商三公司。民国16年（1927），镇江籍回族商人江显亟与人合作创办光华火油公司，当时上海石油市场被英商亚细亚公司、美商美孚公司垄断，江显亟另辟蹊径，经销苏联石油。[①] 民国19年（1930）光华火油公司与苏联油遍地（U. P. R.）石油公司合作，成为苏联石油在华的经销商，油品商标定为光华牌，以抵制英美三大石油公司的倾销和垄断。公司组建初期资本30万元，后华安保险公司及美大火油公司参加入股，增资为110万元。又与美国立启·菲尔德（Rich Field）石油公司建立贸易关系。民国17年（1928），光华公司自建油池、仓库，并将进口散装火油在上海装听销售。[②]

与西方资本主义合作的另一个突出意义，在于学习其先进的管理机制及生产技能，以规范我们自己的企业模式，研制开发更先进更受欢迎的产品，从而站稳国际市场。民国16年（1927），回族商人马鹤卿创办上海中国磨钻厂，目的在于引进国外先进的磨钻技术，寻找我国的钻石产地，并研制属于我们中国人的磨钻技术，最终打入国际市场。民国20年（1931），马鹤卿同合伙人于上海九江路江西路口创办中国贸易进

---

① 《上海民族志》编纂委员会编《上海民族志》，上海社会科学院出版社，1997，第178页。

② 《上海对外经济贸易志》编纂委员会编《上海市对外经济贸易志》，上海社会科学院出版社，2001，第167页。

出口公司。当时，人们只知道南非地区盛产钻石，外国人断言“中国乃无钻石国家”，马鹤卿磨制出的钻石首饰，用铁的事实证明了中国并不是无钻石的国家，中国有着丰富的钻石资源。“要培养钻石磨制工艺的技术，尽快摆脱洋人在这方面对我国的控制。马鹤卿决计以国产的钻石，自己的磨制工艺，争取出口，在国际市场争得一席之地”[①]。回族商人仇荣光在巴黎期间，比利时珠宝商培氏（Brachfeld）曾拟以重金聘请他为刚果钻石或阿尔及利亚珍珠采集场经理，他意欲回国发展而未允。民国20年（1931）仇荣光携资金返沪办商行。民国21年（1932）他为探寻红蓝宝石、水墨晶石和钻石钻床，先后赴青岛、烟台、湖南等地考察。[②] 此外，民国34年（1945），回族商人阮镜湖与5位友人集资创办国华羽绒制品厂，制造与国外相媲美的中国消毒羽毛绒，品种有鹅毛、鸭毛、撕鹅毛、鹅绒、鸭绒。民国36年（1947），公司又试制各种坐垫、沙发、靠垫、鹅鸭绒被褥等。[③]

上海回族商人们在与西方资本主义经济入侵、垄断资本操控国内市场作抗争的同时，努力借鉴西方资本主义先进的生产技术和企业模式，不断创新，苦苦探寻适合民族资本主义工商业自身发展的道路。此外，回族民族工商业的发展与回族商人自身思想意识、文化素质的提高，以及民族意识、国家意识的增强是分不开的。“制药工业不仅为民族工业，更为国防工业”[④]。以商兴国的思想正是上海回族商人群体开创民族工商业的精神所在。

二　对外商贸频繁

上海地区的对外贸易最早可以追溯到唐代。唐大中年间（847～

① 致维德：《中国磨钻工业创始人——马鹤卿》，参见1987年《伊斯兰教文史资料汇编》。

② 《上海民族志》编纂委员会编《上海民族志》，上海社会科学院出版社，1997，第178页。

③ 《上海民族志》编纂委员会编《上海民族志》，上海社会科学院出版社，1997，第178页。

④ 《中法药房股份有限公司概况调查》，Q78－2－14798，上海市档案馆，1947，第166页。

859），华龙县青龙镇和日本、新罗（今朝鲜、韩国）及南洋等地有贸易往来。[①] 近代开埠以后，上海逐步取代广州成为全国对外贸易的中心。五口通商之前，广州是唯一的对外商贸港口。五口通商之后，长江流域的货物沿长江而下，集散于上海。此后，上海开始逐步成为全国的对外贸易中心。外资大量输入，上海的进出口贸易的总值和总量与日俱增，据罗志如所著《统计表中之上海》中的"上海历年进出口贸易货值表"显示：1865 年，上海进口贸易值为 6462 万海关两，出口值为 7019 万海关两，总值 13481 万海关两；至 1883 年，上海进口贸易值为 8709 万海关两，出口值为 9346 万海关两，总值 18055 万海关两；至 1902 年，上海进口贸易值为 26729 万海关两，出口值为 28418 万海关两，总值 55347 万海关两，是 1865 年进出口贸易总值的 4 倍多。

民国时期，由于战乱，中国的进出口贸易一度受阻。上海由于租界的特殊地位，所以其对外通商贸易一直在进行。上海原有商业市场主要集中于旧县城内，包括大东门、小东门和南门一带，号称"万商云集，百货山积"。19 世纪末 20 世纪初，上海租界地区的商业发展迅速。1910 年，租界华人人口达 60 多万，外侨人数亦逾万。中外商人纷纷云集上海租界的商业区，当时，"南北分开两市忙，南为华界北洋场，有城不若无城富，第一繁华让北方"[②]。之后上海的商业中心逐步北移，即向租界内转移，主要集中在黄浦江外滩一带，后又从南京路由东向西扩展。"上海市面，南北迥然不同。南市则向来本有之业，而北市诸业则在通商以后兴起"[③]。民国 28 年（1939）一季度，上海租界进出口贸易总额，占全国进出口贸易总额的 44.8%。[④] 民国 28 年（1939），外国来华船只总

① 《上海通志》编纂委员会编《上海通志》，上海社会科学院出版社，2005，第 2904 页。

② 颐炳权：《上海洋场竹枝词》，上海书店，1996，第 96 页。

③ 《上海市面总论》，《申报》1897 年 1 月 20 日。

④ 陆仰渊、方庆秋：《民国社会经济史》，中国经济出版社，1991。

吨位中，上海所占比重为50.33%。民国29年（1940）上海进出口总量分别占全国总量的40%和68%。同年，上海对全国各通商口岸的贸易总值占全国比重的88%。[①] 上海回族商人们则是利用上海优越的地理位置，以及相对宽松的贸易环境，大力发展对外贸易，“而董事或则经商异国、远处海外，或则宦游各省山川”[②]。从国内市场的拓展，到进出口贸易的不断加强，回族商人们活跃于对外贸易中。随着对外贸易的深入，其涉及的行业也是不断扩展。民国35年（1946），回商马功甫于福州路汉弥登大楼创建诚昌进出口公司，经营出口玉器、翡翠、摆件；民国20年（1931），回商马鹤卿主持于九江路开设了“中国贸易进出口公司”，主要从事钻石磨制加工的进出口业务；[③] 民国36年（1947），回商全启荣于中山南一路476号开办荣兴皮革厂，经营牛皮皮革制品进出口；民国36年（1947），童隆山与美国人苏鲁门合资创办中国矿产公司，设于上海汉弥登大楼，主营矿产进出口业务；美商奇异安迪生电灯泡厂生产的奇异牌电灯泡，由该公司派专人杨寄尘常驻上海金陵东路吉如里“驻沪办事处”，办理进货托运业务。[④]

民国时期，上海回族商人商业商贸的另一特点就是国内、国外并举，全面拓展对外商贸业务。以珠玉业为例，当时就有南洋庄、香港庄（珠玉业的行话，即代表珠玉的颜色为淡雅之意）和美国庄、法国庄、日本庄（代表珠玉颜色为浓郁之意），以及英国庄（代表色浓、粒小、价高之意）之分。[⑤] 回族珠玉业商人也是“通过珠宝、古玩买卖，同广州、香港、东南亚、日本、欧美商行、教会等挂钩，进行出口交易”[⑥]。

---

① 朱国栋、王国章：《上海商业史》，上海财经大学出版社，1999，第163页。
② 《上海市教育局关于私立清真小学呈请立案》，Q235-1-1038，上海市档案馆，1927。
③ 阮仁泽、高振农：《上海宗教史》，上海人民出版社，1992，第565页。
④ 阮仁泽、高振农：《上海宗教史》，上海人民出版社，1992，第577页。
⑤ 阮仁泽、高振农：《上海宗教史》，上海人民出版社，1992，第564~565页。
⑥ 阮仁泽、高振农：《上海宗教史》，上海人民出版社，1992，第564~565页。

（一）国内贸易的加强

随着上海国内经济中心的确立，沪内外商业贸易与日俱增，商贸合作亦是不断加强。商贸领域渗透至各行各业，贸易范围涉及全国。民国3年（1914），第一次世界大战爆发，英法等国因军需急用牛羊生皮，上海回族商人马晋卿利用时机创办协兴公司，地址设在上海方浜路晋昌里11号，开始了对外贸易。初期主要以出口牛羊皮张为主，后扩大至丝绸、茶叶、瓷器、中药材等，同时进口水晶、蓝宝石、燕窝、西洋参、西药材等货物。每年仅出口金额达数万元。其分号遍全国，分别在南京、和县、六和、蚌埠、徐州、开封、洛阳、许昌、郑州、汉口、老河口、漯河、驻马店、周口、成都、昆明等地设分号，并投资于常德、沈阳、无锡等地。公司还经营木材砍伐、缫丝厂等。回族商人马乙棠在上海经营马裕隆缎庄与折扇等百货，商品远销四川、康藏等地。[①] 回族珠玉、古玩商人，“有的与北京、天津古玩商联系，收购大量流散在外的宫廷珍宝、文物、古玩”[②]。回族西药商人亦注重国内市场的加强，“东北、华北各省战前本公司出品亦行销甚盛，现正派员北上，着手进行推广。至台湾一省，今既重入我国版图，日本药品业已绝迹，台胞殷切内附深盼国内药品之源源接济，而对本公司之出品尤认”[③]。

沪内外回族商人还通过互设分庄、分号的方式，加强商业贸易联系和合作，促进企业在全国范围内的发展。民国35年（1946）初，笞容川邀李鹄成、王治平、金卉滋等合资开设永泰花号，后陆续设分庄于武汉、沙市、南通、西安等地。[④] 此外，南京八大家，在上海亦有分店。清末

① 南京市伊斯兰教协会：《南京回族伊斯兰教史稿》，金陵刻经处，2000，第374页。

② 朱克同：《古玩市场和珠宝汇市——上海回族穆斯林的传统行业》，引自《中国伊斯兰教研究文集》编写组编《中国伊斯兰教研究文集》，宁夏人民出版社，1988，第469页。

③ 《中法药房股份有限公司概况调查》，Q78－2－14798，上海市档案馆，1947，第166页。

④ 《上海民族志》编纂委员会编《上海民族志》，上海社会科学院出版社，1997，第181页。

上海晏海路上的“恒源东鸡鸭店”，其总店就是南京的马恒源字号。逢冬季，南京板鸭店应时上市，恒源东的货源全来自南京马恒源总店。[①]

（二）东南亚市场的巩固

民国28年（1939）9月二战爆发以后，由于原来依靠英、法等国供给的东南亚市场货源紧缺，价格也不断上涨，上海成为了东南亚市场新的供货点。当时，出现了专门替东南亚地区办庄进货的华商出口行——南洋办庄（简称南洋庄）。与此同时，东南亚市场的巩固和发展也一直受到上海回族商人们的关注。作为当时“国外市场上回族人创办的最大的外贸公司”[②]，协兴公司就是以东南亚为进出口贸易的主要市场，在香港设中转站，在锡兰（今斯里兰卡）的科伦坡设分公司。

上海回族珠玉业商人，“有的以上海为据点，往来于云南、缅甸、伊朗等玉石产地，收购原料，进行修饰、加工”[③]。回族珠玉商达静轩等人往来于日本，专做日本庄买卖，成为日本庄代表人物之一。“据称，上海穆斯林做日本庄生意的人数较多，而且财势雄厚，他们除了日本庄占优势以外，还把持了上海滩上香港庄、南洋庄的买卖。”[④]

回族西药商人更是将对外商贸的重点放在了东南亚市场的巩固和发展上，“于可能范围中力谋推广外，对于抗战期间被迫放弃之南洋群岛与安南、缅甸、暹罗、菲律宾，以及国内台湾、东北、华北各省原有之市场，亦在力图恢复中”。以中法药房为例，“本厂出品向占国内各药

① 阮仁泽、高振农：《上海宗教史》，上海人民出版社，1992，第570页。
② 余振贵：《中国回族之最》，宁夏人民出版社，1998，第82页。
③ 阮仁泽、高振农：《上海宗教史》，上海人民出版社，1992，第564~565页。
④ 阮仁泽、高振农：《上海宗教史》，上海人民出版社，1992，第565页。

厂销货之首位，故最为注重参照抗战以前本公司在英属及荷属，南洋各埠每年销货数额以现在币值估计即应在三十亿元以上”[①]。抗战胜利以后，上海回族西药商人们也是积极恢复东南亚市场，“最近，盘古、西贡、仰光、新加坡、庇能、八打威、泗水、岷尼剌等埠，均已纷纷前来要求发货”[②]。回族西药商人许晓初先后在全国各地发展领牌或联号的代销店达 51 家，在台湾省台中市以及香港、新加坡、曼谷、三宝龙、泗水、庇能等 7 处开设特约经销处。[③]

（三）欧美市场的拓展

自上海开埠以后，商业贸易发展迅猛，逐步取代广州，成为全国对外商贸的中心。从与英国的进出口贸易来看，1844 年，自上海进口的货物占全国总额的 12.5%，出口货值广州是上海的 7.7 倍；1845 年，自上海进口的货物占全国总额的 30%，出口货值广州是上海的 4.6 倍；1853 年，自上海进口的货物占全国总额的 59.7%，1852 年，出口货值上海是广州的 1.7 倍；1855 年，自上海进口的货物占全国总额的 87.8%，出口货值上海是广州的 6.8 倍。[④]

上海回族商人虽然借上海国内商贸中心的确立，与欧美地区的商业贸易不断加强，但就整体而言，政府资本机构及企业垄断大宗进出口业务，美国剩余物资倾销中国市场，以及国民政府实行鼓励输入政策，使得上海回族工商业在发展欧美商业贸易时还是相当艰难的。“二战”以后，美国垄断资本开始扩大海外市场，寻求倾销商品和投资的场所，而当时急于反共、扩大内战的国民党政府，不得不依附于美帝国主义。美

① 《中法药房股份有限公司概况调查》，Q78－2－14798，上海市档案馆，1947，第 166 页。
② 《中法药房股份有限公司概况调查》，Q78－2－14798，上海市档案馆，1947，第 166 页。
③ 《上海民族志》编纂委员会编《上海民族志》，上海社会科学院出版社，1997，第 179 页。
④ 朱国栋、王国章：《上海商业史》，上海财经大学出版社，1999，第 107 页。

国垄断资本为了全面控制中国的领土、领空、财政、经济、金融，实现其独占中国市场的野心，以及享有更多的掠夺物资的特权，与国民政府签订了一系列条约和协定。其中，包括《中美空中运输协定》《中美友好通商航海条约》《中美参加国际关税与贸易一般协定》《中美农业协定》等。之后，美国政府开始向中国大量倾销商品，“1936 年在中国的对外贸易总额中，美国占 22.55%，到 1946 年，美国商品的比重急剧增加至 53.19%，其中，进口总值中，美国所占比重，更由 1936 年的 19.6% 跃升至 1946 年的 57.16%，国民党统治区对外贸易严重入超，外汇储备几近枯竭”[①]。此外，美国享有的货物减免关税的优惠政策，以及国民政府实行的“低汇率政策”，使得国货无法出口，洋货源源而来。与此同时，宋家的宋子良在上海开设孚中公司、中国进出口贸易公司、李泰公司、统一贸易公司、金山贸易公司等，并在纽约设立分公司，垄断了进出口业务。可以说，民国时期，特别是国民党统治后期，上海对外贸易的整体环境并不理想，上海回族商人们则是在困境中努力探寻海外商贸的道路。

民国以来，上海回族商人积极开拓海外市场，加强与欧美的商业贸易。其中，回族商人马长生、马晋卿等人，通过美国在沪一家公司专做美国生意，并以此而发迹起来。[②] 民国 17 年（1928），苏州籍回族商人阮镜湖于溪口路 25 号创办宝丰肇记行。初期以出口金丝草帽、麻帽为主；进口以金丝草为主。后转营羽毛出口，运销美国和德国。民国 34 年（1945），阮镜湖与 5 位友人集资创办国华羽绒制品厂，制造与国外相媲美的中国消毒羽毛绒。[③] 据记载：“战前，英美德各国均有代理商。胜利

---

① 中国人民大学政治经济学系《中国近代史》编写组：《中国近代史(下册)》，人民出版社，1978，第 146 页。

② 阮仁泽、高振农：《上海宗教史》，上海人民出版社，1992，第 565 页。

③ 《上海民族志》编纂委员会编《上海民族志》，上海社会科学院出版社，1997，第 178 页。

后，正常业务尚未恢复，复业来，已装运出口至美国者，有鸭绒及鹅绒各二包，及羽毛约一百五十担。最近，兼做进口贸易，曾有小五金一批计铚万一千打，系向美国 hichalion 订购。最盛时，羽毛出口每年二三千担，肠衣三四百桶，麝香二三百斤，及大黄约一千担。”[①] 此外，马功甫创办的诚昌贸易公司向乌拉圭出口瓷器 17 箱，金才记古玩号主持人金从德赴美接洽古玩出口业务。[②]

上海回族商人拓展海外市场的同时，还在欧美国家及地区开设店铺和公司，进一步巩固对外贸易成果。第一次世界大战期间，何厚昌在静安寺路（今南京西路）开设古玩翡翠商店，挂牌“何厚昌”。其二子何星厚先后在法国巴黎和美国开设“何厚昌”，收购并出售珠宝古玩。此外，何星厚、何星甫合伙开办的厚昌红木古玩号，制售红木仿古、新式器皿，及贩售古玩。其货转销本埠华洋巨绅，古玩输往法国，并且在法国巴黎设立分号。[③] 回族商人仇荣光于民国 7 年（1918）受童氏家族派遣赴南洋经商，后至巴黎发展。20 世纪 20 年代，仇荣光在巴黎塞纳河畔开设永寿华行，主要从事珠宝玉器的进出口贸易。[④]

互通有无，调剂余缺，上海回族商人的对外商贸活动不仅在调节回族商业资源的优化配置方面发挥着积极的作用，而且对近代回族商业的国际化发展起到了巨大的推动作用。民国时期的上海回族商人们不畏西方列强的经济侵略，勇于接受国际市场的竞争压力和挑战，通过发展对外贸易，努力吸收和引进世界先进的科学技术成果和管理模式，不断促进回族商贸企业更新技术、提高劳动生产率和产品的国际化水平，积极探索增强本国的经济实力的发展道路。

---

① 《宝丰肇记行概况调查》，Q78－2－13429，上海市档案馆，第 2 页。

② 《上海文物博物馆志》编纂委员会编《上海文物博物馆志》，上海社会科学院出版社，1997，第 426 页。

③ 《上海储蓄银行有关古玩业调查资料》，Q275－1－1954，上海市档案馆，1932，第 34 页。

④ 《上海民族志》编纂委员会编《上海民族志》，上海社会科学院出版社，1997，第 178 页。

第四节　商人结构的新变化

一　阿訇商业职能的加强

（一）民国时期的上海阿訇和经堂教育

上海开埠后，上海各寺广泛聘请各地阿訇到上海任职。其中，清真董事会和回教堂理事会所聘者供养金较高。散班阿訇（未受到聘用的阿訇）则靠为婚丧喜庆给穆斯林念经、消灾祈福为生。女学由师娘带领，师娘则大多为阿訇之妻，具有一定阿拉伯文经典素养。抗日战争前，上海有散班阿訇百余人，1955 年仅剩 20 多人。1959 年初，上海有阿訇 33 人、师娘 6 人。①

民国时期，上海地区主要以经堂教育培养阿訇，清真寺招收海里凡，请开学阿訇传习阿拉伯文、波斯文、伊斯兰经典，学完规定的经典后举行穿衣挂幛仪式，成为阿訇，少数送往西北地区进一步学习。相关教育和授学不学汉语，所以大多数阿訇不识汉字。同治九年（1870）至民国 26 年（1937），福佑路清真寺招收 6 批海里凡。民国 6 年（1917）至民国 26 年（1937），小桃园清真寺招收数十人。20 世纪20～30 年代，日晖港清真别墅招收十余人，鸿寿坊清真寺招收 20～30 人。20 世纪 40 年代，浙江路清真寺也曾办过经堂教育。民国 17 年（1928），中国回教学会办上海伊斯兰师范学校（向政府注册名为伊斯兰经学研究社），在全国招收小学毕业的穆斯林，培养阿訇、师资和学术研究人员，学制 3 年，进行课堂教学。课程有阿拉伯文、波斯文、伊

① 《上海通志》编纂委员会编《上海通志》，上海社会科学院出版社，2005，第 1509 页。

斯兰经典、中文、英文、文史哲和科学知识，从教者多为知名学者、阿訇及外国友人，免费提供食宿、书簿。至民国 26 年（1937）共招收 4 届 60 余名学生。毕业生不举行穿衣挂幛仪式，大部分任职上海及各地清真寺，或从事伊斯兰教文化事业，有 6 人留学埃及。

（二）民国时期上海知名阿訇

（1）达浦生（1874～1965），名凤轩，字浦生，经名努尔·穆罕默德，以字行。先祖西域人，后定居江苏六合，回族。出身经学世家，幼年随父学经，是达氏第 7 代阿訇，现代中国四大经师之一。自幼习儒业，后师从北京牛街清真寺阿訇王宽。光绪二十五年（1899）回六合，任清真寺教长，并创办广益小学。光绪三十一年（1905）又赴北京，代理牛街清真寺教长。光绪三十二年（1906），应王宽之邀去北京协助创办回文师范学堂和京师公立清真第一两等小学，任校长。民国元年（1912），应聘任甘肃回民劝学所所长兼省视学。历时 6 年，遍访甘肃、青海、宁夏等地数十县，考察回民教育。民国 10 年（1921）至民国 17 年（1928），受马晋卿资助，赴印度、东南亚考察伊斯兰教育。之后回到上海任福佑路清真寺教长、伊斯兰师范学校校长，参与发起中国回教公会，在基督教青年会演讲教义。民国 21 年（1932），发生《南华文艺》和北新书局侮教事件，代表"上海回教礼拜寺联合会"去南京向国民政府行政院抗议。民国 26 年（1937），"八一三"事变后在上海穆斯林中宣传抗日救国思想，民国 27 年（1938）积极参与筹建浙江路回教难民所和太仓路回教难民所，救济回民难胞。民国 26 年（1937）底至民国 28 年（1939）1 月，赴麦加朝觐，在沙特阿拉伯出席"世界回教大会"，旋去埃及撰写《告世界穆斯林书》，并发表在《金字塔报》上，宣传抗日，揭露日本侵华罪行，呼吁支持，募集经费。民国 28 年（1939），迁上海伊斯兰师范学校至甘肃，易名为私立伊斯兰师范学校

（后改为国立平凉陇东师范学校），任校长。抗日战争胜利后回到上海定居。

（2）哈德成（1888～1943），名国桢，字德成，经名希俩伦丁，以字行。祖籍陕西南郑，自幼随父居上海，回族。出身经学世家，现代中国四大经师之一。自幼习儒业，后学经。民国3年（1914）至民国13年（1924），出任协兴公司驻科伦坡经理期间，赴埃及、土耳其、印度等国游学访问。民国13年（1924）回国，应聘浙江路清真寺教长，并在寺内开办阿拉伯文补习学校、《古兰经》补习班等。民国14年（1925），与马刚侯、马晋卿、沙善余等发起成立中国回教学会，任学会副干事长（副会长）、学校教务主任。发行《中国回教学会月刊》，主持翻译《古兰经》3卷。民国17年（1928），与达浦生等创办上海伊斯兰师范学校，任教务主任。民国28年（1939），发起组织中国回教学会译经委员会（《古兰经》译经社），与伍特公、沙善余和学生马坚合作年余，译经15卷。著述有《回教与社会关系》《回教要旨与道德》等数十篇（演讲稿），并支持回民青年范艺主编《回教初步浅说》。抗日战争时期，宣传抗日救国思想。发起创立回民难民收容所。民国31年（1942）3月，为拒伪职"中华回教总会"顾问，乔装化名马国成离沪至重庆，又拒国民政府委职，次年至云南沙甸与学生马坚等合译《古兰经》。

（3）金耀祖（1900～1958），江苏南京人，回族。幼丧双亲，由金子云抚养成长，后去青海西宁东关大寺学经。学成回沪，先在小桃园清真寺协理教务，兼任上海回教孤儿教养院教师，后任福佑路清真寺、肇家浜路清真寺、汾州路清真寺教长，上海回教教务会议秘书。民国18年（1929），随同金子云去麦加朝觐，顺道考察伊斯兰教文化，学习阿拉伯文音韵学。金热爱回教孤儿教养所工作，为孤儿劝募教养经费。民国37年（1948），创办普慈孤儿教育所。亲自教授汉语和阿拉伯文经书。对学习成绩优良孤儿，推荐到西北的清真大寺深造。关心回民子弟的普通教育，先后担任正明小学校长、杨浦区回民小学校长。

（4）买俊三（1888～1967），河南洛宁人，回族。光绪三十四年（1908），求学陕西西安、山西长治等地清真寺。后去北京投师到土耳其籍教长穆罕穆德·阿里门下，学习经学、阿拉伯文文法，并攻读《古兰经》音韵学。宣统三年（1911），去麦加朝觐，途经印度时，因误了正朝期，留居德里、加尔各答等地，学习乌尔都语及宗教学。次年，再去麦加朝觐，并在麦加研习音韵学。因第一次世界大战爆发，于民国3年（1914）回国。先后在西安、洛阳、郑州、开封等地清真寺任教长。自民国15年（1926）起，先后受聘为小桃园清真寺副教长、药水弄清真寺教长和鸿寿坊清真寺教长。民国19年（1930），在南市西仓桥街创立中国回教经书局，为上海第一所伊斯兰经书局，自任总经理兼发行人。翻译出版伊斯兰教经典和文化书刊，编印宗教基础知识丛书和阿拉伯语初级读本。影响遍及海内外。同时与埃及哈勒比书局签约经销其原版式经典书刊。“八一三”事变，书局毁于日军炮火。辗转至甘肃，在临夏设立中国回教经书局临夏分局。民国28年（1939）返沪，任小沙渡沪西清真寺教长。同时，兼任汾州路沪东回教堂教长。民国30年（1941），日军侵占上海租界，他闻知日伪将聘他任伪职，毅然举家出走内地。先后在河南、江苏等地清真寺任教职。

（5）马宜亭（1897～1977），名乐远。湖北沔阳人，回族。8岁时，在沔阳红庙乡清真寺学经。后去安康、河川等地学经。最后，在青海化隆清真寺学经，取得阿訇资格。受聘于汉口广益桥清真寺任代理教长、教长。民国34年（1945），应聘到上海小桃园清真寺任教长，长达32年。马宜亭讲道缜密，一丝不苟。热情接待国内外穆斯林，深受好评。

（6）刘兆才（1902～1977），字子英，经名易卜拉欣。河南开封人，回族。出身阿訇世家。民国 3 年（1914），在福佑路清真寺务本学堂读书。后去河南学习。先后任河南辉县清真寺教长和湖南常德清真寺代理教长。民国 17 年（1928）再次来沪，入上海伊斯兰师范学校。民国 18 年（1929），于上海伊斯兰师范学校速成班毕业。曾任斜桥、江湾跑马厅清真寺教长。自民国 21 年（1932）起，历任浙江路清真寺副教长，代理教长、教长。刘潜心研究教义，经学造诣颇深。

（一）阿訇参与商业经营

民国时期，上海地区的阿訇们广泛参与商业经营活动，日用百货、皮毛、金融、出版印刷、饮食业及对外贸易等业都有涉及。阿訇们行商人之举，旨在为振兴上海伊斯兰教事业筹措资金，并加强和海外伊斯兰教国家的宗教、经济及文化交流，以商兴教。

在阿訇们的经营范围内，有的发挥传统行业的优势，如祖籍河南洛宁的买俊三阿訇就在上海广西路 80 弄卫 7 号开设皮毛业商号“裕昌义皮毛行”,[1] 经营回民擅长的皮毛生意。有的尝试新兴行业，如李玉书阿訇在小沙渡创办的信一和鞋店，专营自制男女鞋,[2] 拓展了传统的商业经营范围。有的经营项目旨在帮助赤贫的回族商贩，如浙江路清真寺教长哈德成主持办理的免利借贷处，专为扶助教中赤贫无力营生者而设，不取利息。[3] 遵循《古兰经》中的债务施舍原则，“如果债务者是窘迫的，那末，你们应当待他到宽裕的时候；你们若把他所欠的债施舍给他，那对于你们是更好的，如果你们知道”（2：280）[4]。也有的意在宣扬伊斯兰教教义，如民国 19 年（1930），买俊三阿訇自任总经理兼发

---

① 《上海民族志》编纂委员会编《上海民族志》，上海社会科学院出版社，1997，第 177 页（1934～1956 年上海市回民皮毛商号情况表）。

② 阮仁泽、高振农：《上海宗教史》，上海人民出版社，1992，第 577 页。

③ 阮仁泽、高振农：《上海宗教史》，上海人民出版社，1992，第 591 页。

④ 《古兰经》，马坚译，中国社会科学出版社，1981，第 34 页。

行人，在南市西仓桥街创建中国回教经书局，以及民国 23 年（1934），达浦生阿訇发起创办上海穆民经书社和上海伊斯兰文化供应社等出版印刷机构，经营目的都是宣扬发展伊斯兰教，沟通回汉文化交流。

当时，随穆斯林马贩商来沪的陕西籍哈希龄阿訇，在经营之余任该寺之三掌教职，并教授伊斯兰经典。[①] 可见，民国时期，商业经营已经成了不少阿訇的主要工作，上海地区的阿訇们身兼传教和经商两项职能。

民国时期上海各清真寺教长都很支持回族商人的商业经营，并热衷参与商业活动。据记载，“当时，为增强清真牛羊肉菜馆业的实力，扩大清真菜馆业的影响，在上海各清真寺教长的支持下，该行业的穆斯林走上了联合之路。于 1936 年成立了上海清真牛羊饭菜业同业公会……清真寺教长哈德成、达浦生及杨莲生、宗棣棠等出席会议表示祝贺”[②]。

随着沪上回族商人们经营业务的不断扩大，全国范围内的阿訇们亦参与到他们的经商活动中。民国 3 年（1914），第一次世界大战爆发，英法等国因军需急用牛羊生皮，上海回族商人马晋卿利用时机，将绝大部分资金转入对外贸易。在全国各地马晋卿广聘阿訇做经理开展业务。其中，聘请熊宝贵阿訇为沪宁线上“昌记号”经理，李幼三阿訇、武文连阿訇为津浦线上“厚记号”经理，郭子良阿訇、王四阿訇为陇海线上“志记号”经理，刘耀三阿訇、马俊斋阿訇、王大明阿訇为京广线上“晋号”经理。[③]

（二）加强对外贸易，以商养文

民国 2 年（1913），为了筹集兴学资金，振兴上海伊斯兰文化教育

① 阮仁泽、高振农：《上海宗教史》，上海人民出版社，1992，第 469 页。

② 阮仁泽、高振农：《上海宗教史》，上海人民出版社，1992，第 567 ~ 568 页。

③ 袁纣卫：《苏南回族商帮》，《回族研究》1998 年第 1 期。

事业，以商养文促教，以及加强和海外伊斯兰教国家的宗教文化交流，回族商人马晋卿、刘彬如阿訇、杨福洲阿訇、哈德成阿訇等人，在上海创办协兴公司。总公司设在上海西马桥的晋昌厚商号，由刘彬如阿訇负责；香港为中转站，由刘耀卿阿訇负责；民国 3 年（1914），公司在锡兰科伦坡（今斯里兰卡首都）设分公司，由杨福洲阿訇负责。哈德成阿訇于民国 8 年（1919），受协兴公司委派，出任驻科伦坡经理。[①] 此外，民国 10 年至民国 17 年（1921～1928），阿訇达浦生受聘于上海协兴公司。为进一步促进中外穆斯林经济文化交流，在公司资助下，达浦生阿訇于民国 10 年（1921）出国。他遍访印度、东南亚、中东各国，边经商筹资，边学习、考察伊斯兰教育。[②]

（三）经营书局，宣扬伊斯兰教

"发扬宗教，尤重宣传不力，误会频来，而教胞知识粗疏，教育迟滞，为一重大原因，抑尤有进者，外界对于伊斯兰之真相，误解至多，因由于种族、宗教、风俗之隔阂，而宣传不力，理解未清，吾人实负有相当之责任，此伊斯兰文化供应社之所由发起也"[③]。民国时期上海阿訇们经营的经书局大多以宣扬发展伊斯兰教为宗旨，以沟通回汉文化、加强交流、消除隔阂为目的。

民国 19 年（1930），买俊三阿訇在南市西仓桥街创建中国回教经书局，自任总经理兼发行人，以及书局主编。民国 23 年（1934），达浦生阿訇于上海南阳桥全裕里 14 号发起创建上海伊斯兰文化供应社，并在上海蒲柏路 380 号开设经书销售处。同年 10 月，达浦生又创办上海穆民经书局。阿訇们创办经书局主要翻印经销伊斯兰经书、传播

① 《上海民族志》编纂委员会编《上海民族志》，上海社会科学院出版社，1997，第 178 页。

② 王建平：《近代上海伊斯兰文化存照》，上海古籍出版社，2008，第 35 页。

③ 《人道》1934 年第 1 卷第 5 期。

宗教文化、满足清真寺经堂教育。其中，中国回教经书局翻译出版伊斯兰教经典和文化书刊，编印宗教基础知识丛书和阿拉伯语初级读本。同时与埃及哈勒比书局签约经销其原版式经典书刊。[①] 上海穆民经书局主要翻印、出版由朝觐带回国的《古兰经》《圣训》，以及相关教义、教法、伦理和阿拉伯语法、修辞等学科的经典和书籍。上海伊斯兰文化供应社主要服务项目包括：出版前人遗著，各种书籍；经销书报杂志；代办广告、制版、校对、影印、文具等业务；代办报考学校、朝觐等事项。[②] 以及代售埃及、土耳其版的《古兰经》，王静斋、马坚等国内伊斯兰教学者的著作。

在众多经书局中，买俊三阿訇经营的中国回教经书局被誉为民国时期中国伊斯兰教维持时间最长、规模和影响最大的出版机构，经销、影印原版经典，编译中阿文对照知识丛书，重印明清著作，共发行约20万部（册）。[③] 该书局编译出版《中阿对照拼音读本》《中阿对照连五本》《中阿对照六大信仰问答》《中阿模范会话》《中阿对照礼拜必读》《汉译赫提》《字源学》等。又继重印明清伊斯兰学者王岱舆、伍遵契、马注、刘智、张中等人的著译，以及王静斋、杨仲明、马坚、金吉堂等现代穆斯林学者的著译。此外，民国24年（1935）8月，上海伊斯兰文化供应社由周沛华、汤伟烈合作翻译出版了伦敦清真寺教长桂乍加么屋甸所著《穆罕默德言行录》。

自古以来，阿訇们就一直延续着积极参与经商的传统，但往往只是为了达到以商养寺的目的。就民国时期上海地区的阿訇们而言，时局动荡，民不聊生，伊斯兰教文化遭受巨大的冲击，民族面临着生死存亡的危机。所以，阿訇们开始广泛参与商业活动，积极创造商业价值和财

① 《上海宗教志》编纂委员会编《上海宗教志》，上海社会科学院出版社，2001，第690页。

② 《上海宗教志》编纂委员会编《上海宗教志》，上海社会科学院出版社，2001，第281页。

③ 《上海通志》编纂委员会编《上海通志》，上海社会科学院出版社，2005，第1511页。

富，以保障传统伊斯兰教传统文化的传承和发展，走上了一条经商、传教并举，以商兴教的道路。

二 回族买办的出现

（一）上海的回族买办的出现

广州开埠后，中国有行商、散商、通事受雇于洋行，成为买办。所谓买办，即指在外国资本家所设立的银行、公司及商业机构中，被雇用的中国经理。外国资本家利用买办在国内的销售网打开中国市场。鸦片战争以后，随着洋行迁入上海，买办亦随洋行入沪。

上海开埠后，对外贸易全部由洋行把持。由于利润丰厚，洋行迅速发展。道光二十三年（1843），广州英商怡和、宝顺、义记、仁记、广源等洋行在上海开设分行。道光二十七年（1847）上海有洋行 24 家，至光绪二十一年（1895）增至 116 家。其中英商洋行就占约 60%。19 世纪 60 年代以后，航运、银行、保险等业开始独立发展，买办制度形成，80 年代约有买办 2000 余人。[①] 民国 25 年（1936），上海有洋行 675 家，其中，欧美洋行 561 家、日商洋行 114 家。抗日战争胜利后，洋行减少，日商洋行全部关歇。民国 36 年（1947）共有洋行 370 家，英美洋行有 182 家。民国 38 年（1949）6 月共有 376 家。[②] 其间，民国 23 年（1934），英美烟公司在上海设立颐中（怡中）烟草公司[③]。怡中公司垄断了河南许昌烟叶的收购权，在天津、青岛、蚌埠等地设卷烟厂，总公司设于上海，上海除卷烟厂外，还有卷烟纸厂、印刷厂及包装木材加工

---

① 《上海通志》编纂委员会编《上海通志》，上海社会科学院出版社，2005，第 2095 页。

② 《上海通志》编纂委员会编《上海通志》，上海社会科学院出版社，2005，第 2916 页。

③ 《中国近代史稿》编写组《简明中国近代史知识手册》，北京师范大学出版社，1974，第 343 页。

厂。此外，英商创办的罗森泰洋行，主要经营拍卖、进出口及零售业务。[①]

19 世纪末，全国买办超过万人，上海约有 0.2 万 ~ 0.25 万人。其中就包括上海罗森泰洋行的买办回族商人喇文发。据记载，“永发祥文玩号店主兼经理喇文治，祖籍四川，世居上海，为回教徒。兄弟四人，君最幼，其兄均已先后逝世。闻其第三兄文发，生前曾为罗森泰洋行买办”[②]。此外，还有上海怡中烟草公司的镇江籍回族买办童楚江。

（二）上海回族买办的商业特征

最初，洋行的买办，大多是临时雇用，“一宗交易既毕，则雇用关系亦遂解除”。之后，代理人盛行，买办开始代理洋行推销鸦片和洋货，到原产地收购丝、茶等土特产品交洋行出口。随着洋行业务不断扩大，有的买办集经纪人、代理人、翻译及顾问于一身。回族商人童楚江就拥有这样特殊的身份，据记载，“童氏与怡中公司的关系不是雇佣关系，而是代理关系”[③]。清末民初，随着商业上重要职能的凸显，上海买办逐渐成为一个庞大的势力阶层，并享有一定的特权。清光绪九年(1883)，上海道公布的《上海洋泾浜章程十条》规定：“凡为外国服务及洋人延请之华民，如经被讼，先由该委员（指专任洋泾浜管理各国租地的同知官员）将该人所犯案情移至领事馆，立将应讯之人交案，不得庇匿……”[④] 进入民国，上海地区的买办制度日趋完善，买办强大的职权功能在洋行内部发挥着支配作用。回族商人童楚江就成为英美在华最大烟草公司——怡中公司的大买办，公司内部称之为“童大办”。童氏独揽总公司的人权、财权。童氏还拥有商品的调配权以及定

① 刘宁元：《拍卖法原理与实务》，上海人民出版社，1998，第 14 页。

② 《上海储蓄银行有关古玩业调查资料》，Q275 - 1 - 1954，上海市档案馆，1932，第 89 页。

③ 郑勉之：《近代江苏回族经济概貌》，《宁夏社会科学》1985 年第 4 期。

④ 《上海通志》编纂委员会编《上海通志》，上海社会科学院出版社，2005，第 2946 ~ 2947 页。

价权。[①]

买办除了要对洋东绝对忠诚外，还必须具备广泛的业务能力。民国13年（1924）4月，“兹因徐州府区主任傅兰雅君，因事告退，总公司特任童楚江君以承其乏。童君饱学多能，声誉久著，此次擢升此缺，必能游刃有余也”。[②] 回族商人童楚江在英美烟公司工作多年，积累了声誉，赢得洋东的信任，并且由于自身过人的业务能力，从而得到提拔和重用。民国时期，上海回族买办的另一特点在于他们对于西方教育的接受和吸纳。以童楚江为例，“他的生活方式也异于老一辈回族商人，而是全部欧化”[③]。

买办的收入一般除领取洋行买办间开支外，主要以进出口贸易佣金为主，平均约为进口货值的2%、出口货值的1%。此外，还包括如佣金、吃盘、利差、银平洋水差额、出口商品陋规收入等。喇文发和童楚江等回族买办都是“按总产值的一定比例提取报酬”[④]。

上海开埠初期，买办逐渐增多，买办们作为洋行的雇员，尚未拥有自己独立的营业，只是替洋行收购土产或推销洋货。随着买办制度的不断健全，洋商们开始鼓励买办创办独立的企业。19世纪50年代以后，上海不少买办开始开设商业机构，利用自己的名义和资本，从事自己的商业活动，并且投巨资于商业、工矿、金融、房产、运行等业。如仁记洋行买办徐萌生开设谦泰利炒茶栈，怡和洋行买办徐惠人开设顺记五金号，礼和洋行买办虞芗山投资棉布号，平和洋行买办朱葆三创办慎裕五金号。[⑤] 回族买办童楚江在南京开办久大烟公司，逐步建立起了自己的

① 郑勉之：《近代江苏回族经济概貌》，《宁夏社会科学》1985年第4期。
② 上海社会科学院经济研究所编《中美烟公司在华企业资料汇编》第3册，中华书局，1983，第1297页。
③ 郑勉之：《近代江苏回族经济概貌》，《宁夏社会科学》1985年第4期。
④ 郑勉之：《近代江苏回族经济概貌》，《宁夏社会科学》1985年第4期。
⑤ 朱国栋、王国章：《上海商业史》，上海财经大学出版社，1999，第109页。

销售网络，并得到英美烟公司的信任和器重，获取了南京区香烟推销和管理权。久大烟公司下辖芜湖、清江浦、蚌埠、南京、太县、镇江、安庆、徐州等8个段，地跨江苏、安徽、江西、山东4个省，有包括甲级经销商合肥等35个，大经销商南京城等83个及236个小经销商的庞大垄断销售网。[①] 回族买办喇文发则是大力投资珠宝业，“闻其第三兄文发，生前曾为罗森泰洋行买办，为钻石巨商”[②]。

上海开埠以后，进出口贸易繁盛，洋行几乎垄断中国所有的对外贸易。回族买办的出现，进一步加强了帝国主义列强对中国进出口贸易的垄断，包括回族买办在内的买办阶层成为了帝国主义对华贸易的桥梁。但是，回族买办在为洋行服务过程中，广泛接触了西方先进的思想、文化，尤其积累了一些经营管理方面的新经验和新方法，在各项经营活动中，买办远远走在其他阶层的前面。回族买办们改变传统闭塞、守旧的观念，在其他阶层尚未萌动之前，率先投资新式企业，成为回族商人群体近代化转型的先行者，开启了回族传统商业结构向近代化商业结构的转型，促进了回族商业的繁荣。

---

① 袁纣卫：《苏南回族商帮》，《回族研究》1998年第1期。

② 《上海储蓄银行有关古玩业调查资料》，Q275－1－1954，上海市档案馆，1932，第89页。

第三章　倡兴慈善公益事业

“均宜积德修福，以培植根本，俾富贵者可期悠久，贫寒者渐冀振兴。然修德多端，本无一定，但能留心向善，仅可量力而为。或仗义疏财，办善举而提倡公益；或矜孤恤寡，拯寒苦以救穷民；或济急扶危，保全他人生命；或劝争息讼，和解两造衅端；或调处是非，大事化小小化了；或栽培心地，至诚作福福无穷。须知乐善好施，不同靡费。如果用之有益，岂可惜钱？在愚者拼命积财，固智者存心积德，须知太上之德不朽焉。”① 一般来说，对回族社会而言，慈善公益事业包括了社会保障和集体福利两大部分，前者包括济贫、赈灾等保障事业的开展；后者则包括教育、朝觐、清真寺及回民墓等福利事业的建设。伊斯兰教把扶持慈善公益事业视为“善行”，在穆斯林看来，经商与施善是一对孪生姐妹。一方面，回族商人们通过正当途径，获取商业利益；另一方面，他们将维持生计之外的盈利所得，尽可能地用于舍散。以经商为本，倡助慈善公益事业。“不少人资本雄厚，上升为民族资本家。但是他们大多数是虔诚的穆斯林，浓郁的宗教意识和虔诚的信仰，使他们将挣得的钱财用于伊斯兰教公益事业。按照伊斯兰教义的规定，他们将从自己财产中抽出一部分交纳天课（即宗教

① 《劝戒同教箴言》，引自《上海清真寺成立董事会志》，Y3－1－195，上海市档案馆，1911，第39页。

课税）、出散乜贴（宗教奉献）、用以修建清真寺、创建宗教团体、兴办宗教学校、从事宗教的慈善事业等”[①]。

“盖闻好施乐善，慷慨出于至诚；作福降祥，仁爱本乎彝秉。修天爵而获无量之报，助公益而为全体之荣”[②]。民国时期的上海回族社会，广大穆斯林认为从事慈善公益事业建设是一种荣耀，是功修的表现。作为商人，当以经商为本，慈善公益辅之。然而，上海回族商人们却将办慈善公益事业与个人经商同等视之，不分畛域，投入极大的热情及心血，合群体之力倡助慈善公益。“凡遇寺中大典，诸君子虽已分任他事，仍能不分畛域，竭力倡助。但知于公有益，劳怨亦所不辞，嫌疑亦可不顾，直视公事如己事，毫无假公以济私，似次倾注血忱，结实办事，诚属难能而可贵。倘得全体如一，合力进行，则会务教务定必早底大成，悉臻美备”[③]。

第一节　兴办社会保障事业

一　施济贫民

《古兰经》中提到：“不分昼夜，不拘隐显地施舍财物的人们，将在他们的主那里享受报酬，他们将来没有恐惧，也不忧愁。”（2：274）[④]“正义是信真主，信末日，信天神，信天经，信先知，并把所爱

① 阮仁泽、高振农：《上海宗教史》，上海人民出版社，1992，第566页。

② 《赞蒋森书君乐助学费纪念》，引自《上海清真寺成立董事会志》，Y3－1－195，上海市档案馆，1911，第69页。

③ 《赞石子藩诸君热心公益纪念》，引自《上海清真寺成立董事会志》，Y3－1－195，上海市档案馆，1911，第74～75页。

④ 《古兰经》，马坚译，中国社会科学出版社，1981，第33页。

的财产施济亲戚、孤儿、贫民、旅客、乞丐和赎取奴隶。”（2：177）[①] 所以，支助、救济贫民一直是伊斯兰教慈善事业重要的组成部分，上海回族商人群体亦特别关注并积极倡兴济贫活动。

其中，回族商人团体上海清真董事会每年冬季都会向贫民发放食米，总数达百余石。民国 34 年（1945）1 月，上海回教堂理事会考虑购买食米不便，遂改发现金，当年发放米款 707 户（3000 人），共计法币 128.23 万元。[②] 对于贫苦的回族群众，回族商人们除了施济食物和现金外，还给予宗教生活方面的帮助。上海珠玉业回族商人组织归仁社，也向贫困穆斯林丧家施送竹椁、白布等丧葬用品。[③]

施济贫民食物和现金，只能暂时地帮助他们改善恶劣的生活处境。唯有给予他们经营及工作上的帮助，才能使之较为彻底地摆脱贫困。上海回族商人群体就通过无息贷款的方式，给予贫苦商贩资金上的支持，帮助他们搞活商业，致富脱贫。“上海清真董事会曾以无息贷款给从事饼馒业的回族小商小贩，而古玩市场珠玉公所附近的小摊贩也多受惠于此”[④]。另外，参加过协兴公司创办和经营的浙江路清真寺教长哈德成，主持办理免利借贷处，专为扶助教中赤贫无力营生者而设，不取利息。[⑤] 这正如《古兰经》中所说：“你们为吃利而放的债，欲在他人的财产中增加的，在真主那里，不会增加；你们所施的财物，欲得真主的喜悦的，必得加倍的报酬。”（2：215）[⑥] 此外，上海回族商人群体同样不遗余力地积极解决广大穆斯林同胞工作难的问题，“该会还为穆斯林青年寻找职业提供帮助，经董事会介绍，他们或进入电车、汽车公司任

① 《古兰经》，马坚译，中国社会科学出版社，1981，第 19 页。
② 《上海宗教志》编纂委员会编《上海宗教志》，上海社会科学院出版社，2001，第 288 页。
③ 《上海宗教志》编纂委员会编《上海宗教志》，上海社会科学院出版社，2001，第 288 页。
④ 阮仁泽、高振农：《上海宗教史》，上海人民出版社，1992，第 590 ~ 591 页。
⑤ 阮仁泽、高振农：《上海宗教史》，上海人民出版社，1992，第 591 页。
⑥ 《古兰经》，马坚译，中国社会科学出版社，1981，第 24 页。

售票员、驾驶员；或被介绍入租借巡捕房任华捕。另外，如金子云、李鹄成曾去会见日商内外棉厂经理板川武英，希望纱厂能帮助把回族穷苦同胞安排在厂里工作。经日本厂方同意，哈少夫、蒋星阶、石子藩等乡老去厂参观后，先后介绍了一大批来自湖北、安徽、河南、山东等省籍的教胞约400余人去做工”[①]。回族商人们还免费为贫困的毕业学生提供就业机会，在清真两等小学堂，“少数贫寒学生由教董介绍职业”[②]。

二　施赈救灾

（一）救助孤儿

伊斯兰教慈善思想中比较关注孤儿的救助，《古兰经》中就曾叙述：“你们所费用的财产，当费用于父母、至亲、孤儿、贫民、旅客。”（30：39）[③]“他们问你怎样待遇孤儿，你说‘为他们改善他们的事物是更好的。’”（2：220）[④] 上海回族商人群体也是特别关注回族孤儿的救助。

民国19年（1930），回族商人金子云创办上海回教孤儿教养所于小桃园清真寺内，亦称小桃园清真寺孤儿教养所。该所创办之初收养了10名10～12岁的穆斯林男童，免费提供食宿和衣着，并聘请金耀祖教长等施教汉文、阿拉伯文和伊斯兰教基本知识。大多孤儿供养到15岁时，介绍至各穆斯林经营的行业当学徒。部分孤儿则送往敦化小学插班就读。由于需求所致，教养所不断扩充，人数最多时达50余人。后又聘马达五、王堪怡为教员，陈子卿任庶务，沙国裕任采购。上海回教孤儿教养所办所经费主要由商人金子云社首负担，也向社会公开募捐。民

① 阮仁泽、高振农：《上海宗教史》，上海人民出版社，1992，第590～591页。

② 《上海市教育局关于私立清真小学呈请立案》，Q235－1－1038，上海市档案馆，1927。

③ 《古兰经》，马坚译，中国社会科学出版社，1981，第311页。

④ 《古兰经》，马坚译，中国社会科学出版社，1981，第24页。

国26年（1937）“八一三”事变爆发，教养所被迫解散。该所将10名孤儿送到西北念经，其他亦妥善安排。[①] 民国37年（1948）11月，普慈孤儿教育所由金耀祖教长创办于肇嘉浜清真寺内，招收15名孤儿，其中多为江苏六合和安徽安庆两地的回族孤童。除由当时的珠玉业组织归仁社捐助外，其余由达吉生和华先智等向珠玉古玩业穆斯林募捐。[②]

此外，上海的回族商人们还积极救助沪外孤儿。适时陈经畬、杨叔平在南京捐资兴办了一座孤儿院。蒋星阶遂变卖古玩兴建老人堂，设在孤儿院旁。[③]

（二）赈济难民

民国时期，时局动荡，战争频繁爆发。国内难民剧增，受难穆斯林同胞亦不占少数。在上海，回族商人群体积极投入难民的救助行动，加强慈善公益事业的建设，以保障及维护广大受难同胞的基本生活。“抗战时南市回民避居租界，南阳桥、太平桥一带利用淮阳大舞台住进了难民。牛肉菜馆业的穆斯林给予物资支援，杨顺兴牛肉庄业主段元禄把穆斯林难民请到店内用热汤饭招待，杨同兴清真牛肉馆的业主杨希才在贫困穆斯林生活无着落后，只要上门告知，他总是慷慨解囊相助”[④]。另外，“1938年马晋卿将珍藏的翠灯、屏风、翠珠等珍品，派其子马鹤年、婿杨峙三代为前往美国旧金山出席进门国际博览会艺展，其门票等收入，用于赈济穆斯林难民”[⑤]。

除了食物和资金的帮助外，回族商人们还通过建立灾民救济会、难民收容所等救护组织，来赈济上海及全国的受难同胞。民国21年

---

① 《上海民族志》编纂委员会编《上海民族志》，上海社会科学院出版社，1997，第73页。
② 《上海宗教志》编纂委员会编《上海宗教志》，上海社会科学院出版社，2001，第288页。
③ 黎占亭：《蒋锡夔》，金陵出版社，2008，第12页。
④ 阮仁泽、高振农：《上海宗教史》，上海人民出版社，1992，第570页。
⑤ 阮仁泽、高振农：《上海宗教史》，上海人民出版社，1992，第527页。

(1932)“一·二八”淞沪抗战爆发，上海回族商人哈少夫出任战区难民救济会执行委员。回族商人杨叔平与金陵东路一带工商界人士组织难民救济处，其个人还出资设立“回教灾民救济处”。[①] 民国 24 年(1935) 11 月 23 日，上海回教会灾民救济会成立于福佑路清真寺，伍咏霞为主要负责人。旨在“阐扬穆圣爱国爱教爱人精神”，以及“办理救济及保障回教民众等”。[②] 抗日战争之初，上海的回族商人们即已开始积极救护穆斯林受难群众，给予他们生活上的帮助，并且大力宣扬爱国爱教的革命精神，反抗侵略和压迫的罪恶行径。

日军侵华之后，大批外地难民涌入上海，加上本地人，上海一时间成为难民的避难所。民国 26 年（1937）“八一三”事变当日，进入租界的难民有 6 万人，高峰达 70 万人。[③] “八一三”事变次日，上海回族商人群体及伊斯兰教爱国人士发起，上海回教会组织成立上海回教会灾民救济会。该会下设 7 所回民难民收容所，包括浙江路清真寺、清真别墅、劳勃生路（今长寿路）梅芳里、蒲柏路（今太仓路）小坟山、福佑路清真寺、侯家浜振兴公所，以及青莲街敦化小学。7 个难民收容所共收容回民 3000 余人，供给均由国内外救济组织负责承担。直至民国 29 年（1940）3 月 24 日，上海市福佑路回教堂纳捐人代表会召开第 58 次执监委员联席会，决议拨助遣散费 1000 元，将难民全部遣散。[④] 另外，“八一三”事变后，在回族商人及穆斯林士绅支持下，上海地区成立了上海浙江路回教堂难民收容所，以及在太仓路清真寺内设的回教难民收容所。安顿难民，为其筹募口粮、被服及其他生活用品。

① 《上海宗教志》编纂委员会编《上海宗教志》，上海社会科学院出版社，2001，第 288 页。

② 《上海民族志》编纂委员会编《上海民族志》，上海社会科学院出版社，1997，第 73 页。

③ 朱国栋、王国章：《上海商业史》，上海财经大学出版社，1999，第 160 页。

④ 《上海民族志》编纂委员会编《上海民族志》，上海社会科学院出版社，1997，第 73 页。

（三）救助灾民

民国时期，“内地动乱不宁”[①]，除了国内各军阀混战，兵灾遍地，日寇侵扰我国东北及华北地区外，灾害亦是连连。其中，民国 17 年（1928），水旱之灾遍及全国 21 个省；民国 18 年（1929），西北各省大旱，川鲁洪水，豫皖旱、虫灾并发；民国 19 年（1930），黄、淮、长江流域水、旱、虫、雹、风诸灾并发；民国 20 年（1931），长江中下游 8 个省遭受洪灾，被淹面积达 30 多万平方公里。[②] 大批灾民流离失所、背井离乡。虽然上海地区没有受到灾患的过多影响，但是，上海回族商人们仍然投身全国灾救的行动中，通过捐助赈款、指挥及参与救助工作等方式帮助灾民抗击灾害、重建家园。上海回族商人们深知在特殊的历史时期，唯有团结各方力量，加强内外合作和互助，克服困境以救助灾民。“今日之时代，非昔可比，不复能闭关自守，我行我素矣。大自一国家，小至一商团，必与外方相互扶助，共同合作，而后始克孤立而荣存”[③]。

民国 2 年（1913），军阀混战，江宁吃紧，伤兵灾民亦生命垂危，时任红十字会董事的回族商人哈少夫，联合回族商人蒋星阶吁请盛宣怀租赁大通轮驶江宁救返。同年，浙江温州遭灾，哈少夫协助马榕轩前往赈济。民国 9 年（1920），河南省遭灾，省府请哈少夫任赈务会副会长，负责河南省的救灾工作。民国 10 年（1921），哈少夫受冯梦华、孙幕韩、李伯行等社会贤达邀请，担任山东、湖南、河南诸省赈会董事。民国 20 年（1931），陕西省府朱子桥成立陕灾急赈会，公推哈少夫为执行

---

① 徐雪筠：《上海近代经济发展概况》，上海社会科学院出版社，1985，第 278 页。

② 朱国栋、王国章：《上海商业史》，上海财经大学出版社，1999，第 142 页。

③ 《上海市教育局关于私立敦化小学呈请立案》序，Q235－1－1192，上海市档案馆，1930，第 1 页。

委员。同年秋，江苏省涝灾严重，哈少夫会同南京魏梅村等成立江宁水灾急赈会，并募得赈款近20万元。哈少夫受聘上海筹募各省水灾急赈会执行委员建审核组委员时，当场认捐10余万元。民国21年（1932），哈少夫任赈济东北难民联合会董事，以及筹募河南、安徽、湖北临时义赈会监察。1933年6月，哈少夫参加北平回教难民救济。同年9月，参加赈济黄河水灾急赈。哈少夫还历任上海市红十字会华洋义赈会、妇孺救济会、时疫医院董事，红十字会会长，南京金陵送诊给药所总董。[①]

上海回族商人群体不仅致力于国内的灾民救助和抗灾活动，而且对于国外的灾情也是关注有加，且不遗余力地给予帮助。民国11年（1922），募捐救援战后土耳其灾荒。民国12年（1923），蒋星阶出资募捐面粉1000包，救援日本灾荒。[②] 广泛开展国际救援的背后，是回族商人们对传统伊斯兰教慈善思想在新的历史时期全新的诠释。

三　奉献财产

《古兰经》中提到："今世的幸福‘比起后世的幸福来说是微不足道的’"（3：38）[③]。我国著名伊斯兰学者刘智也曾指出："贪积不舍，不仁也。"[④] 广大穆斯林注重以今世的施舍、奉献来换取来世的幸福。

"回族商人哈少夫一生节俭，力斥奢侈，并热衷伊斯兰教慈善事业。"[⑤] 民国时期的上海，像哈少夫这样勤俭节约，把毕生精力及财力

① 马维寿：《哈少夫生平及其对上海伊斯兰教的贡献》，上海市委员会文史科委员会主编《上海的宗教》，上海市政协文史资料编辑部，1996，第168页。

② 《上海宗教志》编纂委员会编《上海宗教志》，上海社会科学院出版社，2001，第269页。

③ 《古兰经》，马坚译，中国社会科学出版社，1981，第39页。

④ 刘智：《天方典礼》，天津古籍出版社，1988，第157页。

⑤ 马维寿：《哈少夫生平及其对上海伊斯兰教的贡献》，转引自上海市委员会文史科委员会主编《上海的宗教》，上海市政协文史资料编辑部，1996，第161页。

奉献给伊斯兰教慈善公益事业的回族商人亦不在少数。他们正是遵循《古兰经》中所强调的：“你们应当吃，应当喝，但不要过分，真主确是不喜欢过分者的。”（7：31）①，“你不要挥霍，挥霍者确是恶魔的朋友，恶魔原是辜负主恩的。”（17：26～27）② 他们认为：“与其遗财于子孙，莫若贻德于后世。德者本也，财者末也。本末倒置不可也。而况子孙贤，财多反坠其进取之志；子孙劣，财多适长其骄奢之心。”③ 应把德行教授于子孙，而把财产奉献给公益慈善事业，这一直是上海回族商人群体慈善思想的重点。其中，民国6年（1917），金子云独资购入西仓街117号占地2.4亩的小桃园花园住宅奉献作清真寺，邀请清真董事会哈少夫到寺作证，舍产入公，勒石为碑。“第二块碑为金子云捐出清真寺寺产函，声明该寺产今后为伊斯兰教产为穆斯林共有，与金氏子孙无涉”④。另外，回族商人哈少夫凡遇各类慈善公益活动，历来率先认捐巨款，并动员全社会合力募捐。他常说：“留财给儿孙，不如留德给儿孙。”⑤ 哈少夫生前即将财款文物捐献给伊斯兰教慈善事业。

民国4年（1915），哈少夫等人发起成立振兴实业公司，集资建立振兴汇市，并发行股票。民国二十二年（1933），哈少夫、金子云、蒋星阶、金元记均各认股800两，并放弃股权，股票交上海市振兴珠玉业回教同人保管委员会，此后放弃股权者还有多人。⑥ 据《上海振兴公司股票持有人关于将股票捐助振兴珠玉汇市的来函（附股票）》记载：

---

① 《古兰经》，马坚译，中国社会科学出版社，1981，第114页。

② 《古兰经》，马坚译，中国社会科学出版社，1981，第214页。

③ 《劝戒同教箴言》，引自《上海清真寺成立董事会志》，Y3－1－195，上海市档案馆，1911，第39～40页。

④ 金幼云：《小桃园清真寺》，转引自上海市委员会文史科委员会主编《上海的宗教》，上海市政协文史资料编辑部，1996，第172页。

⑤ 马维寿：《哈少夫生平及其对上海伊斯兰教的贡献》，转引自上海市委员会文史科委员会主编《上海的宗教》，上海市政协文史资料编辑部，1996，第161页。

⑥ 马维寿：《哈少夫生平及其对上海伊斯兰教的贡献》，转引自上海市委员会文史科委员会主编《上海的宗教》，上海市政协文史资料编辑部，1996，第167页。

“大函嘱将哈少老、金子翁、蒋星老所存本会之振兴股票移交贵市委员会保管……贵汇市有收回股单之举，来函恳请将敝处之股票捐助于贵汇处，作为永远市场之用。诸公为同业谋幸福，实为钦佩，经查敝处昔年购置振兴公司股票计八股，每股五十两，共计四万两……嘱将鄙人昔年所购振兴公司屋产股单捐单，贵业市保存永远作为市场，不得移作他用，鄙人极表赞同……嘱其将该项股分移助贵汇市，永远作为珠玉业公所，不准以作他用等语。少五为鼓励振兴同业主均营业发展起见，极为赞成，准定移捐。”[①] 回族商人们将自己的财产捐赠给商业组织，为其他商人提供资金支持，以保证回族商业和慈善事业的稳步发展。

此外，富庶的回族商人们一直是慈善公益事业的中坚力量，富人的财富中“有乞丐和贫民的权利”（51：19）[②]，财产的主人有义务让他们分享。在上海，伊斯兰教慈善思想的传播不仅仅局限于富庶的回族商人，而是遍及整个回族社会内部。普通回族商人及商贩同样具备伊斯兰教慈善公益事业的奉献精神，并且积极投入慈善公益事业的建设。上海回民商贩马春山系小珠玉掮客，家境并不殷实，在前日交易中稍沾分润，第二天即到福佑路清真寺要求捐资。“倘有寒素之士，勉竭棉［绵］力，资助公益，则尤难能而可贵者矣。如本年六月朔主目下，廷树等同在事务室休息时，忽有马君春山莅室报告，愿助学费五元，坟捐二元，电器风扇二十五元。”[③] 马春山的奉献精神和行为被认为是：“寒素之士勉竭绵力资助公益，则尤难能可贵！”[④]

---

① 《上海振兴公司股票持有人关于将股票捐助振兴珠玉汇市的来函（附股票）》，S185－1－36，上海市档案馆，1918，第1～7页。

② 《古兰经》，马坚译，中国社会科学出版社，1981，第403页。

③ 《赞马春山君乐助公益纪念》，引自《上海清真寺成立董事会志》，Y3－1－195，上海市档案馆，1911，第75页。

④ 金幼云、改柏年：《上海清真董事会》，转引自上海市委员会文史科委员会主编《上海的宗教》，上海市政协文史资料编辑部，1996，第139页。

第二节　兴办集体福利事业

一　清真寺、回回公墓的兴建

（一）清真寺的兴建

1. 上海的清真寺

清真寺，又称礼拜寺、礼拜院、真教寺、清教寺、回教堂、回教礼拜堂等。阿拉伯语称“麦斯吉德”（Masjid），意为叩拜安拉的地方。清真寺代表着圣洁，是广大穆斯林聚众礼拜、举行宗教仪式，以及办理宗教事务和进行宗教教育的场所。著名史学家白寿彝先生，在民国 32 年（1943）所著《中国回教小史》一文中，就清真寺和回族墓地的建立对伊斯兰教传入中国的作用作了这样的阐释：“唐宋时在中国的回教人，差不多可以说，都是外国人。但自他们在中国建寺，建公共墓地后，他们和中国的关系一天一天地密切起来，回教和中国的关系也要一天一天的密切起来了。”① 民国时期的上海，“来寺礼拜者主要为工商界、珠玉业、饼馒业回族和新疆维吾尔族穆斯林”②。清真寺作为纽带将回族商人和广大穆斯林聚集起来，他们以清真寺为日常生活和宗教活动的中心，逐步形成了围寺而居的居住格局。上海地区，“如九亩地一带是以南京籍穆斯林为主的聚居点，其附近有福佑路清真寺、小桃园清真寺和墩基弄清真寺；沪西小沙渡一带以河南、安徽籍穆斯林为主聚居，其附近有药水弄清真寺、鸿寿坊清真寺、白玉坊清真女学、真如清真寺；沪东一带是以江苏淮阴籍穆斯林为主的聚居点，

---

① 白寿彝：《中国伊斯兰史存稿》，宁夏人民出版社，1983，第 20 页。

② 《上海市卢湾区志》编纂委员会编《上海市卢湾区志》，上海社会科学院出版社，1998，第 977 页。

其周围有汾州路清真寺、景星路清真寺和通北路清真寺；江宁路一带有山东泰安籍穆斯林聚居，他们兴建了江宁路清真寺”[①]。

对于清真寺的建设，穆罕默德曾对他的弟子示训：“谁兴建一所礼拜寺，用以取悦安拉，那么，安拉必给谁在乐园里建筑一所同样的礼拜寺。”[②] 所以，清真寺的兴建及维护成为广大中国穆斯林所热衷的社会公益事业，上海地区的回族及回族商人们也不例外。白寿彝也曾指出：“这就是信仰伊斯兰教的人的聚会的场所，这就不是一个简单的宗教的机构，简单的宗教的建筑，还有旁的社会活动，而礼拜寺提供活动场所。”[③] 清真寺不仅是上海地区广大穆斯林从事宗教活动的场所，而且成为回族商人们改革教育、慈善赈济、组建社团的决策机构，乃至爱国护教的革命阵地。

2. 回族商人兴建清真寺

上海地区第一座清真寺，是于元至正元年（1341），元皇朝敕建的松江清真寺，又名松江真教寺、云间白鹤寺。该寺建于城西缸甏行，俗称“松江回回坟”。此外，上海有过 27 个清真寺（包括 6 所清真女学）。其中，开埠前建立 3 所，民国前建立 4 所，民国时期兴建 18 所，1950 年建立 2 所。“这些清真寺的经费基本上都是上海回民珠宝古玩商捐助的”[④]。“随着穆斯林牛羊肉菜馆业的兴起和发展，许多从事这一行的穆斯林把积蓄的钱财奉献给伊斯兰教事业，他们首先把集资建寺看成头等大事”[⑤]。上海商人群体成为上海地区清真寺建设

---

① 《上海民族志》编纂委员会编《上海民族志》，上海社会科学院出版社，1997，第 65 页。

② 曼素尔·筛海、塔志著，陈克礼译，书名译作《圣训之冠》，亦称《圣训经》。

③ 白寿彝：《关于回族史工作的几点意见》，《西北伊斯兰教研究》，甘肃民族出版社，1985，第 3 页。

④ 朱克同：《古玩市场和珠宝汇市——上海回族穆斯林的传统行业》，引自《中国伊斯兰教研究文集》编写组编《中国伊斯兰教研究文集》，宁夏人民出版社，1988，第 471 页。

⑤ 阮仁泽、高振农：《上海宗教史》，上海人民出版社，1992，第 569 ~ 570 页。

的中坚力量。

民国之前，由上海回族商人兴建的清真寺主要有：咸丰二年(1852)，南京籍皮货业回族商人王子明、马松山等11人集资兴建了位于南市草鞋湾70号的上海城区内第一座清真寺——草鞋湾清真寺（俗称南寺）。宣统元年（1909），由珠宝、古玩业回族商人募集资金，在草鞋湾街购地1.13亩，将原本破旧的寺屋重建成木结构平房10余间。同治九年（1870），由马翰章、哈庆堂、金兰坡等31位回族商人及乡老，以“务本堂”名义发起，集资2700银元，在穿心街（今福佑路378号）购地0.6亩，兴建穿心街清真寺，后改称穿心街回教堂，俗称北寺，又名福佑路清真寺。1910年，牛羊肉菜馆业穆斯林商贩段元禄、杨士祯、赵长海、杨希才、童启荣等集资兴建斜桥清真寺，并得到商人团体上海清真董事会的支持和资助。

民国时期，上海地区共兴建清真寺18所。其中，除了民国25年(1936)，由山东籍穆斯林警界人士王子顺、王子源、杨成才等发起建立的江宁路清真寺（又称山东老派寺）外，其余17所清真寺均是由上海回族商人、商贩，以及商人家属创办。

3. 民国时期上海知名清真寺

(1) 松江清真寺。

始建于元至正年间（1341～1368），由信仰伊斯兰教的达鲁花赤创建，是上海地区最早的清真寺。位于松江区西马路桥缸甏行，俗称“松江回回坟”，又名松江真教寺、云间白鹤寺。明洪武二十四年(1391)，松江真教寺奉诏重建。永乐五年（1407）、嘉靖十四年(1535) 两次扩修。万历十年（1582），再次扩整。清顺治十五年(1658)、康熙二十二年（1683）、嘉庆十七年（1812）、道光二年(1822) 四次整修。该寺经多次修建，一直保持寺、墓合一的风格。

表 3－1 民国时期上海回族商人捐资筹建清真寺情况

清真寺	历史寺名	创建时间	地 址	面积/平方米	捐资筹建者及职业	商人籍贯
张家花园清真女学		民国 3 年（1914）	紫华路张园弄		商人家属	江苏南京
小桃园清真寺	西城回教堂、西寺	民国 6 年（1917）	小桃园街 52 号	1491	珠玉古玩商人金子云	江苏南京
高墩街清真女学	清真经书女学校、清真女学	民国 10 年（1921）	高墩街墩基弄 40 号		杨锦富之妻杨三太太	江苏南京
沪西清真寺	药水弄清真寺、小沙渡回教堂、老寺	民国 10 年（1921）	常德路 1328 弄 3 号	1650	回族商人金质庵、马乙棠、蒋星阶等	湖北、山东、河南、安徽
斜桥清真寺		民国 11 年（1922）	丽园路 414 号	800	牛羊肉菜馆业穆斯林段元禄、杨士祯、赵长海、杨希才等	
真如清真寺	真如回教堂、真如清真回教堂、真如清真第二别墅	民国 15 年（1926）	真如	373.4	珠玉古玩商人蒋晖、金彭庚、哈少夫等	江苏南京
景星路清真寺	苏北回教堂	民国 17 年（1928）	景星路 302 弄 117 号	132	小商贩、工人	江苏淮阴、泗阳
江湾清真寺	江湾回教礼拜堂、江湾跑马厅清真寺	民国 19 年（1930）	杨浦区江湾镇六里桥万里路		贩马、驯马商人马文云、刘贵元、张万全等	山东、天津
鸿寿坊清真寺		民国 20 年（1931）	西康路 274 弄 71 号	100	小商贩、纺织工人	安徽、湖北、河南

续表

清真寺	历史寺名	创建时间	地　址	面积/平方米	捐资筹建者及职业	商人籍贯
西仓桥清真女学	清真坤宁同德女学	民国 22 年（1933）	南市区西仓桥街		珠玉古玩商人	江苏南京
浦东清真寺		民国 24 年（1935）	浦东新区吴家厅甲 16 号	1665	小商贩、工人	江苏南京
通北路清真寺	韬朋路回教堂	民国 24 年（1935）	通北路		饮食业商人	
重庆路清真寺	重庆路回教堂	民国 28 年（1939）	重庆北路 188 弄 13 号		牛肉庄、牛肉馆商人 20 余人	河南
汾州路清真寺	沪东回教堂	民国 28 年（1939）	汾州路 149 ~ 151 号		小商贩、工人	
白玉坊清真女学		民国 29 年（1940）	新会路 325 号		商人家属、纺织女工	湖北、山东、河南
顺昌路清真女学		民国 30 年（1941）	顺昌路永安里 24 号		珠玉古玩商人	江苏南京
太仓路女学	小坟山清真女学、清真女子义学	民国 35 年（1946）	太仓路 70 号	93.3	商人家属	江苏南京

资料来源：《上海通志》编纂委员会编《上海通志》，上海社会科学院出版社，2005，第 1505 ~ 1507 页（1936 ~ 1995 年上海清真寺情况表）。

松江清真寺坐南朝北，寺前外照壁有“清妙元真”砖刻，门额上有“敕建”两字，门内照壁，上书“清真寺”。原寺四周均为回回墓地。南道右侧，有“元郡守达鲁花赤”墓，上有墓志铭一方。松江清真寺建筑风格既保持阿拉伯圆柱拱顶形状，又有中国明清建筑风貌。主体建筑由大殿、窑殿、穿廊组成，另有南、北讲堂、邦克门及水房，合成清真寺整体布局。窑殿外形高约 8 米，南北东三处辟门，内部为阿拉伯式砖拱形圆顶，高达 4 米，墙壁砖雕精致，无梁，俗称“无梁殿”。邦克门为有门无楼的元代建筑。寺内保存历代碑刻 4 块，其中有康熙十六年（1677）的《重修真教寺碑记》，由松江府学教授、淮安进士杨才瑰撰文，教长赛印昌所立。还有嘉庆十七年（1812）和道光元年（1821）所立的《清真寺捐输碑记》，记载了当时清真寺整修的经过。

（2）草鞋湾清真寺。

创建于清咸丰二年（1852），俗称南寺，位于南市草鞋湾街 70 号。是上海城区最早建立的清真寺。历任教长有马子良、童德滋、张善卿。山东籍阿訇张善卿从光绪三十四年（1908）到 1958 年，任职 50 年。

道光二十九年（1849）江南水灾后，以南京籍为主的穆斯林在南市草鞋湾一带定居，后由王子明、马松山等 11 人发起赁地搭建棚屋 3 间，供礼拜、沐浴和教长起居用。宣统元年（1909），从事珠宝、古玩业的回族商人集资购地 1. 13 亩，重建木结构平房 10 余间。民国 14 年（1925）改建，寺门临街，墙隅立有管寺机构南务本堂石碑 1 块。入门甬道，穿过月洞门是庭院，院内植有松柏花草。庭院东侧为礼拜大殿，西侧是讲经堂，南侧是水房和亡人间，水房北面是教长室。

（3）小桃园清真寺。

民国 6 年（1917），原上海清真董事会董事金子云出资 1. 2 万余银元，购得 2. 4 亩花园住宅，捐产建寺。旧称西城回教堂，俗称清真西寺，位于南市小桃园街 52 号。民国 14 年（1925），回商金子云率先捐资1万银元，并在回商哈少夫、马乙棠等人支持下，募捐集资白银51152两，银元64320元，后由金子云个人补足白银10100两，重建小桃园清真寺。

小桃园清真寺具有西亚伊斯兰建筑风格。寺门北向拱形花格铁门，上额嵌书金色“清真寺”3字；门头横嵌《古兰经》经文一节，文意为“真主所喜悦的宗教，确是伊斯兰教”。入门是长方形宽敞庭院。院西侧是礼拜大殿，面积500平方米，可容近500人同时礼拜。殿有两层，上层为二殿；底层为正殿，门额悬“显扬正教”匾额一方。殿顶平台，正中为穹窿大圆顶，上筑望月亭，星月杆高竖在拱形望月亭顶上。平台四角有4座阿拉伯式拱形圆顶。院东侧有厅堂结构的三层楼房1幢，二、三层是图书室、阅览室，底层是讲经堂。院南侧有教长室、会客室以及沐浴楼。全寺占地面积1492平方米，建筑面积2100平方米。[①]

建寺以后，小桃园清真寺内曾举办伊斯兰师范学校、清真国民小学、明诚小学、崇本小学等多种学校，以及成为上海回教孤儿教养所等慈善机构的场所。民国时期，小桃园清真寺曾接待来自陕西、甘肃、宁夏、青海、新疆及全国各地汇集上海赴麦加朝觐的穆斯林，为他们提供各项服务，一度成为中国穆斯林由海路出国朝觐的集散地。

（4）福佑路清真寺。

始建于同治九年（1870），原名穿心街礼拜堂，后改称穿心街回教堂，俗称北寺，位于南市福佑路378号。历任教长有王锦文、刘维善、沙瑞桢、杨竹坪、薛子明、达浦生、杨德培（代）、金耀祖等。

同治二年（1863），聚居在老北门一带的南京籍穆斯林在硝皮弄租了两间平房作为临时礼拜场所。同治八年（1869），马翰章、哈庆堂、

① 《上海宗教志》编纂委员会编《上海宗教志》，上海社会科学院出版社，2001，第261页。

金兰坡等31名乡老集资2700银元，购地0.6亩，创建了穿心街礼拜大殿。后于光绪二十五年（1899）、光绪三十一年（1905），回族乡老们再次集资扩建二进、三进大殿。光绪三十一年，建立寺务管理机构——务本堂。民国24年（1935），由哈少夫等回商再次发起重修。福佑路清真寺占地1052平方米，建筑面积1520平方米。

福佑路清真寺坐南朝北，拱形花格铁门，门楣上嵌“清真寺”三字。入门为拱形内照壁，立有“务本堂”石碑1块。穿过内门为庭院，庭院北侧，即三层楼房；南侧是三进礼拜大殿。一进正殿，供穆斯林礼拜；二、三进大殿，日常用作议事、经堂教学、婚丧礼仪场所，逢节日大典，则作会礼团拜之用。

福佑路清真寺曾设上海第一所穆斯林学校——务本小学堂，宣统元年（1909）成立的回族社团——上海清真董事会，以及宣统三年（1911）由上海穆斯林成立的反清武装——清真商团。

（5）沪西清真寺。

原名药水弄回教堂，又称小沙渡回教堂，俗称老寺，原址在西康路1501弄（药水弄）80支弄，1992年4月迁至常德路1328弄3号。历任教长有马少山、马国兴、撒焕亭、买俊三、王笃生、张朝真、马人斌等。

民国3年（1914）前后，居住在小沙渡（今西康路）一带的从湖北、山东、河南、安徽等地来沪做工的穆斯林贫民中，由湖北穆斯林发起在药水弄租赁一间小屋，作为临时礼拜场所。民国10年（1921），金质庵、马乙棠、蒋星阶与上海清真董事会募捐2000元，在药水弄内租地0.8亩，建造清真寺。民国11年7月竣工，共建大殿3间、对厅3间、厢房1间。民国24年（1935）整修，大殿可容100人同时礼拜，庭院种植花草。

（6）景星路清真寺。

创建于民国17年（1928），曾称“苏北回教堂”，位于景星路302

弄117号。民国17年，聚居通北路一带的江苏淮阴、泗阳的回族穆斯林，由淮阴籍杨永寿将其通州路义兴里20号住家楼上作礼拜殿，由淮阴籍戴义恒阿訇主持教务。民国26年（1937）“八一三”事变爆发，穆斯林纷纷返乡避难，礼拜停止。直到抗战胜利，苏北籍穆斯林重返上海，公推金士鸿、金七福兄弟筹建景星路清真寺，先后在杨树浦路长安里122号，保定路518弄104号作为礼拜场所。由哲赫林耶门宦周士钊阿訇主持教务，因为是苏北籍回族穆斯林倡建，所以定名“苏北回教堂”。

（7）浦东清真寺。

创建于民国24年（1935），曾称浦东回教堂，位于浦东大道吴家厅甲16号。民国24年，山东籍洪长金阿訇在浦东烂泥渡租赁一间楼面，作临时礼拜场所。民国28年（1939）11月，洪长金租洋泾区五图调圩11号7块土地造屋5间建寺。民国36年（1947）4月，经上海回教堂理事会与同心堂集资购下吴家厅调圩8丘、9丘两地地基约4亩，作为浦东清真寺基地，又委托李庆忠出面，同出租人协商，将两地东半段与毗连的调圩11号7块土地对换，使浦东寺连成一片，完整地属于寺院。

（8）清真别墅。

创建于光绪十八年（1892），原名息心亭，又称日晖港清真寺或肇嘉浜清真寺，位于肇嘉浜路212号。历任教长有马抑之、韩礼堂、蓝凤云、金耀祖、朱拙然、杨润生、穆序臣等。

同治元年（1861），回族穆斯林在肇嘉浜两侧置回民墓地，回族禹永春在墓地旁购地造屋，为穆斯林同胞到墓地安葬亲人、扫墓提供歇息场所。回族同胞感其德，合力建成息心亭。光绪十八年（1892），在亭旁建造两厢式平房6间，东侧造平房4间4披，作为殡葬、走坟、服务的宗教场所。宣统二年（1910），上海清真董事会金子云等人募资2000银元，蒋星阶承担3000余元，扩建清真别墅。民国元年（1912）新寺落成。民国13年（1924）再度整修。20世纪20年代，韩礼堂教长举办经堂教育。民国37年（1948）11月，教长金耀祖举办过普慈幼儿教育所，招收孤儿15人。

（9）斜桥清真寺。

清宣统二年（1910），由清真牛羊宰坊和饮食业穆斯林募资购地建造，寺址位于今丽园路414号。历任教长有马子清、张耀庭等。斜桥清真寺大门门额有“清真寺”3字，入门是百余平方米的长方形庭院，西侧是正方拱形大殿，约200平方米，为顶部人字形的中国式建筑。殿内地铺光漆牛皮，为上海清真寺所罕见。院北西侧是讲经堂，再后为教长室、灶间，北为沐浴室。当时，来斜桥清真寺礼拜者多牛业、宰坊穆斯林。民国11年（1922），斜桥清真寺乡老、社首集资5000元，在寺大门两侧翻建2层楼房和6间平房，以租赁收益维持寺用。

（10）浙江路清真寺。

始建于咸丰五年（1855），又名浙江路回教堂，位于浙江中路70号。历任教长有吴俩目·阿里、马子贞、哈德成、刘兆才等。咸丰五年，在上海的印度八巴利洋行当厨师的印度籍穆斯林在浙江中路购地3亩作为外侨穆斯林的墓地。同时，在墓旁建浙江路清真寺。同治九年（1870），由八巴利洋行出资重修，并任命印度籍穆斯林为首任教长。光绪六年（1880），吴俩目·阿里到河南、湖北等地募集经费重修浙江路清真寺，并于寺旁购置一排市房，以租金收入为养寺经费。民国25年（1936），浙江路清真寺翻建。清真寺开始全为印度穆斯林，不久即以中国穆斯林为主。宣统二年，乃玛孜洋行董事会于法租界蒲柏路（今太仓路70号）买地2亩7分用作外籍穆斯林墓地，并取其中1分3厘土地建造为坟地殡葬服务的殡礼殿、水房和看墓人员住房。民国29年（1940）又在太仓路74号、76号、78号建造三层楼房1幢，租金用作养寺。

4. 清真寺的维缮

“在上海的伊斯兰宗教事业中，小到清真寺什物添置，大到建盖清真寺、购置墓地等，其财源基本来自上海回民珠宝古玩商人”[①]。这些珠玉古玩商热衷建寺的善举，带动了其家族及回族社会全体穆斯林资助清真寺建设的热情。在上海回族商人的熏陶下，他们的家属同样对清真寺的建设作出了奉献。“金子云先生之陈氏德配‘患恙两年，屡濒危险，举意翻盖别墅，愿助千元’。上海清真董事会协董哈少夫德配杨宜人‘持家勤俭，教子成人，其仙逝后，遗有蓄积五百元，审知留作举意之用’”[②]。另外，“金陵蒋门金氏（蒋三太太）曾将自有的褚家桥三层住宅捐助给小桃园清真寺，做市房收益之用”[③]。不仅如此，在上海回族商人群体的带动下，整个回族社会掀起了建设、资助清真寺的热潮。民国 14 年（1925），金子云为完善小桃园清真寺的建筑风格，出资并附建筑设计图，送请清真董事会协助办理。此举得到了哈少夫、马乙棠等回族商人的支持，并且得到上海市内广大穆斯林的拥护和赞助，包括香港在内全国穆斯林同胞共筹款银 51152 余两、银元 64320 元。[④] 施工三年，建筑费用达到十万两。改造完成之后，小桃园清真寺的建筑风格、布置及设施，皆为当时上海各清真寺之冠。通过全体回族同胞的不懈努力，小桃园清真寺终于建成为阿拉伯建筑风格一流的清真寺。此外，上海回族商人们除了热衷于沪内清真寺的建设外，对沪外清真寺的创建亦是关注有加。在南京，“蒋国榜等修建了花牌楼（太平路）清真寺、马榕轩修建了汉西门清真寺等”[⑤]。

---

① 朱克同：《古玩市场和珠宝汇市——上海回族穆斯林的传统行业》，引自《中国伊斯兰教研究文集》编写组编《中国伊斯兰教研究文集》，宁夏人民出版社，1988，第 473 页。

② 阮仁泽、高振农：《上海宗教史》，上海人民出版社，1992，第 470 ~ 471 页。

③ 金幼云、改柏年：《上海清真董事会》，转引自上海市委员会文史科委员会主编《上海的宗教》，上海市政协文史资料编辑部，1996，第 135 ~ 136 页。

④ 阮仁泽、高振农：《上海宗教史》，上海人民出版社，1992，第 466 页。

⑤ 南京市伊斯兰教协会《南京回族伊斯兰教史稿》，金陵刻经处，2000，第 296 页。

表 3－2　清末及民国时期上海回族商人捐资扩建清真寺情况

清真寺	扩建时间	捐助事由	捐助人	捐助金额、方式
福佑路清真寺	清光绪二十三年（1897）	大殿、二殿龙爪油漆	郑春廷	独资捐助
福佑路清真寺	清光绪二十三年（1897）	礼拜大殿领拜楼	许万清	独资捐助
福佑路清真寺	清光绪二十三年（1897）	大殿春冬两季所用骆驼绒毯和花席	蒋星阶	独资捐助
福佑路清真寺	清光绪二十三年（1897）	冷热水龙头管	马榕轩	独资捐助
福佑路清真寺	清光绪二十三年（1897）	副水房	金子云	独资捐助
福佑路清真寺	清光绪二十六年（1900）	扩建二进大殿	哈少夫、蒋星阶等22位回族商人	集资4000元，购地0.58亩
福佑路清真寺	清光绪三十一年（1905）	扩建三进大殿	蒋星阶、石子藩、杨竹坪、沙云俊、金东旭等31位回族商人	集资1万元，购地0.58亩
草鞋湾清真寺	清宣统元年（1909）	改建旧寺屋为10间木结构平房	珠宝、古玩业回族商人	集资购地1.13亩
清真第一别墅	清宣统三年（1911）	扩大翻新	金子云德配陈氏	1000元
清真第一别墅	清宣统三年（1911）	扩大翻新	哈少夫德配杨宜人	500元
清真第一别墅	清宣统三年（1911）	扩大翻新	马廷树、艾子清、马少臣、马鹤年、金质庵、金彭斋、马鹤筹	500元
清真第一别墅	清宣统三年（1911）	扩大翻新	蒋星阶	3000元
斜桥清真寺	民国11年（1922）	殿内铺设	牛庄业穆斯林	光洁牛皮
斜桥清真寺	民国11年（1922）	该寺大门西侧翻建二层楼房和六间平方	该寺乡老、社首	5000元

续表

清真寺	扩建时间	捐助事由	捐助人	捐助金额、方式
斜桥清真寺	民国时期	扩建	宰牛业回族商贩	每宰一头牛捐一元
清真第一别墅	民国13年（1924）	整修	回族商人	3000元
小桃园清真寺	民国14年（1925）	设计、翻新	金子云	先期1万元，后补缺银10100元。且协马乙棠至武汉募捐
福佑路清真寺	民国24年（1935）	翻造三层楼房、新建水房	哈少夫	认捐6000元，并将侯家浜哈世德堂房地产捐给清真寺

资料来源：金幼云：《上海清真董事会》，转引自上海市委员会文史科委员会主编《上海的宗教》，上海市政协文史资料编辑部，1996，第135～136页；阮仁泽：《上海宗教史》，上海人民出版社，1992，第464～472页。

（二）回回墓的建设

1. 回族商人兴建回回公墓

“要知落土为安，为孝子慈孙之在念，欲使幽魂永妥，亦仁人君子之用心。追远先贵慎终毁哀，何如尽礼。重视祈求隆典，我辈恒情；破处风水缪谈，吾教特色。但茔葬异乎丛杂，远年之湮没堪虞；培茔宜于整齐，他日之树封可志。凡次百年之要务，当合力以维持。庶几丧葬，完全规模，永守此议。”① 回回墓地的建设是中国回族同胞的一种传统的生活习俗和宗教活动，也是上海回族商人群体热衷和倡兴的伊斯兰教慈善公益事业。

上海地区最早的清真公墓是元代的松江回回坟。② 由于“寺坟一体”，松江清真寺亦被称为“回回坟”。该寺建于元至正年间（1341～

① 《公茔集捐规则》，引自《上海清真寺成立董事会志》，Y3－1－195，上海市档案馆，1911，第86页。

② 《上海宗教志》编纂委员会编《上海宗教志》，上海社会科学院出版社，2001，第285页。

1368）。元松江府达鲁花赤墓、阿訇拜登友墓、回族武术家王子平墓等都在此寺内。上海县的七宝、诸翟等处，在明末也都出现了“回回坟”。[①] 此外，嘉庆年间（1796～1820）在七宝镇外出现一块占地一亩左右的回族坟地。咸丰十一年（1861），由上海伊斯兰教界知名人士金吉云、刘厚田等发起，在泥城桥以西张家浜建伊斯兰教公墓，俗称回回公墓。[②] 咸丰十一年（1861）至宣统元年（1909），热心公益的上海回族商人及知名人士集资在日晖巷陆续购地 70 余亩，建立日晖巷清真公墓。商人团体上海清真董事会统一管理墓地事务，墓区以孝、悌、忠、信、礼、义、廉、耻八字编号，是上海最大的穆斯林公墓。其中，忠字地，俗称“老坟地”，至民国 33 年（1944），共有土地 23.19 亩，是日晖巷清真公墓中最大的墓区。上海回族商人哈少夫、马长生、金子云、石子藩等均安葬该墓区。[③] 咸丰五年（1855），浙江路建墓地，占地 3 亩。后公墓埋满，在太仓路外国坟中划出墓地 2.71 亩，充作墓区，俗称“小坟山”。

“‘清真董事会’管理当时上海各清真寺的财务、回民墓地慈善事业，其基金即来自上海回民珠宝古玩商人捐款和‘乜贴’。”[④] 1909 年，回族商人团体上海清真董事会成立时，立即丈量了茔地共计六处，合计 29 亩 9 分 5 厘 2 毫，时约价值 1.5 万元之谱。经过董事会、代表会、理事会的 40 余年经营，日晖巷两岸共拥有基地 72 亩零 6 分 3 毫，在真如拥有基地 80 亩。[⑤] 上海回族商人团体在成立最初，就将回回公墓的建

---

① 阮仁泽、高振农：《上海宗教史》，上海人民出版社，1992，第 453 页。

② 《上海市南市区志》编纂委员会编《上海市南市区志》，上海社会科学院出版社，1996，第 1105 页。

③ 《上海宗教志》编纂委员会编《上海宗教志》，上海社会科学院出版社，2001，第 286 页。

④ 朱克同：《古玩市场和珠宝汇市——上海回族穆斯林的传统行业》，引自《中国伊斯兰教研究文集》编写组编《中国伊斯兰教研究文集》，宁夏人民出版社，1988，第 471～472 页。

⑤ 金幼云、改柏年：《上海清真董事会》，转引自上海市委员会文史科委员会主编《上海的宗教》，上海市政协文史资料编辑部，1996，第 136 页。

设列入规划中，可见这项慈善公益事业在回族社会内部的重要性。另外，上海清真董事会还特别制定坟茔规则，聘请专职董事（委员或理事）负责管理，并另外雇人看管公茔。其中，《公茔集捐规则》中规定："亟宜联合吾教全体捐集巨资，以为陆续购地之用。"① 发动回族商人群体的力量，积极助资、建设回回公墓，并且声明："无论何人，永远不得抵押、变卖，倘有发生情况，概作无效，特此声明。"② 在清真董事会时代，坟地分甲、乙、丙三级，甲级地每年捐洋 6 元（当时币值），乙级地捐洋 4 元，丙级地免捐。后逐步免除所有的因地捐款，改为随意乐捐。墓穴均按次编号注册。并备有施布给困难回民免费丧葬之用。经回族商人群体不懈的努力，上海回族同胞丧葬难的问题终于得到较为圆满的解决。

"所有清真寺及各项善举，自创始以至扩充，共分三期，有清真别墅一期，公茔十期，在事者总共九十二位，其间最为热心办事、功绩卓著者，首次应推前辈马翰章、哈庆堂、金兰坡三君……其余同人中或发起创办，或担任劝捐，或实力补助，或购办坟地，或经营建造，或监督工程，或经理银钱账目，或布置种树、培茔，或创设本寺学校，或匡助公益，进行义务虽分，辛劳则一。抚今思昔，同钦鼎力丰功，学步将来，再冀改良发达。"③ 在上海，回回墓的建设，被广大穆斯林视为一种功修，也是他们追求的宗教理想。从富庶的回族商人到普通的回族商贩，都热衷于此，"当时有回族禹永春以提篮贩卖牛肉为生，他用毕生经营所得，在墓地旁购地造物，为穆斯林同胞到墓地安葬亲人、扫墓提

---

① 《公茔集捐规则》，引自《上海清真寺成立董事会志》，Y3－1－195，上海市档案馆，1911，第 86 页。

② 阮仁泽、高振农：《上海宗教史》，上海人民出版社，1992，第 499 页。

③ 《赞前辈扩充清真寺及公坟纪念》，引自《上海清真寺成立董事会志》，Y3－1－195，上海市档案馆，1911，第 58 页。

供歇息场所”①。

表 3－3　民国时期上海回族商人筹建墓地情况

墓　　地	历史名称	创建时间	占地面积	筹建方
日晖巷清真公墓“耻字地”	新地、十九块地	民国 16 年（1927）	8.128 亩	上海清真董事会
浜南特别墓地	特别墓地	民国 6 年（1917）	3.005 亩	上海清真董事会马长生等人
真如清真公墓	第二清真别墅、真如清真寺	民国 15 年（1926）	初购 0.56 亩，后达 80 余亩	蒋晖、金彭庚、哈少夫等人
沪西小沙渡坟地	沪西回教公墓	民国 15 年（1926）	13.315 亩	马乙棠等人
浦东回民墓地	浦东伊斯兰教墓地	民国 33 年（1944）	3.689 亩	浦东回教堂转让出资及何星武捐资 1000 元
漕河泾回民墓地	马家回民私人墓地	民国期间	7.19 亩	春园祥商号马鹤年（商人马晋卿之子）

资料来源：《上海宗教志》编纂委员会编《上海宗教志》，上海社会科学院出版社，2001，第 286～287 页；阮仁泽、高振农：《上海宗教史》，上海人民出版社，1992，第 498～500 页。

2. 回回公墓的维缮

“吾教同人寓沪者，日见繁盛，丧葬一端，较他事为尤难。盖地价奇昂，每亩非数百元不办。虽历年购地数处，而丛葬将满，余地无多。若弗先事绸缪，必致临时急就，亟宜联合吾教全体，捐集巨资，以为陆续购地之用。”② 由于动荡时局的影响，墓地价格一直高居不下。包括墓地价格高昂在内的种种社会问题，一直影响着上海伊斯兰教慈善公益活动的正常进行。其中，民国 32 年（1943），回族商人团体上海福佑路回教堂纳捐人代表会就因墓地纠纷问题一直未能得到有效的调节，矛盾

① 《上海宗教志》编纂委员会编《上海宗教志》，上海社会科学院出版社，2001，第 266 页。

② 《公茔集捐规则》，引自《上海清真寺成立董事会志》，Y3－1－195，上海市档案馆，1911，第 86 页。

激化，11 位委员集体辞职，代表会工作遂停止。尽管如此，上海回族商人群体还是克服了诸多困难，一如既往地奉献于伊斯兰教慈善公益事业。为建回民公茔围墙，董理各项殡葬事宜，哈少夫带头认捐，并倡议募捐。在他的积极动员下，上海清真董事会派专员负责殡葬事宜，为教胞解决了殡葬难题。另外，日晖巷清真公茔忠字地围墙是以哈少夫、马少臣为首的乡老捐助建成的。[①]

"上海特有的'走公坟'习俗。每年农历新年第一个星期日上午，穆斯林集中日晖巷清真别墅，参加阿訇主持的宗教仪式，再分赴各亲属坟地谒墓，参加者数百到 2000 人。"[②] 1910 年，走公坟队伍在肇嘉浜路清真别墅集合整队时，以人数众多，别墅不能容纳，金子云先生乃提议扩建清真别墅，并带头认捐 1000 元，当场得到多数人赞助，推蒋星阶先生负责，完成扩建大业。[③] 清真别墅落成后，由于法租界当局欲扩充马路，路线需经过公茔地段，上海穆斯林同胞担心公茔遭受毁坏，遂即公推金吉云[④]偕同杨竹坪掌教等人与法领事馆斡旋，最终法总领事巨籁达君颁给日晖巷公坟照会："非回教人允许，不准通过。"并刻碑树立。此事据《上海清真寺成立董事会志》记载："且金君为人卓有才能，年岁高而精神矍铄，凡遇教中为难事件，出而理劝，无不解决。其最足感人者，为本教日晖巷公茔事，保全尤大。缘昔年法界有扩充马路之举，路线所经公茔地段，必遭毁败。幸金君闻悉尚早，爰偕杨竹坪掌教及诸同人会和全体，以大义激有力者，从中设法斡旋，路线始得改图，坟墓卒赖保全，并树碑记备考。若非金君等出而倡办，则各家先人骸骨势必

---

① 金幼云、改柏年：《上海清真董事会》，转引自上海市委员会文史科委员会主编《上海的宗教》，上海市政协文史资料编辑部，1996，第 136 页。

② 《上海通志》编纂委员会编《上海通志》，上海社会科学院出版社，2005，第 1508 页。

③ 上海市委员会文史科委员会主编《上海的宗教》，上海市政协文史资料编辑部，1996，第 150 页。

④ 金吉云：《上海商人组织务本堂董事》。

发掘、迁移，孝子慈孙宁弗终天抱憾耶！”①

此外，上海回族商人们在维护沪内回回公墓权益的同时，对国内其他地区回族同胞有关回回公墓维权事件，同样给予支持和帮助。民国13年（1924）5月21日，粤当道要变卖广州流花桥外先贤宛葛师桂花岗回教坟场，广东博爱社即向回族商人团体上海清真董事会请求支援。回族商人哈少夫负责主持董事会议，首先致电孙中山和粤省省长，并联络北平、天津、汉口、杭州、南京、镇江、扬州等地的回族同胞联合行动。经过哈少夫的斡旋，以及各方的努力，同年6月26日，市政厅决议撤销拆墓原案，保留桂花岗地，并勘定界址，依界勒石。上海回族商人群体积极与沪外回族进行互助，增强了全国范围内回族同胞的凝聚力，民族认同感得到进一步加强。

二　兴办回族文化教育事业

文化教育的兴起和发展，体现了一个民族的文明状况，是衡量一个民族发达、先进与否的标准。民国时期的上海伊斯兰教文化教育事业的改革和创新，既是近现代上海伊斯兰教发展史的重要组成部分，也是上海回族商人群体对回族社会慈善公益事业建设作出的杰出贡献。

民国时期，上海回族商人群体振兴伊斯兰教文化教育的主要表现是：改革寺院经堂教育，兴办新型伊斯兰学校，倡办普通学校教育；出版伊斯兰教著作，开展伊斯兰教文化的学术研究与交流活动等。其中，提倡新式回民教育，创办回民新式学校，成为重中之重。“上海清真寺全部之公益事业既有清真寺董事会负其责任。创立学校属在清真寺公益事业之一部，自无特设校董会之必要。又有上海清真寺即有上海清真寺

① 《赞前董事金吉云君纪念》，引自《上海清真寺成立董事会志》，Y3－1－195，上海市档案馆，1911，第65页。

董事会，学校隶属于清真寺董事会之机关，非隶属于董事会中之个人。个人纵有更动，机关一成不变，则负责当然有人办理，不虞停顿。”[①] 新式回民学校的创办是民国时期上海回族商人群体重视的一项慈善公益事业，“况自国家注重教育以来，士大夫竞言兴学，固无论矣。乃下而鲁之丐人，沪之工商优界，均能各出心力，创办学堂，颇著成效”[②]。上海回族商人群体热衷办学，培植了一大批回族人才，取得了显著的成效，促进了回族教育事业的发展。

（一）兴办经堂教育

经堂教育兴起于明末，旨在培养宗教职业者，传播和研究伊斯兰教。经堂教育主要在清真寺内进行，由阿訇向“海里凡”教授伊斯兰教功课。教材除《古兰经》《圣训》等伊斯兰教经典外，还要学习阿拉伯文、波斯文等，并以阿拉伯文和波斯文授学，不学习汉语和其他文化学科。课程完毕，经由阿訇评定品学兼优，再由阿訇为学员“穿衣挂幛”（穿绿色长袍、戴缠头巾，挂幛庆贺），最终取得阿訇的资格。

在上海，最早开办的经堂教育是上海福佑路清真寺，该寺在清同治九年（1870）开展经堂教育，并招收3名学员。此后，瑞桢阿訇于光绪二十六年（1900），薛子明阿訇于民国3年（1914），金耀祖阿訇于民国26年（1937），达浦生阿訇于民国34年（1945）都曾举办过经堂教育。其中，金耀祖阿訇、达浦生阿訇招收的学员都在10名左右。20世纪30年代，日晖港清真寺、小桃园清真寺、鸿寿坊清真寺的韩礼堂、方楚卿、马广庆阿訇等都开学执教，其中韩礼堂执教时招收学员多达

① 《上海市教育局关于私立清真小学呈请立案》，Q235－1－1038，上海市档案馆，1927。

② 《附预颂诸学董词》，引自《上海清真寺成立董事会志》，Y3－1－195，上海市档案馆，1911，第95页。

20～30人（由蒋星阶出资供养）。[①] 民国6年（1917）起，回族商人金子云承担小桃园清真寺招收海里凡的一切费用。20世纪40年代，刘兆才阿訇在浙江路清真寺也开学执教。

民国10年（1921）起，清真别墅聘请韩礼堂阿訇为教长达20年。其间，韩礼堂开设阿文学校，由回族商人蒋星阶每月提供经费开支，此学校招收10余名海里凡，培养了一批宗教人才，包括小沙渡鸿寿坊清真寺代理教长沙子丰、察哈尔清真寺教长韩鸿生等。民国37年（1948）11月，金耀祖阿訇在该寺办海里凡学校，命名“普慈孤儿教养所”，教授中阿文。[②]

上海回族商人们如此重视经堂教育，是因为经堂教育不仅促进了回族文化的形成和发展，培养了大批的宗教人才，而且有力地推动了阿拉伯文化与中国文化的融合，保障了上海地区回族传统文化的传承和发展。

（二）倡兴新式回民教育

近代以来，上海回族不断自省，深知：“助款兴学，关系甚宏，上为国家培菁英，下为同教谋发达，而况济济多士，不乏环异之材。一人功成，全教有庆。行见播佳苗于此日，收效果于将来。”[③] 19世纪以后，上海回族社会存在两种不同的人才培养方式，一种是以寺院为授学场所的经堂教育制度，以阿拉伯文和波斯文为必修和主修课，由阿訇传授经典、圣训、教律给海里凡。另一种就是经由宗教教育制度的改革，实行新型的学院教育，注重“中阿并用”“经汉并授”。大力支持新式回民教育的上海回族商人们认为：“天方穆罕默德，以大德王西域，独兴宗

---

① 《上海宗教志》编纂委员会编《上海宗教志》，上海社会科学院出版社，2001，第276页。

② 阮仁泽、高振农：《上海宗教史》，上海人民出版社，1992，第471～472页。

③ 《劝捐兴学集会序》，引自《上海清真寺成立董事会志》，Y3－1－195，上海市档案馆，1911，第24页。

教，为清真教主。定制垂经，本天人合一之理，宏规巨制，仍不外纲常名教，与吾儒治世施教之本，若合符节。是其教之历久而愈昌者，岂无故哉？”[①] 只有实现与汉儒文化的有机结合，才能使回族教育发展得更丰富和久远。

当时，上海的经堂教育已是“教务日颓，文化衰弱”，并且出现了种种弊端：学生只顾按时念经、礼拜，不问外事，限制了视野的开拓；不识汉字，不懂科学，不知社会的变化发展；学习年限过长，学成后只能局限在一坊内参与日常教务；师承观念重，门户之见深等。旧有的教育方式已经严重阻碍了回民教育的发展和优化。如要进一步提升回族的整体文化水平、传播先进思想，乃至改变回族的落后面貌，唯有改革教育，培养大批的先进人才，才能推动回族社会全面的振兴和发展。

1. 创建新式回民中学——上海伊斯兰师范学校

上海伊斯兰师范学校是民国时期上海新式回民教育的典范。上海伊斯兰师范学校成立之前，中国回教学会马晋卿、刘彬如、沙善余、伍特公、杨稼山、马子卿，以及上海清真董事会的回族商人哈少夫、马乙棠、金子云、石子藩、伍咏霞等，在中国回教学会召开筹备会议。劝募办学基金，热情捐助。民国 1917 年（1928）春，上海伊斯兰师范学校开学招生，地址设于小桃园清真寺东楼，后于民国 1919 年（1930）迁至中国回教学会三楼。著名阿訇达浦生兼任校长，聘宗棣棠为学监（后改称事务主任）。新闻界人士沙善余教授英文，伍特公教授国文，杨稼山教授史地。伊斯兰教史学家马以愚曾任该校国文、《孟子》及《通鉴纲目》教员。学校另聘买俊三、哈德成、马敬吾、李先慈等阿訇教授阿拉伯文和经学。学监和教师绝大多数均系义务职，不取报酬。民国 18 年（1929）改名为“上海伊斯兰经学研究社”，后又改称为“上海伊斯兰回文师范学校”。

---

① 《序》，引自《上海清真寺成立董事会志》，Y3－1－195，上海市档案馆，1911。

表 3－4　民国时期上海回族商人所办学校一览表

学　　校	创办时间	学校地址	创办、资助人	学校性质	附　　注
上海清真国民小学	民国 6 年（1917）	福佑路清真寺	回族商人团体上海清真董事会	小学	前身为上海回族商人于 1879 年创办的务本堂清真义学。1909 年上海清真董事会改办为清真两等小学堂，蒋森书独捐 1200 元
清真别墅难童小学	民国 10 年（1921）	清真别墅	蒋星阶	初、中年级	中年级学生结业后，升入敦化小学高年级
回族少年星期日补习学校	民国 13 年（1924）6 月	福佑路清真寺	马乙棠任名誉校长	补习班	每周授课 1 小时，为穆斯林子弟讲授伊斯兰教知识
上海伊斯兰师范学校	民国 17 年（1928）	青莲街 222 号	回族商人团体上海回教学会	中学	民国 18 年（1929）改名上海伊斯兰经学研究社，后改为上海伊斯兰回文师范学校
私立敦化小学	民国 20 年（1931）	青莲街 222 号	马晋卿出资四万元购地创办	6 年制完全小学	后改名敦和小学、正明小学、敦化中小学
私立云生小学	民国 22 年（1933）	普陀路 235 号	金利源栈主李云生	初级小学	前身为“豫德堂”识字班，民国 36 年（1947）秋改为兴建小学
回民职业补习夜校	民国 24 年（1935）4 月	青莲街 222 号	蒋含斋负责教务	职业补习班	该校对于勤学子弟毕业后，代为介绍升学或职业服务，一切自属义务免费
伊光第一小学	民国 34 年（1945）	大沽路马安里 5 号	宗棣棠等人	回民子弟小学	专收回族子弟。学校经费主要靠回民饼馒业、牛羊业募捐，或认月捐维持

续表

学　　校	创办时间	学校地址	创办、资助人	学校性质	附　　注
崇本小学	民国 36 年（1947）	小桃园清真寺	金幼云等	回民子弟小学	招收 6 个班级，100 余名学生，10 名教师。对入学穆斯林子弟全面学杂费，亦招收少数非穆斯林子弟并收取低微学杂费
伊光第二小学	民国 36 年（1947）	汾州路 149 号	饼馒业、牛羊业回族商贩马忠勋、马孝瑜、米朝宗等	回民子弟小学	学校开设一、二年级两个班级，学生 20 余人，略收学杂费勉强维持

资料来源：《上海通志》编纂委员会编《上海通志》，上海社会科学院出版社，2005，第 1513 页；阮仁泽、高振农：《上海宗教史》，上海人民出版社，1992，第 471、540～543 页。

上海伊斯兰师范学校的办学宗旨为“养成传道著述，翻译阿、波文书籍，教授阿、波文字人才”①。学校旨在改革传统教学方式，改变旧有的培养目标、教学内容和教学方式等。使宗教教育能得到更高层次的发展。在培养目标方面，学校将阿訇的培养和办学师资、伊斯兰教学术研究人才的培养并举。在教学内容方面，中文、阿文、波斯文、英文同时并授，并增设教育学、哲学、中外历史、中外地理等学科。在教学方式方面，学校一方面采取当时较为先进的分班授课的教育形式，一方面采取以实际知识诱导学生讨论，经过辨析达到真正理解的方式。另外，上海伊斯兰师范学校还经常聘请伊斯兰教著名学者来校授课或讲学。其中，有讲授四书五经的新闻报快活林副刊编辑金煦生，教授阿文的埃及亚历山大大学的穆罕默德·卡米莱，教授阿文口语的印度籍埃及学者法杜里·伊拉希等。民国24年（1935），学校还邀请王静斋阿訇讲授《圣训》课。

上海伊斯兰师范学校办校之初面向全国招生，条件为：凡穆斯林男性青年，具有汉阿文基础知识，身体健康，经考试录取。学校第一届招收学生45人，其中，有从甘肃、云南等全国各地慕名而来投学的学生。民国16年（1927）中国回教学会设1.9万元教育基金，为优秀学生提供在校一切费用。② 学校不仅学费全免，且提供膳宿，发给书籍文具。上海伊斯兰师范学校学制3年，设有普通班和速成班，课程设置为：经学课（《古兰经》、圣训、教法、认主学）；外语课（阿拉伯语、波斯语、英语）；文化课（汉语文、史地、数学、哲学、教育学等）。另外，学生在校期间需要履行宗教功课和礼仪，参加穆斯林各项社会活动。实现了伊斯兰教文化教育和汉儒文化教育的有效结合。

① 《中国回教学会月刊》。

② 《上海通志》编纂委员会编《上海通志》，上海社会科学院出版社，2005，第1514页。

动荡时期，上海伊斯兰师范学校的发展一直比较艰难。上海伊斯兰师范学校的经费一直由上海回族社团中国回教学会和广大热心商人承担。后老一辈回族商人相继辞世，学校经费一度拮据。民国 24 年（1935），回族商人马晋卿、李云生等遂按月捐巨款，以维持学校运营。事务主任回族商人宗棣棠严管校务，且为节省开支，整日与学生同吃同住，并捐献《回部备要》一套，供学生阅览。民国 26 年（1937），“八一三”淞沪抗战爆发，南市沦陷，上海伊斯兰师范学校被迫停办。

上海伊斯兰师范学校在人才培养和文化传承方面有着突出的贡献。学校自民国 17 年（1928）创校至民国 26 年（1937）停办，在近 10 年的办学过程中，共培养三届毕业生，其中有中国回教学会选派出国到埃及爱资哈尔大学深造的，包括马坚、金志晏、胡恩钧、定中明、马有连、林兴智等。一批伊斯兰教人才在这里成长，马坚任北京大学教授；定中明为台湾大阿訇；胡恩钧则在埃及爱资哈尔大学留学期间获得博士学位，并留校任教。此外，上海伊斯兰师范学校于民国 20 年（1931）起创办《伊斯兰学生》，自民国 20 年至民国 34 年（1935）共出版刊物 5 期，并免费赠予全国有关学校及团体，宣传伊斯兰教教义。

上海伊斯兰师范学校是回族教育近代化转型的典范，一方面，它从培养目标、教学内容和教学方式等方面对伊斯兰传统教育进行改革，打破了传统教育方式中滞后的、阻碍回族教育进一步发展的桎梏，以适应现代教育体质和制度的发展需求，推动回族教育事业的进步。另一方面，设置《古兰经》、圣训等经学课和阿拉伯语、波斯语等外语课，并聘请国内外知名阿訇和伊斯兰教学者教授阿拉伯文和经学，传统伊斯兰教文化教育得以巩固。此外，还选派学生出国到埃及爱资哈尔大学深造，加强了与境外伊斯兰教国家的文化交流，使得上海的新式回民教育在转型过程中实现了传统与现代的高度统一。上海伊斯兰师范学校在办学之初即打破区域教育模式的局限，面向全国招生，目的就是在全国范围内推广新式回民教育，提高教学水平和回民整体的文化素质，增强广大回族同胞的文化认同感和民族认同感。

2. 创建新式回民小学——清真两等小学堂

辛亥革命以后，新式的回民小学如雨后春笋，遍及全国。新的时代背景，对新式回民小学的发展提出更高的要求。“德法之战，俾士麦宰相归功于小学。诚以小学即为强国之根。小学若办得好，则忠臣孝子胥出其中。小学若办不好，亦乱臣贼子出其中也”[①]。上海回族商人们认为，外国诸强之所以强大，原因是办好了小学。自知国之根本是办好小学，为优质的教学体系打下坚实的基础，培养各类杰出的人才，最终才能在国际舞台上立于不败之地。光绪三十一年（1905）至 1949 年，利用清真寺作为办学场所，共办小学 6 所、中小学 1 所。1949 年，剩 5 所学校，学生 1292 人，其中回族 294 人。办学条件较好的有敦化中小学，其他学校未能立案。状况稍好的兴建小学，1946 年有学生 160 人，80% 为回族，因学生无力缴学费，多收汉族学生以维持，1949 年有学生 150 人，28% 为回族。[②]

民国前期，上海回族商人们创办务本堂，旨在“分科教授，兼习天方经典，即已培植人才，亦且勿忘根本”。课程包括汉文、自然常识、算术、英语和《古兰经》等伊斯兰教义。宣统元年（1909），马乙棠、哈少夫、金星白等志在改变务本堂的管理体制，在福佑路清真寺三殿创办上海公立清真两等小学，马维桢、马钟麟、石维恒、杨连生[③]、伍特公、沙善余等组成学董，校长为丁琴轩。民国 6 年（1917）改名上海清真国民小学，议定学校规章十章二十节及课堂规则九条。清真两等

① 《学董马树周君演说词》，引自《上海清真寺成立董事会志》，Y3－1－195，上海市档案馆，1911，第 31 页。

② 《上海通志》编纂委员会编《上海通志》，上海社会科学院出版社，2005，第 1512 页。

③ 杨连生，上海回族珠玉商人，开有珠玉商号“杨连记”，位于西门路天和里 88 号。

小学堂办学宗旨“注重回民教育，兼重天方教经文教育”，学制分初、高二级，每等招收学生50人，四年毕业。学科有回文、算术、历史、地理、英文、图画、体操、乐歌、读经、讲经。贫寒子弟免费。① 所用书籍、笔墨等由学校供给至高等科毕业为止。学校遴选优秀教师授课，并任命学董专职督导。该校共招收学生200余人，在沙善余、伍特公等老师的谆谆教导下培养了不少人才，如王义、杨稼山、马功甫、陈叔平、张福成等都成为上海回民中的著名人士。②

上海回族商人们通过各种方式支助清真两等小学堂的建设。“1909年上海清真董事会在福佑路清真寺兴办清真两等小学堂时，一次劝捐就有76人，慷慨施款共2383元。1909～1912年三年共兴学劝捐5644元，其中蒋春书先生独资1200元”③。另外，“十一年（1922）冬，金子云君出资修理沿街门面房屋，辟为教室，于是有容百人与容六十八之教室各二，编成单式四级。添办校具、扩充学额，回汉兼收”。“学费均由理事长马乙棠集合热心同志哈少夫、金子云、石子藩、沙善余、伍特公、杨叔平等捐助”④。此外，回族商人们还为贫困毕业学生提供就业机会，“少数贫寒学生由教董介绍职业”⑤。

民国20年（1931）2月，回族商人社团上海回教学会干事马晋卿捐资四万元购地创建私立敦化小学，设于青莲街222号，后改名敦和小学、正明小学、敦化中小学。回族商人哈少夫为主席校董，沙善余担任校长。校董会成员有哈少夫、杨叔平、马晋卿、伍咏霞、蒋苏戡、伍仲

① 金幼云、改柏年：《上海清真董事会》，转引自上海市委员会文史科委员会主编《上海的宗教》，上海市政协文史资料编辑部，1996，第136页。

② 金幼云、改柏年：《上海清真董事会》，转引自上海市委员会文史科委员会主编《上海的宗教》，上海市政协文史资料编辑部，1996，第136页。

③ 阮仁泽、高振农：《上海宗教史》，上海人民出版社，1992，第481页。

④ 《上海市教育局关于私立清真小学呈请立案》，Q235－1－1038，上海市档案馆，1927。

⑤ 《上海市教育局关于私立清真小学呈请立案》，Q235－1－1038，上海市档案馆，1927。

文、杨稼山、沙善余、伍特公等。当时，哈少夫还出售自己珍藏的字画及部分地产，将所得二万元捐作建校资金。后因建筑费资金欠缺，哈少夫等又四处奔走，热心募捐，最终得以解决。为集资办学，哈少夫还在基督教尚贤堂内陈设文物展览，以募款助学。[①]

敦化小学于民国 20 年（1931）2 月由中国回教学会在青莲街 222 号创办。学校以出租市房每年得 5000 元作为办学经费。私立敦化小学为 6 年制的完全小学，学校开始招生 200 名，至民国 26 年（1937），招收学生近 700 人，57% 为回族。[②] 民国 22 年（1933）上半年，学生享受全免人数占 71%。[③] 回族学生每周有一堂宗教必修课。民国 34 年（1945），中国回教学会在学校内设初中一个班，称大化中学，民国 35 年（1946）与小学合并，称敦化中小学。民国 38 年（1949），敦化中小学中学部学生 193 人，其中回族 62 人；小学部学生 733 人，回族 135 人。[④] 至抗战前期，学校共有四届毕业生 100 多名。学校将观津里房租收入用于穆斯林学生学习生活费用的减免。当时上海多数私立小学教学设备奇缺，而敦化小学却仪器设备齐全，图书较多，加上教学质量优质，多次被当时教育局、社会局嘉奖，被誉为“最优异之私立小学”[⑤]。学校教学内容注重结合实用，如教授珠算、日记、书信等，使学生亦具备寻求职业的必需条件。课程除当时教育部规定的以外，还增设了阿拉伯文和伊斯兰教教义，并由阿訇或伊斯兰学者教授。

---

① 上海市委员会文史科委员会主编《上海的宗教》，上海市政协文史资料编辑部，1996，第 163 页。

② 《上海通志》编纂委员会编《上海通志》，上海社会科学院出版社，2005，第 1512 页。

③ 花念慈、沙新芬：《回顾上海的回民教育》，引自中国人民政治协商会议上海市委员会文史资料工作委员会编《上海文史资料选辑》（第四十九辑），上海人民出版社，1985，第 157 页。

④ 《上海通志》编纂委员会编《上海通志》，上海社会科学院出版社，2005，第 1513 页。

⑤ 花念慈、沙新芬：《回顾上海的回民教育》，引自中国人民政治协商会议上海市委员会文史资料工作委员会编《上海文史资料选辑》（第四十九辑），上海人民出版社，1985，第 157 页。

沪西私立云生小学创办于民国22年（1933），前身为“豫德堂”识字班，由药水弄清真寺社首、阿訇马义方、马少生、马天亮、李玉书等创办，对贫困穆斯林子弟实行免费。民国36年（1947）秋改为兴建小学。民国28年（1939）集资在普陀路235号租地建造新校舍。入校生保持在200人左右，学校由初级小学逐步转变为完全小学。穆斯林招商局金利源栈栈长、回族商人李云生曾多次出资捐助学校的创办及迁校等事宜，故学校以“云生”命名。此外，杨福洲亦为学校慨助建筑，故学校将第一教室更名为“福洲教室”。①

伊光第一小学校于民国34年（1945）由宗棣棠发起集资创办。学生主要是居住在大沽路、重庆路一带的穆斯林的失学子弟。民国35年（1946），学校由李尊楷、李尊信、李尊一等组成校董会接办，经费主要靠回民饼馒业、牛羊业募捐，或认月捐维持。后由于经费困难，伊光第一小学校勉强办了两个班级后停办。

伊光第二小学校于民国35年（1946）冬由汾州路清真寺乡老马忠勋、马孝瑜、米朝宗、杨万清发起募捐并创办，由汾州路清真寺教长金耀祖兼任校长。由于集资困难，办学经费不足，只能利用汾州路清真寺作课堂。也仅办了两个班级，学生20余人。

崇本小学校于民国36年（1947）由伊斯兰教界知名人士金幼云、谢克等创办，校址在小桃园清真寺内，并用上海回教孤儿教养所的空房及课桌设备开办。由金幼云、谢克、答容川、杨叔平、王治平、李鹄成等组成校董会，金幼云为董事长，谢克任校长。崇本小学建校初期，聘请10名教师，共有6个班级，100余名学生。对入学的汉族学生，收取低微学杂费；对回族子弟大多全免学杂费。

回民小学教育是回民教育体系中不可缺少，也是至关重要的一环。

---

① 阮仁泽、高振农：《上海宗教史》，上海人民出版社，1992，第541～542页。

回民小学教育作为回民整体文化教育的基础和根基，它的发展直接关系到回民教育的现代化进程。回族商人们重视回民小学教育，就是为了给回民教育事业的振兴打基础，促进回族教育改革的进一步深入。

（三）上海新式回民教育革新的特点

（1）教育方式的借鉴。上海回族商人们志在对国外先进的伊斯兰教教育方式予以借鉴。“沿途考察教务，目睹各地圣教之昌明，伤我国教胞之蹉跎，兴教之志，于是益笃。翌年（1914）归国，集合同志，共策斯举，感觉兴教以储才为本，然非经济裕如未由成也，因此，发起协兴公司，经营海外贸易，冀以所获赢利，充兴学基金”[①]。哈德成阿訇与回族商人马晋卿等人创办协兴公司，就是为了借鉴国外的伊斯兰教教育方式，以实业兴教育。另外，“民国10年（1921），达浦生阿訇应上海穆斯林商界聘请，到印度和东南亚各国考察伊斯兰教教育”[②]。

（2）教学方式的补充。“鉴于年来经济恐慌之巨浪击荡回民职业者非浅，补救之策，端赖于职业教育之提倡，爰有回民职业补习夜校之创办”[③]。民国24年（1935）4月，回民职业补习夜校成立，旨在“偏重社会实际应用，训育方法，力主严格，尤以商业道德最为重视，以求矫正时弊”[④]。学校实行免费招生，“该校对于勤学子弟他日卒业后，代为介绍升学或职业服务，一切自属义务免费”[⑤]。职业型技术学校的创办是对新式回民教育的有力补充，不仅让无力求学的回族贫寒子弟得以享受基本教育的权利，而且教授其生产技能，并为其提供工作所需的职业帮助及就业机会。

---

① 阮仁泽、高振农：《上海宗教史》，上海人民出版社，1992，第506页。

② 《上海宗教志》编纂委员会编《上海宗教志》，上海社会科学院出版社，2001，第306页。

③ 《人道》第1卷。

④ 《人道》第1卷。

⑤ 《人道》第1卷。

（3）奖励机制的完善。民国 14 年（1925）商人社团中国回教学会成立以后，即于民国 26 年（1937）设立了奖学基金部，为无力求学的优秀回民子弟提供经济资助，保证优秀人才的培养。民国 28 年（1939）8 月 21 日，福佑路回教堂纳捐人代表会召开第 30 次执行委员会，杨叔平委员提议，将该堂教育基金 5000 元的息金，作为讲学用途，并组织专门机构来管理，向各界热心教育事业的乡老募捐，结果使基金扩充到 19000 多元，据统计，从 1938 年到 1940 年，共向 83 名回民子弟颁发了奖学金。[①]

（4）助学者要求的严格。在上海回族商人群体中，对办学者及施教者的个人素质有着较高的要求。对办学者的要求是："一、热心教育者。二、曾研究或办理教育者。三、对于本校慨予赞助者。"[②] 另外，施教者也应具备较高的个人素养，"学堂为培才之地，教员为成才之人，虽有良材美玉，不经大匠绳墨，何以成栋梁？不经玉人雕琢，何以成圭璧？方今广兴学校，莫不育环异之士，励富强之图。塾师之关系不綦重哉！是以教员劝则学生奋兴，教员逸则学生怠惰"[③]。对办学者及施教者资质的严格要求，体现了回族商人们对回族教育的重视程度。

（5）全民教育意识的提升。打破经堂教育只招收回族学生的旧有教学方式，不分畛域，广收各族学生。让动乱时期的孩子都有学可上，享受平等的教育机会。光绪三十一年（1905）至 1949 年，清真寺办小学 6 所，中小学 1 所。1949 年，剩 5 所学校，学生 1292 人，其中回族 294 人。非回族学生占学生总数的 77.24%。据记载：敦化小学 1937 年有学生近 700 人，57% 为回族。[④] 敦化中小学 1949 年，中学部学生 193

---

① 阮仁泽、高振农：《上海宗教史》，上海人民出版社，1992，第 591 页。

② 《上海市教育局关于私立敦化初中呈请立案》，Q235－2－2197，上海市档案馆，1947。

③ 《敬劝教员热心教育》，引自《上海清真寺成立董事会志》，Y3－1－195，上海市档案馆，1911，第 34 页。

④ 《上海通志》编纂委员会编《上海通志》，上海社会科学院出版社，2005，第 1512 页。

人，其中回族62人；小学部学生733人，回族135人。[1] 非回族学生所占比例分别为67.88%和81.58%。另外，清真两等小学堂办学期间，“学生由六十余人增至三百余人，内非回教学生竟占全数三分之二”[2]。新式回民教育不仅志在改革回族社会内部的文化教育事业，更是以全社会、全中国教育事业的振兴为己任。上海回族商人们深知“大自一国家，小至一商社，必与外方互相扶助，共同合作，而后，始克固立（孤立）而荣存”[3]。在教育问题上，他们积极贯彻全民教育的理念，不分畛域，努力实现教育平等。

（四）民国时期上海回族教育学家

（1）沙善余（1879～1968），名庆，字善余。江苏南京人，回族。自幼随父来沪，少年时就读于圣芳济书院。宣统元年（1909），上海清真董事会成立，当选董事。宣统三年（1911）上海清真商团成立，任团长，配合革命军光复上海。民国3年（1914），任济南山东高等学校代理校长。逢袁世凯称帝，其爪牙以“官封三品，提升校长”为饵，诱胁沙留校任职。沙严词拒绝，愤而离开济南。民国7年（1918）起，任英国路透社驻沪翻译达23年。是中国回教学会（1925～1958）的发起人之一，兼任《中国回教学会月刊》编辑。在学会存在期间，始终坚持学会的工作。民国18年（1929）起，兼任敦化小学校长20年。民国29年（1940），日伪当局通缉伍特公，沙将伍匿于自己家中，直至抗战胜利。沙热心宗教事业，参与修建清真寺、清真公墓等公益事务。

（2）马宗融（1892～1949），字仲昭，经名伊斯玛仪。四川成都

① 《上海通志》编纂委员会编《上海通志》，上海社会科学院出版社，2005，第1513页。
② 《上海市教育局关于私立清真小学呈请立案》，Q235－1－1038，上海市档案馆，1927。
③ 《上海市教育局关于私立敦化小学呈请立案》，Q235－1－1192，上海市档案馆，1930，第92页。

人，回族。民国2年（1913）进德国西门子电机厂开设的德文学校，次年因学校关闭辍学，后到上海。民国5年（1916）赴东京求学，后返上海加入"留日学生救国团"，创办《救国日报》。民国8年（1919）赴法国勤工俭学，民国14年（1925）回上海。民国18年（1929），赴法国在里昂中法大学任秘书。民国22年（1933）冬，偕妻女回上海，任复旦大学教授。抗日战争爆发后，全家回成都，任四川大学教授。在四川期间曾担任中国回教救国协会常务理事，并倡议发起组织回教文化研究会，致力于研究和发展回族文化事业。民国35年（1946）秋，返回上海，加入大学民主教授联谊会，投身民主运动。民国36年（1947）秋携家眷到台北，在台湾大学任教授。民国38年（1949）2月返回上海。著有《我为什么要提倡研究回教文化》《理解回教人的必要》《抗战四年来的回教文艺》等文章。

（3）杨稼山（1899～1959），名德育，经名优素福。江苏镇江人，回族。出身宗教世家。祖上九代相继在镇江两大寺掌教，其父杨大熙曾在上海穿心街礼拜寺（今福佑路清真寺）掌教。他先后毕业于上海务本堂小学、民主中学。后入英商太古洋行和汇通洋行任职员、高级职员共20余年。其间兼任上海清真董事会秘书、福佑路回教堂纳捐人代表会常务理事，曾接待英国回教公会哈立德博士及埃及爱资哈尔大学两位教授来访。民国14年（1925），与哈德成、马刚侯、沙善余等发起成立"中国回教学会"，任干事、执委。民国17年（1928），兼任上海伊斯兰师范学校英语、地理教员。民国19年，任敦化小学、云生小学校董。

（4）马天英（1900～1982），经名伊布拉欣。山东临清人，回族。民国6年（1917）北京南塘子法文学堂毕业后，去法国巴黎大学文学院攻读文学戏剧。民国11年，回国参加陇海铁路建设。民国18年（1929）进北京华比银行。次年，迁居上海，先后任土耳其驻华使馆秘书、中学教员。民国21年，《南华文艺》、北新书局侮教事件发生后，他参加“上海穆斯林护教团”，去南京国民政府行政院请愿。民国24年（1935），任沪西回教平民小学校长，并在上海伊斯兰师范学校授课。抗日战争爆发后，倡议建立“中国回教近东访问团”，任副团长。出访近东10多个伊斯兰国家，揭露侵华日军暴行，宣传抗日。民国28年（1939）回国，又受中国回教救国协会委派，任中国回教南洋访问团团长，出访马来西亚、印度尼西亚等国，呼吁南洋穆斯林支援中国抗日战争，民国30年（1941）回国。民国32年（1943），出任中国驻埃及公使馆二等秘书。民国36年（1947）归国，协助上海云生小学复校（更名兴建小学），并在上海药水弄回教堂理事会帮助工作。民国37年（1948）出任中国驻马来西亚总领事。1949年辞职，侨居马来西亚。在马来西亚主编中英文宗教刊物《伊斯兰之光》。著作有《中国之回教》（英文版）、《为什么穆斯林不吃猪肉》《伊斯兰教问答》《伊斯兰教义与中国传统思想》《什么是伊斯兰教》等。

（5）马义方（1898～1968），河南人，回族。少年曾读私塾7年，后务农，并跟业师马仁义学中医。民国4年（1915）至上海谋生。民国11年（1922）经人介绍去工部局投考，录取为巡捕。马在业余继续行医，并以回教名义募捐经费在梅芳里办了一个义务学校，吸收贫苦子弟免费入学并供给书籍。民国31年（1942）侵华日军进占租界后，疑马所办学校有抗日活动。马闻讯，合家逃避到安徽界首镇居住，开设德义面坊，兼行中医。抗日战争胜利后回到沪西小沙渡居住。民国36年（1947）马以南京回教协会总会上海办事处名义募集经费，在法华寺创办新建小学，担任校长。

三　热衷朝觐事业

朝觐是阿拉伯语Hajj的意译，是全球穆斯林到伊斯兰圣地麦加朝觐天房一系列活动的总称。根据伊斯兰教教义规定，凡是有条件的穆斯林，如身体健康，旅费充足，旅途平安，一生中须（在教历12月8日）朝觐麦加天房一次。“古往今来，中国穆斯林中的朝觐者，大多为经济富裕的商人。……向往朝觐，成为愈来愈多的穆斯林商人发展经济、勤劳致富的原动力”①。上海地区的回族商人们同样热衷朝觐和为朝觐事业服务。

上海地区穆斯林前往麦加朝觐的最早记载，是清光绪十三年(1887)，松江清真寺教长拜登友。20世纪20年代以后，上海逐步成为中国穆斯林从海路赴麦加朝觐的中转站。上海穆斯林及回族商人们以小桃园清真寺为活动基点，为全国各地穆斯林的朝觐提供服务，诸如提供住宿、办理出国护照、兑换外币、购买船票、组织迎送等。每年经上海由海路赴麦加朝觐的人数，少则10余人，多则百余人。②

民国时期中国广大穆斯林前往麦加朝觐的路线一般是经海路，且从上海启程，先至香港回教博爱社，中转到新加坡三卡夫清真寺，再乘船至沙特阿拉伯红海港口吉大港，登岸搭车至麦加。由于需要中转、等船，且往往遇到大风浪，造成旅程费用大、时间长、人辛苦。为了减少国内广大穆斯林同胞朝觐旅程的种种不便，民国18年（1929），上海回族商人金子云赴麦加朝觐，途经新加坡，就开通每年定期自上海至吉大港的直达专轮，与三卡夫清真寺教长洽谈，后者积极支持，旋即与新加坡英商蓝烟囱公司挂钩。金子云回上海后又与上海商业储蓄银行附设的中国旅行社和上海太古轮船公司磋商，最终达成协议，自民国20年(1931）起，由上海至沙特的直达专轮正式开通。通过金子云的不懈努力，国内广大穆斯林朝觐者的出行变得便捷、顺畅。此后，“1933年12月20日中国穆斯林第八届朝天房，共有130多人，由沪放洋乘兰烟囱公司之‘菲洛希斯号’动身，历时3个月又26天，各教友朝天房事毕，

① 张永庆、马平、刘天明：《伊斯兰教与经济》，宁夏人民出版社，1994，第367页。

② 《上海宗教志》编纂委员会编《上海宗教志》，上海社会科学院出版社，2001，第296页。

便转吉达仍乘兰烟囱公司之'明蒙号'轮归国。1934 年 3 月他们返沪，均至今小桃园清真寺休息"①。

表 3－5 1887～1949 年上海穆斯林朝觐人员表

姓　名	民　族	身　份	朝觐年份
拜登友	回	松江清真寺教长	光绪十三年（1887）
马子贞	回	浙江路清真寺教长	光绪十七年（1891）
买俊三	回	著名阿訇	民国元年（1912）
哈德成	回	浙江路清真寺教长	民国 2 年（1913）
王裕三	回	福佑路清真寺教长	民国 3 年（1914）
金子云	回	小桃园清真寺社头	民国 18 年（1929）
韩礼堂	回	肇家浜清真寺教长	民国 18 年（1929）
金耀祖	回	肇家浜清真寺教长	民国 18 年（1929）
达静轩	回	小桃园清真寺社头	民国 18 年（1929）
达浦生	回	福佑路清真寺教长	民国 27 年（1938）

资料来源：《上海市静安区志》编纂委员会编《上海市静安区志》，上海社会科学院出版社，1996，第 297 页（1887～1997 年上海穆斯林朝觐人员表）

为接待朝觐的教友，回族商人金子云在小桃园清真寺内设计并建造了一栋楼房，予以专用。并且为来自陕西、甘肃、青海、宁夏等省区朝觐的穆斯林提供膳食便利；为教胞办理出国护照，并以元利商号作担保，向海关请准出国免检手续；预定舱位船票；联系海关检疫所派医生到小桃园给朝觐教胞检查体格、种牛痘、打防疫针，并根据宗教习惯，派男女医生分别为男女旅客服务。开船之日，小桃园还专门派车送朝觐人员等船。如此接待直至 1937 年抗日战争爆发，达 1000 余人次。②

自民国 14 年（1925）以后，上海便成为了中国广大穆斯林同胞从海路赴麦加朝觐的集散地。尤其是当朝觐者完成功修，返回国内

---

① 阮仁泽、高振农：《上海宗教史》，上海人民出版社，1992，第 489 页。

② 上海市委员会文史科委员会主编《上海的宗教》，上海市政协文史资料编辑部，1996，第 153 页。

时，上海穆斯林还组织欢迎队伍，并邀请他们作报告，讲述朝觐见闻。其中，“1936 年 10 月 27 日青海省政府主席马麟一行 11 人率甘、宁、青穆斯林麦加朝觐团 126 人（女 6 人）由沪乘兰烟囱公司‘阿斯飞隆号’轮放洋，小桃园礼拜堂马儆吾、金少云、孤儿教养院金耀祖、王镇平，浙江路回教堂哈德成，福右路回教堂达浦生，人道月刊社杨玉书、马吉先，小沙渡回教堂买俊三，孤儿教养院全体学生等约百余人赴码头轮次欢送”[①]。

朝觐是念、礼、课、斋、朝五大功修之一，《古兰经》中述：“凡能旅行到天房的人，都有为真主而朝觐天房的义务。”（3：97）朝觐不仅是广大穆斯林功修的义务，往往也是一个穆斯林毕生的夙愿和追求。对回族商人而言，“向往朝觐，成为愈来愈多的穆斯林商人发展经济、勤劳致富的原动力”[②]。上海回族商人们一直热衷于这项传统伊斯兰教活动，热情接待国内外的朝觐者，为他们提供一切便利条件。朝觐活动的热心支助和积极开展，伴随着宗教认同与民族认同的相互交织，并将宗教认同进一步转化为民族认同，二者得到高度统一。

---

① 阮仁泽、高振农：《上海宗教史》，上海人民出版社，1992，第 489～490 页。

② 张永庆、马平、刘天明：《伊斯兰教与经济》，宁夏人民出版社，1994，第 367 页。

第四章　回族商人社团

上海回族商人社团的产生是以相应的回族商人群体的出现为先决条件。首先，从外在环境上说，自鸦片战争、上海开埠之后，根深于中国大地的封建社会传统的小农经济被打破，并成瓦解之势，西方资本主义不断入侵，中国民族资本主义工商业也在这一时期产生并迅速发展。相对于封建社会中重农抑商的陋俗，民国时期的重商政策大大提高了回族商人的社会地位，其创立社团的要求也是得到支持，并受到法律的保护。其次，民国时期的回族商人开始经营西方工业产品，经营方式逐步与资本主义经济建立密切关系。最后，回族商人自身思想意识、文化素质的提高，价值取向的优化，以及民族意识和国家意识的加强，都是其联合起来组织、创建社团的动因。

上海回族商人所办社团改变了以往孤立的商业个人和分散的群体，将其组织起来并形成一支独立的社会力量，使其相互协调、配合，统一从事大规模的社会活动。“窃维同乡共教，敬恭笃桑梓之情，进步求良商务，收公会之效，不有董事联络，何能挈领提纲？此中外所以重团体也”[①]。上海回族商人们深知创办社团的重要性。一批回族社团的诞生，使商人群体的组织程度及凝聚力大大加强。回族商人群体通过纵横交错

① 《上海县田发给清真寺告示》，引自《上海清真寺成立董事会志》，Y3－1－195，上海市档案馆，1911，第13页。

的各式社团，不仅在政治上承担组织和领导大规模爱国护教的反抗斗争，而且在文化教育、慈善救济、整顿教务，以及传承伊斯兰文化等方面发挥着巨大作用。其势力和影响层层渗透、扩展到回族社会生活的各个领域。可以说，回族社团的产生与发展使回族商人群体得以发挥出前所未有的能量和影响。

第一节　上海回族商人兴办社团

一　宗教团体

（一）上海清真董事会

清末民初，上海深处半殖民地的泥沼，饱受帝国主义的残酷掠夺和剥削。加之官僚买办和军阀政客的巧取豪夺，上海各行业、各阶层为了保障财产，维护自身的权益，纷纷“合团体创工会”。上海回族商人所办社团，最早是成立于清宣统元年（1909）的宗教团体上海清真董事会。

上海清真董事会前身是福佑路清真寺务本堂（1905～1909）。后南京籍穆斯林有识之士为了“教中集会、兴学、培茔，整规暨一切兴利除弊诸要务”，于清宣统元年呈请上海县知事田宝荣，改组务本堂为上海清真董事会，并于民国24年（1935），以上海市清真会之名向政府注册，有近百名回族商人及回族同胞参加了成立大会。后由于董事会元老的相继辞世，一批经营古玩、珠宝、洋广百货的南京籍回族商人方子杰、马晋卿、马心田、刘正琳、金从仁、陈春圃、宗棣棠等接管上海清真董事会，于民国25年（1936）11月改组，以个人交纳税款的多寡，明确各自的选举权和被选举权，原董事会董事均改称为纳捐人代表，后于民国31年（1942）7月，正式更名为“上海福佑路回教堂纳捐人代表会”，会址设于福佑路清真寺。民国32年（1943），上海福佑路回教堂纳捐人代表会由于墓地纠纷问题一直未能得到有效的调节，矛盾激化，11位委员集体辞职，代表会工作随即停止。民国33年（1944），为恢复上海伊斯兰宗教团体活动，马心田、金幼云、李庆忠、李鹄成、王治平、何星武等回族商人及热心乡老发起改组上海福佑路回教堂纳捐人代表会，并成立上海回教堂理事会。

（二）规范的社团制度

上海清真董事会作为上海地区最早的回族商人社团，它的发展同样经历了由初级到高级的演变过程。回族社会的初级群体一般规模较小，常常以回族家庭、家族或村社为单位，在其互动过程中以伊斯兰教为纽带，以宗教情感交流为主导。回族社会的次级群体常常以回族企业、公司、商店或学校为单位，是为了达到某一特定目标或宗教目的而形成的一种共同活动群体，其内部实行一定分工并确立旨在协调成员活动的正式关系。作为回族社会内部具有较高组织程度的社会群体组织，回族社团的出现则展现了其组织结构合理、互动性强、运行规范的特点。作为回族宗教团体的上海清真董事会，自成立之初，无论是其社团宗旨、目标、工作内容、规章文书的制定，还是多层级办事机构的设置，都体现了其宗教目的明确、民族内部互动性强、规范合理的特征。

（1）制定团体内部成员一致认同的宗旨和目标，明确了社团的发展方向，规范了回族商人团体的社会活动。上海清真董事会在创办之初即以“同乡共教，敬恭笃桑梓之情，异地一心，合力收大同之效”为宗旨，并且以“教中集会、兴学、培茔，整规暨一切兴利除弊诸要务”为目标。明确了合群体之力，整顿伊斯兰教教务，振兴伊斯兰教事业的宗旨和发展目标。

（2）明确团体内部实施的主要工作内容。就宗教团体而言，不管是前期的上海清真董事会，还是后期的上海福佑路回教堂纳捐人代表会和上海回教堂理事会，其工作重点主要还是围绕伊斯兰教事业的建设开展的。上海清真董事会创办初衷就是为了适应和满足日益繁重的各项教务状况，“整顿教务，统一管理上海福佑路、小桃园清真寺、高墩路清真女学以及清真别墅等清真寺；选聘各清真寺的教长；新建小桃园清真寺，修建第二清真别墅、药水弄清真寺，扩建福佑路清真寺；创建清真公立两等小学堂；修建清真公墓；救济贫苦教友；发放小额贷款，施行冬赈；协助就业；施放殡葬费等”①。随着抗日战争的爆发，上海福佑路回教堂纳捐人代表会将工作重点放在施赈和救助等伊斯兰教慈善公益事业上，其主要工作包括：保持寺产，保全墓地，收容难民，办理教务，聘请所属清真寺的教长、阿訇和职工，主持冬赈，发放奖学金。②抗战临近胜利，上海回教堂理事会开始致力于宗教事业的整顿和恢复，其工作主要包括：整顿健全伊斯兰教组织，统一管理福佑路清真寺、小桃园清真寺、清真第一别墅、清真第二别墅、高墩路清真女学、西仓桥清真女学，兼管浦东清真寺。抗战胜利后，上海回教堂理事会将工作重点放在清真寺、墓地以及学校的恢复上，包括重修清真第二别墅，整顿清真墓地，收回、恢复开放高墩路女学，创办崇本小学等。

（3）明确成员权利和义务的规章文书。社团内部必须具有严密的规章，团员必须严格履行，非全体成员同意不得随意更改。规章明确每个管理职位的权责和具体的处理事务的程序，大大削弱血缘、地缘和业缘联系的影响，更有力地协调社团运行。上海清真董事会成立一年，即将会务文件及工作记载整理成册，刊印成《上海清真董事会志》，内容

---

① 《上海宗教志》编纂委员会编《上海宗教志》，上海社会科学院出版社，2001，第269页。

② 《上海宗教志》编纂委员会编《上海宗教志》，上海社会科学院出版社，2001，第270页。

包括：上海县发给董事会的告示，《清真两等小学堂的暂行规则》，阿訇教授经文，公文集捐规则，老北门、南门外两座清真寺照片。穿心街（即福佑路）清真寺大门及内部绘画图景，以及标明清真寺地址所在的专绘地图等。[①] 以严密的规章制度取代个人情感的维系，让回族社团的管理职能做到分工明确，管理权力层层分布，管理机构各尽其职。

（4）拥有分工明确、职权分明的多层级的办事机构，以协调整个团体的活动，使之发挥统一的功能。大会选举马廷树为总董，回商哈少夫、金彭庚为协董，并由哈少夫主持董事会日常事务。董事会下设书记、财务、学务、工程、殡葬、公墓、走公坟、招待等部门，由蒋星阶、蒋星吾、金子云、金恒为、马子卿、马乙棠、马维桢、石子藩等回族商人和热心乡老担任各部门负责人。参加各项工作的董事有 80 余人。[②] 在第一届纳捐人代表大会中，由马心田、宗棣棠、伍咏霞、杨稼山、陈树屏等组成常务委员会，由 140 名纳捐人代表参与选举。大会选出执行委员 8 人，监察委员 6 人。民国 31 年（1942）7 月 26 日，召开第二届代表大会，大会选举马心田、马受百、宗棣棠、李云甫、杨叔平、杨稼山、谢克为常委会委员。设执行委员会和监察委员会，并下设总务、财务、墓椁、宣传 4 股。[③] 第一届理事会选举理事 35 人，候补理事 10 人；监事 5 人，候补监事 5 人。各清真寺推选的代表为当然理事。各寺均设堂务委员会，设主任一人，委员若干人，以主持清真寺日常寺务。上海回教堂理事会设常务理事会，理事会下设总务、财务、保管、墓椁、福利等股。由常务理事共管会务。曾担任过常务理事的有马心田、金幼云、杨叔平、杨稼山、宗棣棠、王治平、李鹄成、马受百、刘凤高、答容川、李云生、石象玲、许晓初、常子春等回族商人。多

① 《上海宗教志》编纂委员会编《上海宗教志》，上海社会科学院出版社，2001，第 269 页。
② 《上海民族志》编纂委员会编《上海民族志》，上海社会科学院出版社，1997，第 69 页。
③ 《上海宗教志》编纂委员会编《上海宗教志》，上海社会科学院出版社，2001，第 270 页。

层级办事机构的设置，明确了上海清真董事会内部各部门负责人的分工，分明了商人们的职权，保证了社团协调、有序的发展。

（三）与宗教事业紧密结合

一般来说，社团是由一部分有着共同目的、共同关系、共同地位和共同行为的人组织的团体。[①] 上海清真董事会正是以在上海回族商业领域处于显赫地位的回族珠玉业商人为主要发起和组织者，以整顿伊斯兰教教务和维护广大回民宗教权益为目的创办的。因为对于回族而言，“其主要的共同性是宗教信仰，而不是种族的同一。这决定了伊斯兰教对回族具有特殊的意义。‘对于回族来说，伊斯兰教是这个民族的一种民族形式。’一个民族统一于宗教，它的组织化也就更容易从宗教开始”[②]。当时上海著名士绅赵献可先生对上海清真寺董事会的成立就有这样的认识：“上海一隅，教中人商于是者，日臻繁盛。鉴于时局，爰组织董事会，维持公益，整理教务。”[③] 所以，宗教事务一直是上海清真董事会围绕的主题和工作的重点。

“董事会的经费，主要依靠上海富有的穆斯林工商业者乐捐资助”[④]。上海清真董事会始终维护伊斯兰教利益，积极保障回族同胞的各项权益。“‘清真董事会’管理当时上海各清真寺的财务、回民墓地慈善事业，其基金即来自上海回民珠宝古玩商人捐款和‘乜贴’”[⑤]，“上海清真董事会曾以无息贷款给从事饼馒业的回族小商小贩，而古玩

---

① 朱英：《辛亥革命时期新式商人团体研究》，中国人民大学出版社，1991，第1~2页。

② 霍维洮：《近代西北回族社会组织化进程研究》，宁夏人民出版社，2000，第16页。

③ 《清真教董事会志序》，引自《上海清真寺成立董事会志》，Y3-1-195，上海市档案馆，1911。

④ 《上海民族志》编纂委员会编《上海民族志》，上海社会科学院出版社，1997，第69页。

⑤ 朱克同：《古玩市场和珠宝汇市——上海回族穆斯林的传统行业》，引自《中国伊斯兰教研究文集》编写组编《中国伊斯兰教研究文集》，宁夏人民出版社，1988，第471~472页。

市场珠玉公所附近的小摊贩也多受惠于此。该会还为穆斯林青年寻找职业提供帮助，经董事会介绍，他们或进入电车、汽车公司任售票员、驾驶员；或被介绍入租借巡捕房任华捕”[①]。除了加强伊斯兰教慈善公益事业建设，保障回族同胞基本生活权力外，上海清真董事会亦是积极维护民族和国家权益。民国 14 年（1925）10 月，化名为左东山的日本人佐久间贞，冒称与上海清真董事会合办《回光》月刊，在二卷一号上发表《中国政局与回教徒》，假借回教之名，大肆煽动回族独立。上海清真董事会遂即刊登启事于《中国回教月刊》声明：“在沪发行之回光月刊，纯为某日人个人事业，敝会从未与闻，海内君子，幸共鉴之。”[②]启事刊登以后，《回光》随即停刊。

作为上海地区回族商人社团的开端，上海清真董事会对于此后的各个回族社团，在制度制定、机构设置，以及社团运作方面有参考和借鉴作用。与此同时，作为一个宗教团体，上海清真董事会的建立及其宗教活动的开展，在回族社会内部进一步加强了广大穆斯林的宗教认同感，增强了民族凝聚力。

二　革命团体

近现代以来，中国人民饱受封建腐朽政权、反动军阀势力，以及帝国主义强权的欺压和掠夺。社会动荡，经济萧条，民不聊生。随着辛亥革命的爆发，中国民众反帝反封建的爱国热情被点燃，纷纷投身革命斗争的洪潮。上海地区，回族商人群体所创革命团体上海清真商团亦积极参与反帝反封建的爱国斗争，并发挥了突出的作用。

起初，上海地区的有识之士鉴于国民体质羸弱，被侮“东亚病

① 阮仁泽、高振农：《上海宗教史》，上海人民出版社，1992，第 590～591 页。

② 《上海宗教志》编纂委员会编《上海宗教志》，上海社会科学院出版社，2001，第 269 页。

夫”，自觉欲强国，必先强种，于是纷纷发起组织体育会。其中，包括沪南之沪学会体操部、南市之商业体操会、沪北之商余学会、沪城之商学补习会、沪西之士商体操会、华商体操会等。[①] 体育会进一步发展成为商团，“于是便在自己的行业中，集合同志独立一帜，成立了商团……当时的青年因为在租界上往往受到外国人侮辱，觉得非实行革命推翻腐朽无能的清廷，国家不能转弱为强”[②]。商团后发展设置预备队，士商界优秀青年踊跃加入。当时上海各业的商团，除了清真商团外，还有洋布业、水果业、豆米业、书业、参药业、花衣业、纸业、志成（杂粮业）、永义（镌业）、韫怀（珠玉业）、伶业、沪西、闸北、沪城、南区、高昌庙、十铺、十五铺、二十三铺、二十七铺、第一工商团、商务印书馆体育部、救火联合会体育部等。[③] 商团不断完善和壮大，保障了社会治安，维护了广大民众的权益，“地方每有不靖，官厅辄请商团团员出助维持治安，颇受邑民之称誉……商团一再不辞劳瘁，为地方服务”[④]。

清末国势衰危，朝政腐败，救亡斗争一触即发。适值广州起义失败，七十二烈士壮烈牺牲，回族青年们无不义愤填膺。宣统三年（1911）4月，上海地区以珠玉、古玩商为主，包括教师、医生、手工业者、职员在内的回族爱国青年，本着穆斯林伸张正义、崇尚武术的精神，自行组织商团，定名清真。商团公推教育界人士沙善余为团长，报界人士伍特公为副团长。团员中还包括马受百、达静轩、李清澄、李伯

① 上海社会科学院历史研究所编《辛亥革命在上海史料选辑》，上海人民出版社，1981，第144页。

② 中国人民政治协商会议上海市委员会文史资料工作委员会编《辛亥革命七十周年文史资料纪念专辑》，上海人民出版社，1981，第202页。

③ 上海社会科学院历史研究所编《辛亥革命在上海史料选辑》，上海人民出版社，1981，第146页。

④ 上海社会科学院历史研究所编《辛亥革命在上海史料选辑》，上海人民出版社，1981，第145页。

初、何兴源等回族商人和爱国人士。上海回族商人团体清真商团成立后便加入上海商团公会，设办事处于清真寺北寺。上海清真商团聘请出身军校的回民马伦山①为教练员，以九亩地隙地为操场。团员自备服装、认交团费，每日清晨操练，晚间听课，由教练员讲解操法，或由团长演讲国内外形势，有时邀请外界专家讲课，灌输革命思想。团员由初建时的 48 人，逐步增加到 120 人。

回族商人社团上海清真商团以“回汉民族相关，患难与共”为宗旨，积极投身爱国反封建斗争。辛亥革命中，上海清真商团协助上海各商团，在西北城一带巡逻，并救援被江南制造局扣留的陈其美，协同韫怀商团平定斜桥外“福字营”兵士的叛变。同年，清真商团奉派随军赴宁参加攻击天堡城之役。次年，清真商团转战浦口、徐州，历时三个月。在讨袁的“二次革命”中，上海清真商团坚持在西北城出防，直到革命失败。在被迫解散后，清真商团为防止武器被袁军利用，遂即将所有子弹和炮弹壳投入河中。

此外，在上海清真商团的引领下，上海地区涌现出了一批爱国反帝的回族革命团体。其中，中国回民青年战地服务团被誉为“有八年抗战悠久之历史，团员之艰苦奋斗，杀敌致果，颇著劳绩”。民国 27 年(1938)，中国回民青年战地服务团成立，其主要活动就是：“配合第一战区服务，从事宣传、组织、训练、救济，以及发动民众深入敌后、制裁敌伪、破坏交通、侦查敌情、配合国军作战。”② 在抗日斗争中作出了突出的贡献。

民族救亡运动使国家政权深入回族社会，与每个人发生了直接联

---

① 马伦山，回族，毕业于湖北省武备学堂，曾在苏州混成协三十五标第二营供职，后任陈英士都督府卫队长。

② 《上海市财政局职员杨文广关于出席民国三十七年度伪上海青年夏令会筹备会议的报告和市府关于录取学生应与青运会议秘密联系的训令以及回教青年建国服务社成立的公函等》，Q432－1－171，上海市档案馆，1946，第 14 页。

系。上海回族商人们组织、建立革命团体，与封建军阀、帝国主义侵略者作坚决斗争，“每好诲求古今宗教沿革之故，深服天方教中人重视宗教，固结团体，足增合群爱国之思”[①]。以回族商人为代表的回族人民，在民族危亡之时，与一切有损中华民族利益的行为作坚决斗争，国家意识不断地自我强化。

三　学术团体

（一）中国回教学会

民国时期，学术之风衰微，伊斯兰教学术及教育事业亦是深受其害，哈德成教长就曾认为“必须团结热心人士，共同努力，通过提高宗教教育水平，开展宗教宣传，进行伊斯兰学术研究和经学教育改革，才能改变国内伊斯兰教现状”[②]。中国回教学会发起人之一的上海回族商人马晋卿也认为，回教的兴盛，其根本是教育和学术的倡兴，以及人才的培养，“沿途考察教务，目睹各地圣教之昌明，伤我国教胞之蹉跎，兴教之志，于是益笃。翌年（1914）归国，集合同志，共策斯举，感觉兴教以储才为本，然非经济裕如未由成也，因此，发起协兴公司，经营海外贸易，冀以所获赢利，充兴学基金”[③]。随即创办公司以资助回族学术和教育，后积极参与回商创办回族学术社团。

当时，为“挽回学术衰微之风”，马晋卿、杨稼山、刘彬如、哈德成、马刚候、沙善余、伍特公等回族商人和热心人士发起创办中国回教学会，学会以“阐明伊斯兰教教义，举办教育事业，联络中外同教情

---

① 《清真教董事会志序》，引自《上海清真寺成立董事会志》，Y3－1－195，上海市档案馆，1911。

② 金贵南：《伊斯兰教著名学者哈德成教长》，转引自上海市委员会文史科委员会主编《上海的宗教》，上海市政协文史资料编辑部，1996，第154页。

③ 阮仁泽、高振农：《上海宗教史》，上海人民出版社，1992，第506页。

谊，扶助公益事业”为宗旨，后又得到回族商人哈少夫、马乙棠、金子云等赞助。民国 14 年（1925）6 月 28 日，中国回教学会举行成立大会，会址设于南市青莲街 222 号，回商马乙棠为会议主席。民国 14 年（1925）7 月 5 日，该会举行选举大会，到会会员 68 人。马刚侯当选干事长，哈德成当选副干事长。马晋卿、马刚侯、马乙棠、哈少夫、金子云、丁琴轩、石子藩、速子翔、沙善余、伍特公、哈德成、刘彬如、杨稼山、马骏卿、陈筱泉等 15 人当选干事。民国 24 年（1935）2 月 27 日，中国回教学会召开会员大会，改制为委员会制，伍咏霞为会议临时主席。大会选举马晋卿、石子藩、伍咏霞、李云生、马子卿、杨叔平、杨稼山、杨浩芝、金颂清、孙燕翼、速之翔、沙善余、伍特公、达浦生、哈德成等 15 人为执行委员。方子杰、马仲南、宗棣棠、沙祥芝、蒋苏盦等为候补执行委员。民国 26 年（1937）“八一三”事变，南市沦陷，学会工作停滞。民国 31 年（1942），中国回教学会改选执行委员会，将工作重点放在教育上。决议由沙善余、伍咏霞、杨叔平、杨浩芝和方子杰分别担任学会、总务、捐物、财务及房屋主任。民国 34 年（1945）8 月，中国回教学会改组筹备委员会，沙善余、伍特公、谢克、杨稼山、金幼云、马受百、吕恩谭、答容川、马鹏年等 32 名筹备委员，向上海市社会局重新登记。

（二）挽伊斯兰学术之风

中国回教学会“指导中国回教在宗教上之趋向”，其在筹办上海伊斯兰师范学校、敦化中小学和补习学校，创建宗教图书馆，设立奖学金，选派留学生出国深造，以及创编《中国回教学会月刊》和翻译《古兰经》方面作出了杰出贡献，被誉为“中国最大之回教学术机关”[①]。上海回族商人群体所办学术团体中国回教学会的成立，被历史

① 《上海宗教志》编纂委员会编《上海宗教志》，上海社会科学院出版社，2001，第 274 页。

学家顾颉刚称为“中国回教徒第一次自觉发动的文化运动”[①]。赵振武也称赞其为“规模之备，作用之宏，为有史冠”[②]。

中国回教学会成立后，即开始中国伊斯兰教学风的恢复和学术的建设。首先将翻译《古兰经》作为主要工作之一，公推哈德成、沙善余和伍特公主持，三位学者合作新译《古兰经》第1~9卷（1926~1929），并在《中国回教学会月刊》上连载3卷。民国16年（1927）12月，中国回教学会出资刊印马复初汉译的五卷本《古兰经》，名为《汉译宝命真经》。民国28年（1939），马坚由埃及学成回国，遂即加入译经工作。中国回教学会于民国29年（1930）成立“译经社”。至民国30年（1941）共译文言文体13卷，马坚自译白话文体《古兰经》1~9卷稿。其间，马晋卿捐赠房产以作译经基金。其次，为了加强伊斯兰学术宣传，中国回教学会还于民国15年（1926）1月创刊《中国回教学会月刊》，至民国18年（1929）10月，共出版月刊12期，季刊1期。

中国回教学会的创建，激励了大批的回族商人和知识分子，纷纷结合力量创建回族学术团体。民国23年（1934），马天英、傅统先、鲁忠翔、王义、马辅国等创建中国回教文化协会，旨在“发行研究学术刊物，编辑会教文化丛书，沟通各回教国家文化”[③]，主张以民族平等原则，给回民教育均等机会；团结各地回教机关，创办文化事业。民国24年（1935）4月，中国回教文化协会就于青莲街222号举办回民职工补习学校。另外，民国18年（1929）6月，傅统先、陆昌洪、鲁忠辅[④]等发起创办中国回教青年研究社，并聘请哈少夫、达浦生和哈德成为该

---

① 《上海通志》编纂委员会编《上海通志》，上海社会科学院出版社，2005，第1511页。

② 《中国伊斯兰百科全书》编纂委员会编《中国伊斯兰百科全书》，四川辞书出版社，1994，第749页。

③ 《上海宗教志》编纂委员会编《上海宗教志》，上海社会科学院出版社，2001，第274页。

④ 鲁忠辅，回族珠玉商人，开办珠玉商号“复兴号”。

社指导员。宗旨为："宣传宗教，发扬教义，改良恶习，注重青年道德之培养，指导青年人之环境，唤起教友团结精神。"为了加强伊斯兰教学术和文化的传播，以及爱国思想的宣传，中国回教青年研究社创刊《回教青年月刊》，共出12期。中国回教文化协会总干事鲁忠翔曾发表《中国回教文化协进会告东北回教人民书》于《人道》杂志，以揭露日本军国主义分子川村狂堂等妄想利用回族达到侵占中国领土的阴谋诡计。

"对于回族来说，文化认同最现实的道路就是宗教文化的建设。"[①]特别是在特殊的历史时期，这种对本民族宗教文化上的认同及塑造，显得尤为突出和明显。所以，民国时期"鉴于中国回教文化低落，学术空气暗淡"，上海回族商人们群策群力，译经典、办报刊、创学术团体，挽救和发扬衰弱的中国伊斯兰教文化。

四　宣教团体

宗教之所以受到世人的重视，是因为它具有开化文明、固结人心的作用。"古圣先贤之立教也，秉先知先觉之能，开文明文化之域。虽殊途异轨，而各有指归。盖教即道也，道之不可须臾离，亦即教之不可一日无也。今观中外重视宗教，其理皆同，何也？宗教足以维系人心，固结团体"[②]。然而，自古以来，外界常常曲解伊斯兰教真义，尤其是对伊斯兰教宗教习俗和禁忌不够尊重，侮教事件频发。鉴于"近年以来，屡被教外人侮辱，报纸上选登出许多谰言，教案发生，想我们回教前途能不受其影响吗？所以敝所同人方有发起宣传之举"[③]。民国时期的上

① 霍维洮：《近代西北回族社会组织化进程研究》，宁夏人民出版社，2000，第5页。

② 《掌教请书》，引自《上海清真寺成立董事会志》，Y3－1－195，上海市档案馆，1911，第42页。

③ 《人道》1934年6月1日第1卷第1期。

海回族商人们深刻认识到："无宗教则无所依归，无教化则无所观感，此古今万国之同情，中外教派之同轨，其重视之也，不亦宜乎？但重视之道空言奚补，端赖集合团体，倾注热忱，发扬善念，以急公群谋利益之进步，用能教务发达，底于大成，嘉惠同人，既宏且大。"① 遂奋起抵御侮教行径，结合团体之力，创办宣教组织，宣传伊斯兰教真义，消除外界对回族的误解。

上海地区最早的宣传伊斯兰教的社团为中国回教宣传所，该社团成立于民国 22 年（1933）11 月 9 日，原名上海回教宣传所，会址设于长寿路梅芳里 100 号。创办目的即在于宣扬伊斯兰教真义。中国回教宣传所主要负责人为药水弄清真寺理事长马义方等，该社团先后聘请望乐天阿訇、刘复初阿訇、上海伊斯兰师范学校毕业生张怀德、完捷三，以及李叔度为该所主任。之后，民国 28 年（1939）夏，上海牛肉庄、牛肉馆两业的回族商人段润洲、展聚隆、于顺和、童隆章、马华卿等，以及重庆路清真寺教长完捷三联合发起成立中国回教宣道所。由完捷三出任主任，沙承恩任助理。该社团主要活动即在各清真寺宣讲教义。

为了加强对回族和伊斯兰教的宣传力度，中国回教宣传所曾编辑发行《晨镜报》和《回教报》，并编印《真主独一》《回教信仰大纲》等宣传品。民国 30 年（1941）斋月，中国回教宣传所委托鸿寿坊清真寺附设圣功学校，并发行《回教报》特刊一期。而中国回教宣道所曾创编《回教月刊》3 期，特刊 1 期。

"对于多数民族来说，宗教信仰是神圣的崇高的不可亵渎的，必要时可以拿生命来保卫它。"② 上海回族商人们创建宣教团体，不仅仅是要维护教权和广大回族同胞的宗教权益，更重要的是为了消除误解，赢

---

① 《赞前辈扩充清真寺及公坟纪念》，引自《上海清真寺成立董事会志》，Y3－1－195，上海市档案馆，1911，第 57 页。

② 周佳：《浅论宗教信仰对民族认同形成过程的影响》，科教导刊，2010 年 11 月（中）。

得理解和支持，获得更广范围内的认同。

五　回族慈善公益团体

民国时期，“窃查苏北近年战祸频仍，回教同乡流亡来沪谋生者，日益众多。而颠沛流离、食宿无所者亦复不少，均旅居沪地多年。因无组织、甚少联系，兹以旅沪同乡教胞已达十余万人”[①]。所以，最初江苏籍的回族同胞“为联络乡谊、增强团结，以谋教胞之福利及救济起见，爰拟发起组织苏北回教教胞旅沪同乡会”[②]。苏北各属回教教胞旅沪同乡会虽无规范的组织制度和运行模式，但提出了积极的慈善思想，属于初级阶段的回族慈善组织。

后来，上海回族商人们开始结合群体之力创办慈善公益团体，广泛赈济、救助贫苦大众，推动伊斯兰教慈善公益事业的发展。“公益之事必团体固结，而后能发达。吾国团体之固，莫甚于回教。……然则数千年来，团体坚持之心已大可见矣！本此坚持之心，以治其团体中公益之事宜，其于宗教上有利害关系着，莫不挣出，毅力相与，提倡而维持之”[③]。民国 37 年（1948）8 月，中国回教青年建国服务社总干事杨介泉、沪东回教堂教长周士钊及理事金士鸿等发起成立上海回教慈善会，地址位于江宁路 685 弄 50 号。上海回教慈善会会员人数约两百名，创办之初筹集资金有 20 亿元法币。[④]

---

① 《上海市社会局关于苏北各属回教教胞旅沪同乡会申请登记的文件》，Q6－5－1064，上海市档案馆，1948。

② 《上海市社会局关于苏北各属回教教胞旅沪同乡会申请登记的文件》，Q6－5－1064，上海市档案馆，1948。

③ 《清真教董事会志序》，引自《上海清真寺成立董事会志》，Y3－1－195，上海市档案馆，1911，第 40 页。

④ 《上海市社会局关于回教慈善会注册登记等文件》，Q6－9－294，上海市档案馆，1948，第 2 页。

表 4-1　上海回教慈善会主要回族商人成员情况

姓　名	商业范畴	所在企业	职　业	籍　贯
马新东	运 输 业	新记运输公司	总经理	泗　阳
贺文善	机器制造	大顺车行	经　理	兴　化
李子麟	烟 草 业	花旗烟厂材料科	经　理	淮　阴
杨九高	茶 叶 业		茶叶商	沭　阳
洪盛萱	商业协会	淮阴商会	会　长	淮　阴
杨久龄	五 金 业	万利五金号	经　理	淮　阴
宋宝山	机器制造	法商电车公司	主　任	泰　州
杨凤山	金 融 业	衡通银公司	协　理	淮　安

资料来源：《上海市社会局关于回教慈善会注册登记等文件》，Q6-9-294，上海市档案馆，1948，第6页。

上海回教慈善会以“谋本市回教同胞之各项福济”为宗旨，负责办理流亡至沪食宿无所之教胞，救济或收容；设立施诊所，救治一般贫病教胞，倘有死亡，负责布椁丧葬等事。由于赈济、救助的人群过大，上海回教慈善会慈善基金的使用常常捉襟见肘，回族商人们需要通过各种途径筹措资金，予以维持。“关于本会收入一项，暂由各发起人公推负责担任；征求会员收入，固定经常会费，以充办事人员薪水及办公费用；向本市回教各商业要求认定慈善捐；聘请各界热心公益之名流赞助，设法义演筹资；向各省市回教巨商富户推行募捐，办理本会一切慈善事业”①。

回族慈善公益团体上海回教慈善会的成立，是上海回族商人群体在提高组织化程度过程中，加强伊斯兰教慈善公益事业建设的努力尝试。回族商人们通过保障回族同胞最基本的生活物资，以及各项宗教权益，不断扩大上海回族慈善事业的规模，并且促进了近代中国慈善事业的发展。

① 《上海市社会局关于回教慈善会注册登记等文件》，Q6-9-294，上海市档案馆，1948，第10页。

六　民国时期上海其他回族团体

（一）全国性回族社团上海分部

（1）中国回教促进会沪支部。民国元年（1912），王宽等人在北京成立中国回教促进会，旨在“联合国内回民，发扬回教之义，提高回民知识，增进回民福利”。上海支部何时成立失考。由于促进会沪支部的工作基本上由上海清真董事会代行，“沪支部”仅有名称，并无实质性机构。袁世凯称帝，筹安会以北京回教促进会名义电请全国各地支部劝进。上海以“事关政治，不敢妄议”，而拒绝劝进，并将复电原文在沪登报发表，昭明态度。

（2）中国回教公会上海分会。民国17年（1928）10月，南京成立中国回教公会。同月，上海分会也在小桃园清真寺成立，公推达浦生、哈少夫、伍特公、马乙棠等为分会委员。不久，还在上海成立中国回教公会驻沪总办事会。但分会成立以来，由于经济困难、人才缺乏等诸多因素，分会工作并无建树。

（3）中国回教协会上海分会。抗战期间，重庆曾成立中国回教救国协会。抗战胜利后，该会改名中国回教协会，迁到南京。白崇禧任理事长。民国34年（1945）由42位上海伊斯兰教界人士发起，公推许润生、马文林、李玉书、刘兆才等主持筹备事宜。民国35年（1946）2月24日正式成立。成立大会在南市青莲街敦化中小学举行。中国回教协会常务理事孙绳武专程来沪出席成立大会，并报告成立宗旨、经过和今后应有努力。上海社会局派课员赵庭玉到会致“训词”。分会筹备处设在浙江路清真寺，办事处设在沪西鸿寿坊清真寺。该会“由中国回教协会督导上海区内回教教友组织。……以发扬真主真理普爱平等之教义，推行教友及社会公共福利事业并改善教友生活，造成共同互助合作之善良习惯为宗旨”。但各方分歧不能消除，上海分会也是名存实亡，活动较少。

（二）知识分子创办的文化社团

（1）中国回教青年研究社。民国18年（1929）6月，上海穆斯林青年知识分子傅统先、鲁忠辅、陆昌洪等发起创办中国回教青年研究社。聘请哈德成、达浦生、哈少夫为该社指导员。该社宗旨为：“宣传宗教，发扬教义，改良恶习，注重青年道德之培养，指导青年人之环境，唤起教友团结精神。”共有社员100余人，创办社刊《回教青年月刊》，共出12期，民国21年（1932）停刊。民国22年（1933）该社活动停顿。

（2）中国回教文化协会。民国23年（1934），上海穆斯林知识分子鲁忠翔、马天英、傅统先、王义、马辅国等“鉴于中国回教文化低落，学术空气暗淡”，为“发行研究学术刊物，编辑回教文化丛书，沟通各回教国家文化”，而成立中国回教文化协会。以鲁忠翔为协会总干事，马天英、傅统先、王义、马辅国等为常务理事，王华辅为顾问。6月，该协会在江湾燕园举行常务理事会议，议案提出：呈请中央，以民族平等原则，给以回民教育均等机会；团结各地回教机关，创办文化事业。同时，决定由鲁忠翔执笔在上海《人道》杂志发表《中国回教文化协进会告东北回教人民书》，揭露日本军国主义分子川村狂堂之流妄图利用回教来达到侵占中国领土的罪恶阴谋。民国24年（1935）4月，该会曾在青莲街222号举办回民职工补习学校。民国26年（1937）后，该协会停止活动。

（三）宗教人士创办的社团

上海回教堂教务会议。民国32年（1943），上海的13坊清真寺教长联合组织上海回教堂教务会议。目的为研究教义，处理清真寺教务问题，如开斋、封斋日期，宰牲问题的确定等。该会组织松散，不设委员或理事，由13坊的教长轮流担任会议主席，金耀祖教长任会议秘书。会址设在浙江路回教堂。

（四）妇女社团

上海伊斯兰妇女协会。民国25年（1936），何文玉、李马美英、何玉芬、陈云彩等发起成立上海伊斯兰妇女协会，会址设在贝勒路（今黄陂北路）330号。上海伊斯兰妇女协会的成立，是中国回教妇女组织的开端。共有会员百余人，公推何文玉为会长。宣称其宗旨为“联络回教妇女，研究妇女问题，提倡妇女教育，共谋福利，予回教妇女一种新的认识，并打破历来妇女所受一切缚束”。创办中国回族历史上第一份妇女杂志——《伊斯兰妇女》。民国25年（1936）7月，上海《国讯社》杂志135期刊登侮辱穆斯林妇女文章《缠回女子初夜权》一文，该会出面说理斗争，派代表在电台演讲，与侮辱穆斯林妇女名誉事件进行斗争，《国讯社》终作检讨，并多次邀请哈德成、达浦生、买俊三等教长为穆斯林妇女宣讲教义，举办妇女手工展览和伊斯兰妇女暑期补习班。民国26年（1937）“八一三”事变后，该会缝制伤兵衣裤支援抗日。是年11月，活动停顿，民国30年（1941）结束。

第二节　上海回族商人社团的发展特点

一　民族、国家意识强烈

“组织发展与民族的内部整合一体化紧密结合，统一性必然表现为民族性。这个时候往往伴随着英雄辈出和文化创造辉煌灿烂的现象。”①

① 霍维洮：《近代西北回族社会组织化进程研究》，宁夏人民出版社，2000，第2页。

民国时期，回族社团的出现和发展，不仅仅是回族社会商业进步的客观需求，更为突出的是回族社会内部整合的迫切要求。回族商人群体的领袖作用随着民族危机的加剧而凸显出来，他们联合起来，组织、创办社团。对于上海回族商人社团的建立，当时远在北京的官员徐潞给予了很高的评价："中国社会富于自利心，而薄于自治心，几无团体之可言。今观此会之成立，以宗教团体俨然具地方自治精神，盖固结之心，众人如一也。"①

近代回族社团是在民族压迫及外来侵略的历史背景下孕育而生的。中国沦为半殖民地半封建社会，社会各个阶层为国家图存和崛起而自觉。以回族商人为代表的广大回族同胞面对生死存亡的威胁，"于是讲求公德而谋公益者，日见其盛，所成事业，无非有益公家，其军、学、士、商各界，合团体创公会者，靡然从风。全国响应，类能群谋进步，日臻发达，固同心之可贵，亦有志而竟成，实足为吾国前途贺！"② 上海回族商人们深知只有从本国国情出发，结合国外先进的社会团体模式和制度，才能兴教救国。于是，上海清真董事会、上海清真商团、中国回教协会、中国回教宣传所、上海回教慈善会等一批由回族商人创办的社团纷纷建立。一方面，改革宗教，保障和维护了回族社会各阶层的合法利益，巩固了伊斯兰教事业、推动了本民族发展。另一方面，发动爱国斗争及革命，救亡图存，为国家的主权完整和统一作出了贡献。宗教认同基础上的民族认同与国家认同相互交织着。

民国时期上海回族商人群体所办社团的另一大特点在于它的开放性，社团对成员的血缘、地缘和具体行业不再有限制性的规定，在回族社会内部，商人、宗教家、教育家、学者等都可加入。在市内，不仅是

---

① 《序》，引自《上海清真寺成立董事会志》，Y3－1－195，上海市档案馆，1911。

② 《成立董事会宗旨说略》，引自《上海清真寺成立董事会志》，Y3－1－195，上海市档案馆，1911，第14页。

同一类型的回族社团保持着密切联系，而且，不同类型的回族社团之间也是进行经常性的互动和统一行动。甚至，在全国范围内，上海回族社团与其他省市的回族社团同样相互交流，互无畛域，形成了一个整体性的回族社会的网络。

从回族社会中的个人到群体，再由群体发展成为一支独立的社会力量，社团起着重要的中介作用。它将孤立、分散的个人和群体进行联结和整合，使其相互配合和协调，并发挥一个独立社会力量的各种整体功能，大大加强了单个成员和群体的组织程度。民国时期上海回族商人群体所创社团，使得回族内部各个阶层之间密切联系和交往，与之发生共同关系和共同行为，将相对狭窄的群体归属感上升到更高层次的民族认同感和国家认同感，并以独立的民族力量的新姿态登上历史的舞台。

二 与汉族商人社团之迥异

清末民初，各立门户的封建行会组织已经不能适应社会的发展，打破一行一帮的行业及地域界限势在必行。就当时上海社会发展而言，亟须汇集各界力量组织统一的符合近代上海社会要求和国际规范的社会团体。1903 年 9 月，清政府正式设置商务衙门，商务衙门成立之初，便颁布施行《商会简明章程》共 26 条，奏请“劝办商会”。试图学习和引进西方各国和日本创办商会的模式，发展民族资本主义，改变中国衰败的经济状况。于是，1902 年，上海地区成立了上海、乃至全国最早的商会组织——上海商业会议公所，严信厚任总理，后于 1904 年 5 月正式改组为上海商务总会。回族商人群体所办最早社团组织则是成立于 1909 年的上海清真董事会。

上海清真董事会与上海商业会议公所的创办虽然都是对外商商会的借鉴，依照其商会模式制定符合自身发展的条例和章程，进行探索性的发展，但就具体的成员结构、创办宗旨、发展目标及团体实力等方面而言，都存在诸多的不同。这也是回族商人社团特有的民族性和宗教性所决定的。

（1）成员结构民族成分单一。上海商业会议公所的成员以浙江籍商人占主要比重，其中以宁波府属各县商人居多，其次是广东、福建、江苏、安徽、江西、山西、四川等帮商人。[①] 而上海清真董事会的发起和领导阶层则是以南京籍回族商人为主，会董中南京籍的回民珠宝商占绝大多数，所以上海县署在给其执照中称其为"金陵帮"[②]。作为回族商人组织，上海清真董事会的成员组成较为简单，民族结构单一，几乎全部为回族商人。与上海商业会议公所成员区域多元、民族多元，不分畛域的人员组成结构相比，无论是初期成员的招募，还是后期新成员的吸纳，都是不利的，对组织的发展壮大都具有一定的狭隘性和局限性。

（2）传统行业占主导。上海商业会议公所领导层是来自汇业、钱业、丝业、茶业、五金洋货业五大行业的经营者。[③] 这五大行业是当时商业经济中实力较强的行业。而上海清真董事会的领导阶层则是以珠玉业为主的回族商人，珠玉业虽是回族擅长经营的传统行业，但其实力与五大行业相比还是较为逊色。故回族商人社团的商业实力及规模较汉族商会组织都是有一定差距的。

（3）宗教性突出。上海商业会议公所创办宗旨为"明宗旨、通上下、联群情、陈利弊、定规则、追逋负"[④]。在其章程中也明确宣称其宗旨是"以商务为指归"。而上海清真董事会作为宗教团体，它的成立则集中反映回族商人群体在宗教利益上的需求，所以在其创办之初则以"同乡共教，敬恭笃桑梓之情，异地一心，合力收大同之效"为宗旨。

---

① 徐鼎新：《上海总商会史（1902～1929）》，上海社会科学院出版社，1991，第43～47页。

② 朱克同：《古玩市场和珠宝汇市——上海回族穆斯林的传统行业》，引自《中国伊斯兰教研究文集》编写组编《中国伊斯兰教研究文集》，宁夏人民出版社，1988，第471页。

③ 徐鼎新：《上海总商会史（1902～1929）》，上海社会科学院出版社，1991，第48页。

④ 徐鼎新：《上海总商会史（1902～1929）》，上海社会科学院出版社，1991，第49～52页。

当时，上海商业会议公所的近期目标是亟须把“和而不同”“涣而不聚”的各行各业的商人联合起来，裁撤病民害商的厘金，增加进口关税，保护华商的权益；远期目标是瞩望于通过币制改革，兴办各种新式的商业学堂，设立商品陈列所和工艺研究所，推广股份制，制定商业法规等具有战略意义的治本措施，以促进资本主义发展。[①] 上海商业会议公所以改革商制、兴办商学、规范商法、保护华商利益、推进民族资本主义发展为发展目标。而上海清真董事会的工作重点则是围绕整顿教务、维护伊斯兰教权益开展，将“教中集会、兴学、培茔，整规暨一切兴利除弊诸要务”定为发展目标。

包括上海清真董事会在内的上海回族商人社团，与同时期的其他汉族商人社会团体相比，无论是创办宗旨，还是发展目标，以及工作内容，涉及商人经营及商人商业合作的部分很少。然而，其民族性、宗教性更为突出，维护本民族宗教利益和建设本民族宗教事业的意识也更为强烈。上海回族商人社团大都致力于伊斯兰教宗教事务的整顿、伊斯兰文化学术的恢复，以及伊斯兰慈善事业的建设和回族社会人民基本权益的保障等，以促进回族社会的全面发展。

三　从行会到社团——宗教事业建设的加强

作为初级阶段的回族商人组织，行业公会往往是以初级群体为基础，以血缘或地缘关系为纽带，受业缘关系限制较为明显，组织者和参与者多为同一行业的回族商人和手工业者。在其内部存在严格的等级，缺乏民主元素。就民国时期上海回族商人群体而言，也是具有相似经济地位和社会身份的回族商人组成的，在其形成的初级阶段，在商人群体内部，成员之间虽然保持经常性的互动，但仍较为松散，组织程度不

① 朱国栋、王国章：《上海商业史》，上海财经大学出版社，1999，第122页。

高，群体意识未能上升到更深层次的民族意识和民族归属感的高度。

上海回族商人所办行会，以珠宝、古玩业居多。民国 3 年（1914）京帮（南京籍回族商人）以发行股票方式集资 11 万两白银，在侯家路 75 号建立韫辉堂振兴珠玉汇市（又称振兴公所），哈少夫任总董。此公会为民国时期较早的由回族商人群体自己创办的公会组织。上海回族商人群体又于民国 25 年（1936）成立了上海清真牛肉饭菜业同业公会，当时参加同业公会会员有 70 多位穆斯林。[①]

为了解决资金不足、发展滞缓的问题，回族珠玉业商人们开始与汉族商人联合创办行业公会，或以会员身份广泛参与汉族商人所办行会的商业活动。民国 19 年（1930），京苏两帮复归统一，合并成立上海市珠玉业同业公会。民国 35 年（1946）3 月 28 日，上海市古玩商业同业公会成立，金古斋经理金从仁、诚昌斋经理马功甫等担任公会理事；达永龄文玩号经理达永龄、瑞珍斋经理陈春芝等担任公会监事；宝云阁经理刘凤高、协昌号经理金少华等担任公会常务理事。此外，协昌号经理金少华、鼎古斋经理速世永负责总务；宝云阁经理刘凤高司职交际；信昌永经理撒平水、薛贵记经理薛贵笙负责调查；建义古玩号经理林义生负责财务。[②] 民国 35 年 4 月，回族珠宝商人金才宝被聘为上海市古玩业同业公会顾问。上海回族珠宝商人薛贯笙于民国 35 年、民国 37 年（1948），先后当选第一、第二届上海市古玩商业同业公会理事。[③] 据记载，“一战期间，上海古玩商同业公会发展回民会员店 70 家。民国 35 年至民国 36 年（1946～1947），上海市珠玉商业同业公会有回民会员店 137 家。民国 36 年（1947），上海古玩业同业公会理事和监事，50% 以

---

① 阮仁泽、高振农：《上海宗教史》，上海人民出版社，1992，第 568 页。

② 《上海文物博物馆志》编纂委员会编《上海文物博物馆志》，上海社会科学院出版社，1997，第 426 页。

③ 《上海博物馆志》编纂委员会编《上海博物馆志》，上海社会科学院出版社，1997，第 494 页。

上是回民”[①]。此外，民国36年，光艺照相馆创办人回族商人张子丹担任上海市照相业同业公会常务理事。[②] 回族商人通过共同组织或个人参与行业公会的方式，加强与汉族商人的商业互动、交流和合作，并以此壮大自身的经济实力，加快回族商业的发展。

“同行业工会是经济组织，但回族控制的同行业工会既是维护同业经营利益、规划同业往来的行规等以外，它还兼顾同行业穆斯林的民族宗教事业，它往往是某教坊的资助单位”[③]。作为回族商人组织的初级阶段，行业公会在组织化进程中，宗教事业的建设及维系伴随其发展的始终。回族社团的出现，改变了以往回族行业公会团体规模较小，规章制度很不完备，机构设置和权能区分不明确，排他性比较强，同性质、同类型团体之间畛域分明等局限性。回族商人们进一步加强互动和合作，促进回族商业的进步。与此同时，回族商人们可以不分畛域，运用社团的力量，进一步加强伊斯兰宗教事业的建设。“当时上海的伊斯兰教事业所需财源，基本上是来自上海穆斯林的珠宝古玩业。从19世纪中期到20世纪，上海市区建造的草鞋湾清真寺、福佑路清真寺、清真别墅——肇家浜清真寺、清真女学等伊斯兰教寺院，以及1910年设立的清真两等小学堂，1928年创办的上海伊斯兰师范学校所需的经费，基本上也都是上海穆斯林珠宝、古玩商们奉献的”[④]。就上海回族社团而言，行业公会到社团的转变，宗教事业建设的不断加强是其演进和发展的一个突出表现。

作为群体内部采取的较高层次的组织形式和活动方式，回族社团的出现和发展，表现了回族商人群体组织程度的加强，并逐步发展成为独

① 《上海通志》编纂委员会编《上海通志》，上海社会科学院出版社，2005，第1459页。

② 《上海静安区志》编纂委员会编《上海静安区志》，上海社会科学院出版社，1996，第1065页。

③ 南京市伊斯兰教协会：《南京回族伊斯兰教史稿》，金陵刻经处，2000，第67页。

④ 阮仁泽、高振农：《上海宗教史》，上海人民出版社，1992，第566页。

立的阶级队伍和社会力量的趋势。因此，回族商人群体所办社团，标志着回族商人群体的“有序”程度，它的产生以回族商人群体的存在为前提和基础，产生之后则反映和维护其赖以依托的回族商人群体的利益。而对上海回族商人群体而言，回族社会的宗教利益却是他们始终追求和坚决维护的。

第五章　爱国护教运动

第一节　抵制侮教，维护教权

一　上海回族的宗教信仰

根据《古兰经》，伊斯兰教的基本信仰可概括为六项内容，即“六大信仰”：信安拉、信天使、信经典、信使者、信后世和信前定。其中，信仰安拉是最基本的信仰，安拉是独一无二、至高无上的主宰。其余诸项都以此为核心，强化“认主独一”的意识。

（一）六大信仰

（1）信安拉。安拉，是阿拉伯语 ALLAH 的音译，中国通用汉语的穆斯林译称为“真主”。《古兰经》中 4 次提到“安拉有许多极美的名号”。穆斯林学者根据《古兰经》和《圣训》（穆罕默德的言行录）归纳为 99 个，连同安拉，共有 100 个尊名。这些美称颂扬了安拉的崇高、仁慈和权威。中国某些地区穆斯林以上翘食指（俗称“起指”）表示认主独一。

（2）信天使。“天使”阿拉伯语为“麦拉伊凯”（al－Malāíkah），也有称“天仙”的。天使，是安拉以光创造的妙体，为数众多，无性别、长幼之分，有等级高低之别。全都服从安拉之命，各司其职。其中，尤以四大天使最为著名，而“哲布利勒”（JIBRAIL）为众天使之首，其职责是将安拉的启示转达给使者。伊斯兰教确信天使为真主造化、差遣，穆斯林只需承认他们的存在，但不能膜拜。

（3）信经典。经典，阿拉伯语为“库图布”（KUTUB），是指包括《古兰经》在内的安拉在各个不同历史时期降示给各使者的经典。《古兰经》是安拉在先知穆罕默德传教过程中渐次降示的经典。《古兰经》论述了宇宙、人生和社会的各个方面，是穆斯林的思想信仰、伦理道德和生活方式的基本准则。共有 30 卷，114 章。穆斯林历来信奉《古兰经》为神圣的经典，并坚信这是安拉下降的最后一部也是集大成的一部经典。上海穆斯林一般家庭里都备有一部《古兰经》，以表达对安拉经典的敬重。

（4）信使者。使者，阿拉伯语为“莱素里”（RASUL），是安拉在不同时期派往各地区、各民族中传达启示、昭示信仰的人。中国穆斯林也以“圣人”“先知”相称。为数众多，《古兰经》中明确提到的有 25 位。穆罕默德是真主向人类派遣的最后一位使者，故称“至圣”（“至”是到此为止之意）。

（5）信后世。后世，阿拉伯语为“阿赫莱特”（AHIRAT），是指末日来临之后的复活世界。也称信“死后复活”和“末日审判”。伊斯兰教认为：宇宙万物总有一天要毁灭，届时，安拉将使尸骸复苏，灵魂附体，生命死而复活，接受真主的最终审判。一切都取决于每个人生前的所作所为，自负其责。真主赏罚严明，使各有归宿。信主行善者，喜入天堂，永享欢乐；作恶背信者，坠入火狱，自食恶果。伊斯兰教看重后世，但决不轻视今世。它要求穆斯林积极参与现实世界的政治、经济、社会、文化等一切事务，追求“两世吉庆”。穆罕默德教诲说：“你为今世忙碌，就像永活不死那样；你为后世奔忙，就像明天就死那样。”

（6）信前定。前定，阿拉伯语为“太克底尔”（TAQDIR），是指一切事物都是安拉所安排，每个人的生、死、祸、福、美、丑，都是由安拉预先决定，强调了安拉对于万事万物的绝对权威。与此同时，《古兰经》又反复重申与强调人类有自由意志和行为选择能力，即给予人类从善弃恶，争取两世吉庆行动上的自由。两者关系好比海与舟，“前定如大海，自由如舟楫”。舟可在大海中自由航行，但永远不能脱离大海而泛行。

（二）五大功修

为了坚定穆斯林对伊斯兰教的信仰，教义规定了五项基本功修，即“五功”：“念、礼、斋、课、朝”。

（1）念功。是阿拉伯文 Shahadah 的意译。穆斯林口诵清真言，“万物非主，唯有安拉，穆罕默德，是主的使者”。诵念作证词，“我作证，万物非主，唯有安拉，独一无二；我作证，穆罕默德，是主的仆人与使者”。穆斯林以此对自己的信仰进行公开的表白式“作证”。穆斯林一般是用阿拉伯文赞念诵词。

（2）拜功（礼拜）。是阿拉伯文 Salat 的意译。是对真主诵经、祈祷、礼拜等宗教仪式的总称。礼拜前先要“大、小净”，就是清洁身体，用清水沐浴全身或局部。特殊情况下可用洁净的土、砖、石、沙等作水的代用品洁身，称为“土净”“代净”。穆斯林礼拜一般是到清真寺，也有在家中礼拜的。礼拜时朝向圣地麦加天房。通常的礼拜仪式有：①五时拜。分别在晨、晌、晡、昏、宵五个时间内举行。②聚礼。也称“主麻拜”。每周五正午后到清真寺集体举行礼拜。③会礼。每年开斋节和古尔邦节的礼拜，合称会礼。礼拜的仪则包括立站、鞠躬、叩头、跪坐等动作以及背诵《古兰经》首章和选段，默诵赞主、赞圣和祈祝词等。

穆斯林很重视两大节日，上海穆斯林尤为重视开斋节，每逢这天都要盛装去清真寺参加会礼，互相庆贺。也相当重视斋月期间的“台拉威哈”拜（意为间歇拜，在宵礼后履行），参加礼拜人数比平时要多。

（3）斋功（斋戒）。是阿拉伯文 Sawm 的意译。穆斯林在每年教历9月（译作“莱麦丹”）的斋月期间，每日从拂晓前到日落，禁绝一切饮食和房事等。穆斯林在斋月期间，除了病人、小孩、产妇等特殊情况者，可以延缓补斋外，一般都要恪守斋功。上海穆斯林多年以来在斋月期间有向清真寺纳捐，办理集体开斋炊事，以方便教友礼间歇拜的习惯，每年斋月各清真寺都要为此做好准备。尤其是在斋月中的盖德尔夜（平安之夜）这一天晚间，清真寺更要准备好丰盛的开斋晚餐。有的虔诚穆斯林在斋月的后 10 天进大殿内“坐静”，即日夜隐居在礼拜殿里礼拜、诵经和静修，非必要不出大殿。斋戒按伊斯兰教历，大月 30 天，小月 29 天。届时看月，因天有云等未能见月的情况下，必须满 30 天。教历 10 月 1 日开斋，这一天就是开斋节。

（4）课功。亦称“天课”，是阿拉伯文 Zakat 的意译。教法规定的“施舍”，即“奉主命而定”的宗教赋税，又称“济贫税”。当穆斯林财产达到一定数量时，每年应按税率纳课，税率根据财物而确定，各有不同。如，商品和现金按四十分之一（即 2.5%）纳课，农产品按 1/20 或 1/10（即 5% 至 10% 纳课），矿产和宝藏也有一定的比例。20 世纪 30 年代以后，上海穆斯林基本不实行“天课”，而是以“乐捐”代替，自愿向清真寺捐献财物，称作“出乜帖”或“散乜帖”，这是上海穆斯林比较流行的一种善举形式。

（5）朝功（朝觐）。是阿拉伯文 Haji 的意译。是穆斯林到圣地麦加朝觐天房一系列宗教礼仪活动的总称。教义规定，凡是有条件的穆斯林，如身体健康，旅费充足，旅途平安，一生中须（在教历 12 月 8 日）

朝觐麦加天房一次。上海穆斯林到麦加朝觐的最早记载，是在清光绪十三年（1887），松江清真寺的教长拜登友。20世纪20年代后，上海成为中国穆斯林从海路赴麦加朝觐的中转站。上海穆斯林以小桃园清真寺为基点，为全国各地朝觐的穆斯林提供服务，如提供住宿，办理出国护照，兑换外币，购买船票，组织迎送等。每年经上海由海路赴麦加朝觐的人数，少则10余人，多则百余人。完成朝功的人被称作“哈吉”，这是一种荣称，能赢得教内人的尊敬。

（三）礼仪

（1）婚礼。伊斯兰教认为青年男女结婚是一种“善功”，是“当然”的“义务”。穆斯林把“婚礼”看作神圣和庄严的大事。伊斯兰教婚礼必须具备以下条件。

第一，双方必须是穆斯林，如有一方不是穆斯林则必须改宗（无论男女）；第二，婚姻当事人（男女双方）有自择权；第三，有同教公证人的证明（公证人需是两名成年男性或一男二女）；第四，男方要给女方一定的聘礼；第五，双方结合必须在宗教仪式中予以作证、缔约。在结婚仪式上，由教长或阿訇证婚，并诵念经文。这种婚姻即为“尼卡罕”（意为“结合”）。在征得新郎和新娘及新娘家长的同意后，教长或阿訇写出结婚证书，名曰“依札布”，对婚姻予以确认。

上海穆斯林青年结婚，基本上遵循伊斯兰教传统习俗。需选择主麻日或伊斯兰教节日举行婚礼。

（2）葬仪。按伊斯兰教义，穆斯林逝世后要实行土葬，并为亡人举行葬礼，俗称“站则那子”，或称殡礼，由阿訇主持，男性穆斯林参加。中国通用汉语的穆斯林称死亡为“无常”或“归真”。中国穆斯林仍遵守着古老的葬制。这一葬制可以概括为3个字：“土”“速”“俭”。人亡后要速葬，亡体停放一般不超过3天。

土葬时不用棺木，而是将尸体用水洗净、包裹白布（俗称“克凡布”）后直接埋入土中，尸位南北向，面朝西。中国穆斯林的坟穴，受传统文化影响，一是用椁，即将亡者置于无底板的长方形椁中，椁用木竹制作或用砖、水泥砌成，上加盖板。二是在地面上大都有封丘，有的还在封丘前面立碑。还要俭葬或曰薄葬，即坟穴内不得有任何陪葬品。受传统文化影响，中国某些地区穆斯林在亡人的头七、二七、三七、四十日、百日、周年等都要举行祭祀、游坟、念经等活动。上海穆斯林一般不做二七和三七。

上海穆斯林还有走公坟的习俗，穆斯林到墓地诵经、祈祷起源甚早，自有回族坟墓就有走坟的仪式，但一般仅是三三两两自发的活动。集体走公坟，发生在光绪二十六年（1900），法租界拓宽宝隆路（今陕西南路），要通过日晖港的清真公墓。当时，上海穆斯林举派代表向法租界当局交涉，不准穿过清真公墓。法租界当局让步，并在清真公墓立碑“非得回教允许，不能通过墓地”。事后，上海清真董事会决定，每年的开斋节或春节的第一个星期日，组织全市穆斯林集体走公坟，形成制度，有的年份还通过报纸发出公告。

（3）饮食禁忌。上海穆斯林和全国其他地方的穆斯林一样，有着非常严格的饮食禁忌，这种禁忌均来自《古兰经》的规定：“你们可以吃大地上所有合法而且佳美的食物”，“他（按：指安拉）只禁戒你们吃自死物、血液、猪肉以及诵非安拉之名而宰的动物；凡为势所迫，非出自愿，且不过分的人，（虽吃禁物）毫无罪过”。《古兰经》还明断猪“确是不洁的”。穆斯林也禁饮酒，这在《古兰经》上也有明确的规定。伊斯兰教教律规定：

①禁猪，不吃猪肉及猪身上的附属物是穆斯林最显著的特点，并已成为穆斯林的社会习俗。忽视或者误释都会使穆斯林产生强烈反感甚至触发严重纠纷。②禁食酒、血和自死物，但河海中的已死鱼虾不在

“自死物”之列。③禁食未诵安拉尊名而屠宰的牛、羊、驼、家禽等动物，所谓合法，就是在真主名义下由穆斯林宰杀的动物，俗称“有刀口”；未诵安拉尊名宰杀的，俗称“没有刀口”。穆斯林不吃“没有刀口”的动物肉。④动物相残致死一方的残骸也在穆斯林的禁食之列。

此外，穆斯林还不吃驴肉和狗肉。有不少遵奉艾布·哈乃斐教法学派的上海穆斯林不吃某些无鳞无鳃的海河鲜。他们的饮食禁忌，得到了尊重和保护。

（4）其他礼仪。割礼即“海特乃”（阿拉伯语 Khatnah 的意译）。海特乃指为割除男性阴茎包皮（多余部分）而举行的一种仪式。按教法要求，割礼应在 12 岁以前进行，有些地区要请阿訇念经祈福，并举办庆祝活动。男孩 12 岁时实行割礼，则称“成丁礼”。此后，该人即可独立承担义务。相传，割礼是十大圣行之一。上海的穆斯林一般在男孩 11～13 岁时举行割礼。

取经名礼，穆斯林婴儿出生或满月后，家长要请阿訇为新生婴儿起一个阿拉伯文名字（俗称回回名），同时举行起名宗教仪式。经名大多是伊斯兰教兴起前后一些古圣先贤的名字。上海穆斯林都非常重视为新生婴儿取经名礼。

（四）节日

（1）开斋节。开斋节（“尔德·菲图尔”）是阿拉伯文 Id al－Fitr 的意译。亦称“肉孜节”（波斯语音译，意为“斋戒”），时间在伊斯兰教历 10 月 1 日。教法规定，教历 9 月斋戒，满 29 天的当晚寻看新月，见月的次日开斋，即为开斋节，并举行会礼和庆祝活动。如未见月，则继续斋戒，开斋节顺延（一般不超过三天）。

上海穆斯林在节日那天都要沐浴，穿上节日盛装，到各清真寺参加会礼，庆祝“斋功”胜利完成。国内外在上海的穆斯林，到清真寺一起共庆开斋节，互道节日平安，馈赠礼品。各清真寺也都打扫一新，准备鲜美的牛羊肉汤和油香、糕点、水果等食品，款待聚会的穆斯林。会礼之前，上海穆斯林要交纳“开斋捐”（俗称麦子钱），用于施贫，或清真寺宗教基金。会礼之后，有的清真寺组织穆斯林到青浦回民公墓走公坟。

（2）宰牲节。亦称“尔德·艾祖哈”，是阿拉伯文 Id al－Adhā 的意译，又称“古尔邦节”，时在伊斯兰教教历 12 月 10 日，即朝觐者在麦加活动的最后一天。

相传先知易卜拉欣曾受安拉的“启示”，命他宰杀亲生儿子易司马仪作为“牺牲”，以考验他对安拉的忠诚。当易卜拉欣顺从执行“启示”的一刹那，安拉又差天使送来一只黑头羝羊代作“牺牲”。伊斯兰教继承这一习俗，规定这天为“宰牲节”。穆斯林每逢这一节日，也是沐浴盛装，到各清真寺举行会礼，互相拜会，宰杀牛、羊、骆驼，用以自食、馈赠亲友，或送给清真寺，以示纪念。上海穆斯林每年在宰牲节，较普通的是宰羊，宰牛极少，并有在清真寺中聚会饮食牛羊肉汤的习惯。

（3）圣纪（圣忌）。圣纪是穆罕默德的诞生日，圣忌是穆罕默德的逝世日。相传穆罕默德诞生于公元 571 年 4 月 20 日（教历 3 月 12 日），逝世于公元 632 年 4 月 20 日。上海穆斯林习惯将“圣纪”与“圣忌”合并纪念，俗称为“圣会”，一般是到清真寺，或是到大的会场举行纪念聚会，诵念《古兰经》，讲述穆罕默德的生平业绩，歌颂穆罕默德的高尚品德与丰功伟绩，有的还举行聚餐。

（4）登霄节。又称“米尔拉吉”，是阿拉伯文 Id al－Mi ‘rāj 的意译。传说穆罕默德 52 岁时，在教历 7 月 17 日的夜晚，由天使哲布利勒陪同，乘神骑从麦加到耶路撒冷，又从那里“登霄”，遨游七重天，见到了古代先知和天园、火狱等，黎明时返回麦加。从此，耶路撒冷与麦加、麦地那一起成为伊斯兰教三大圣地。上海有的穆斯林在登霄节的夜晚举行礼拜、祈祷，以示纪念。

（5）盖得尔夜。“盖得尔”是阿拉伯文 Lai Lat al－Qadr 的音译，也称“平安之夜”。指教历 9 月第 27 日之夜，传说安拉于该夜通过哲布利勒天使开始颁降《古兰经》。据《古兰经》载：该夜作一件善功胜过平时一千个月的善功。众天使亦奉命降临人间。上海穆斯林对盖得尔夜非常重视，许多穆斯林于该夜礼拜祈祷，礼副功拜，出散“乜帖”，捐赠财物等。有的家庭还制作美食佳肴，馈赠亲友。有些穆斯林彻夜不眠，以示纪念，故有“坐夜”之称。

（6）阿舒拉日。“阿舒拉”是阿拉伯文 Ashùra 的音译，意为“第十”。一般指教历 1 月 10 日。传说该日是先知阿丹、努哈、易卜拉欣、穆萨等得救的日子。还传说安拉于该日创造人、天园和火狱等，故视为神圣日。但对伊斯兰教什叶派来说，阿舒拉日却是哀悼日，因第四任哈里发阿里的次子侯赛因于公元 680 年是日遇刺身亡。不少穆斯林于是日到清真寺诵经会餐以示纪念。

（7）法蒂玛纪念日。法蒂玛为穆罕默德之女，被称为圣女。曾随其父穆罕默德攻占麦加，参加辞别朝觐。其父去世后 6 个月，因悲伤过度，于麦地那逝世。一般认为是在伊斯兰教历 9 月 14 日，也称姑太节，受到穆斯林妇女的普遍尊重。上海清真女寺在法蒂玛逝世日，常举行法蒂玛纪念会。

二　历史上的侮教事件

达浦生阿訇曾在《回教与社会之关系》一文中这样阐述伊斯兰教的传教宗旨：“宗教者所以维持道德也，维持道德乃宗教之本质也。”[①] 传颂真义、道德本应得到世人的尊重和理解，但往往事与愿违，自元代

① 达浦生：《回教与社会之关系》，《伊斯兰学生杂志》第 1 卷第 5 期。

以后，回族人及其宣扬的伊斯兰教常常被曲解，屡次遭受诋毁和侮辱。早在元代，浙人王梅谷作“下火文”，借当时居住于杭州荐桥侧首“八间楼”的回族娶妇发生屋倒人死的惨事，居然幸灾乐祸地极尽讽刺之能事。在元末文人所著的《辍耕录》中，还专门以“嘲回回”一条收录了其文。① 明末清初，顾炎武在《日知录》中主张禁止回民杀牛之俗。民国时期国民党政府亦是对回族实施侮辱和压迫的民族政策，戴季陶就曾公开宣扬“回回”应加犬旁为“狪”。② 民国时期国内发生的侮教案还包括：民国 20 年（1931）《新亚西亚》案，民国 22 年（1933）北京《中学新闻》案，民国 22 年（1933）唐山《工商日报》案，民国 23 年（1934）北京《东方快报》案，民国 23 年（1934）天津大成、直隶、蔚文三书局案等。

民国时期上海地区侮辱回教的事件也屡次发生。其中包括：民国 15 年（1926）竞智书局出版的《香妃演义》，民国 21 年（1932）9 月《南华文艺》发表《回教徒为什么不吃猪底肉》一文，同年 10 月北新书局出版《小猪八戒》一书，民国 22 年（1933）新亚书局绘中外圣人画像，民国 34 年（1945）世界书局出版的社会课本第六册，民国 37 年（1948）《新民晚报》副刊《天下事》载《印度的奇风异俗》一文等。此外，四马路（今福州路）丹桂舞台演出过侮辱回教的戏剧，侯家浜（今南市侯家路）有歧视回民的碑文。③ 侮教事件的频发，让上海回族商人们认识到：“发扬宗教，尤重宣传不力，误会频来，而教胞知识粗疏，教育迟滞，为一重大原因，抑尤有进者，外界对于伊斯兰之真相，误解至多，因由于种族、宗教、风俗之隔阂，而宣传不力，理解未清，

---

① 白寿彝：《中国伊斯兰教史存稿》，宁夏人民出版社，1983，第 26 页。

② 民族问题研究会编《回回民族问题》，民族出版社，1980，第 79 页。

③ 《上海宗教志》编纂委员会编《上海宗教志》，上海社会科学院出版社，2001，第 301 页。

吾人实负有相当之责任。”[①] 面对侮教行为，回族商人们积极联合起来，批判侮教思想，发动反侮教斗争，维护、宣扬伊斯兰教，加强对外联系，以消除隔阂和误解。

三　上海回族商人群体的反侮教斗争

（一）坚定的宗教信仰

民国时期的上海回族商人们有着坚定的宗教信仰，“如金子云，马乙棠，马晋卿，方子杰等等，这些经商致富的回族士绅，宗教信仰甚笃，伊斯兰教义指导着他们的世界观”[②]。他们坚决尊崇伊斯兰教习俗、恪守伊斯兰宗教禁忌和教规，维护广大回族同胞的宗教权益。

回族商人们恪守清真饮食禁忌。上海光复后，民军进攻南京受阻，电沪求援，回族商人组织清真商团曾奉派随军赴宁，参加攻击天堡城之役。部分团员随火车解运饷糈赴宁，到达下关，因无清真食品供应，曾以山芋充饥数日。[③] 此外，回族富商蒋星阶一次参观一家酱园，发现酱缸内竟泡有猪肉，惊讶道：“上海有很多穆斯林，却没有一家清真酱园，无论如何要创办一家清真酱园，以便穆斯林们能吃清真酱油。”[④] 于是他便在肇嘉浜路清真别墅毗邻处购得土地 4 亩多，购置酱缸、建造酿造场房，并从江苏湖州、常熟一带聘请了八位酿造师傅，分别在今延安东路福建路口、酿造厂前、太平桥、南市九亩地等处设立门市部。方便了上海地区广大穆斯林的清真用料，维护了伊斯兰教的饮食禁忌。

---

① 《人道》1934 年第 1 卷第 5 期。

② 江宝城：《上海伊斯兰教概况》，转引自上海市委员会文史科委员会主编《上海的宗教》，上海市政协文史资料编辑部，1996，第 136 页。

③ 金幼云、改柏年：《上海清真董事会》，转引自上海市委员会文史科委员会主编《上海的宗教》，上海市政协文史资料编辑部，1996，第 145 页。

④ 李永继：《上海最早的一家清真酱园》，载《民族联谊》，1986。

此外，适逢上海珠玉业京、苏两帮结怨诉讼，后期则由回族商人哈少夫主要负责诉讼事宜。“哈少夫虔诚信仰伊斯兰教，恪遵教规，只拜真主，不拜其他，乃捐五品官职，免除诉讼中上堂跪拜之礼”[①]。民国时期上海回族商人们以身作则，保持坚定的宗教信仰，恪守伊斯兰教各项戒律，坚决维护回族社会的宗教权益。

（二）抵制侮教行为

民国21年（1932）9月，《南华文艺》第一卷第14期刊载《回教徒为什么不吃猪底肉》一文，污蔑伊斯兰教，侮辱伊斯兰教众，引起上海及全国所有穆斯林的愤慨。中国回族俱进会、北平回民公会组成“华北回民护教团”联合声讨《南华文艺》。上海回族商人哈少夫随即在穿心街清真寺组织召开回教代表大会，主持会议，并研究行动步骤。统率傅统先和马达五等人，赴南华文艺社抗议，并提出四点要求：“（一）由南华文艺社在该刊登载向回教徒道歉的文章；（二）上海回教全体大会撰文批驳娄子匡文；（三）保证以后不再有此种污蔑文字出现；（四）尚存该期刊物，当众实行焚毁。”[②] 后通过一场激烈的争论，让《南华文艺》承认错误，并立悔过书。原稿撰写人也于民国21年（1932）9月28日在上海《申报》《新闻报》上登载启事致歉，并愿辟除此类无稽传说，同时将尚存400本刊物焚烧。后因《南华文艺》拒绝刊登回族商人团体上海清真董事会的驳斥文章，回族商人群体携回族同胞奋起反击，并于同年9月28日举行大会，决议聘请吴凯声律师为回族商人团体上海清真董事会和中国回教学会常年法律顾问，保障回教徒的权益。最终，在广大上海回族商人及回族商人组织的坚决抵制和抗

① 马维寿：《哈少夫生平及其对上海伊斯兰教的贡献》，转引自上海市委员会文史科委员会主编《上海的宗教》，上海市政协文史资料编辑部，1996，第167页。

② 《上海宗教志》编纂委员会编《上海宗教志》，上海社会科学院出版社，2001，第302页。

争下，“延至11月8日，行政院颁布明令，令《南华文艺》停刊，并惩办撰稿人。11月9日又令南京、上海两市政府，查封南华文艺社……娄子匡于民国22年2月3日在杭州向浙江高等法院投案，杭州地方法院以妨害名誉罪判处娄徒刑两个月，送杭县监狱执行”[①]。

《南华文艺》案事发不久，民国21年（1932）10月20日，北新书局印行的民间故事小丛书中，有李小峰（笔名林兰）主编、朱善扬撰写的《小猪八戒》一书，书中出现污蔑伊斯兰教风俗习惯的内容。事发之后，上海各清真寺推派回族商人宗棣棠等人持书前往北新书局质问，并提出登报致歉、销毁存书的要求。但被书局负责人拒绝，并将回民代表强行驱逐出书局。上海回族商人组织清真董事会于同年10月22日开会，决议成立上海10坊回教堂联合会，委托吴凯声律师与北新书局法律顾问及律师谈判，并急电南京国民政府行政院，要求惩办北新书局及主编林兰。此后，北新书店事件不断激化，10月26日上午，马孝愉等30余名穆斯林前往北新书局找李小峰及《小猪八戒》作者评理，欲给以“惩处”，并做好了“舍希德”（意为为教牺牲）的准备。回族商人哈少夫急请金煦生和王义等人劝阻，阻止了一场流血事件。此外，哈少夫在达浦生、王义和伍咏霞陪同下，向市政府请愿。同年11月9日，行政院作了批文：“呈悉，北新书局发行《小猪八戒》一书，故意传播侮辱回教，应即发封，并将发行人及著作人依法究办，令行上海市政府遵照矣。”11月10日，上海回族商界又推哈少夫、达浦生、穆华亭、伍咏霞、王义等人为代表，携带行政院批文前往上海市政府请愿。最后，经吴凯声与租界磋商，由租界对北新书局强制执行停业三天，三天后北新书局被迫改名“百新”得以复业。[②]

---

① 《上海宗教志》编纂委员会编《上海宗教志》，上海社会科学院出版社，2001，第302页。

② 马维寿：《哈少夫生平及其对上海伊斯兰教的贡献》，转引自上海市委员会文史科委员会主编《上海的宗教》，上海市政协文史资料编辑部，1996，第164页。

侮教案的频发，使上海回族商人们意识到："凡于宗教上有绝大之关系，无不各出其毅力，相与提倡而维持。"[①] 他们遂与全国范围内广大穆斯林同胞加强联系，结合力量，共同抵制侮教行为。适逢天津报社刊登侮辱回教的文章，报社经理倚势拒不认错，双方矛盾激化。回族商人哈少夫联合基督教尚贤堂等，以舆论声援天津教胞，并借机召开宗教联合会，请哈德成教长阐扬伊斯兰教爱和平、敬言爱人的宗教精神，批判天津日报。《南华文艺》案后，上海回族商人群体积极组织广大回族同胞反击侮教活动、反驳侮教言论，同时激起了全国穆斯林的爱教护教热情，认为此案并非上海部分穆斯林之事。于是，民国 21 年（1932）10 月 10 日，中国回教俱进会本部及回民公会总会联衔召集北平 50 坊清真寺阿訇及回民代表数百人，在中山公园举行会议，创立北平回民护教团，马振五等 15 人任干事，并派王瑞兰、刘柏石、王梦扬、马子文四人为护教代表，10 月 24 日启程专赴南京向行政院请愿。其他省份纷纷成立护教团、教案后援会。中国回教公会陕西省分会主席冯瑞生等召集穆斯林群众开会声讨。鲁迅先生目睹侮教事件，即发诗文"鸡汤代猪肉，北新遂掩门"[②]，以示声援上海回族商人群体及广大穆斯林的护教活动。

宗教是区别民族集团最重要的标志，民族宗教是伴随民族的诞生而形成的，"宗教消失之日也就是民族消失之时，甚至民族消失了宗教未必能消失"[③]。不同民族承载着不同的民族宗教，回族就是这样一个承载着伊斯兰教精神的民族。民族与民族宗教相伴演进中，认同感都会逐渐加强，并相互转化、交织。"宗教的认同观念，是宗教的认同观念作

---

① 《田邑尊答词》，引自《上海清真寺成立董事会志》，Y3－1－195，上海市档案馆，1911，第 50 页。

② 鲁迅：《教授杂咏四首》其三，引自《鲁迅诗歌注》修订本，浙江人民出版社，1980，第 129 页。

③ 吕建福：《论宗教与民族认同》，《陕西师范大学学报》（哲学社会科学版）2006 年第 5 期。

用于民族心理的结果，或者说是宗教认同转化为民族认同”[①]。宗教认同不但能够对民族认同起到作用，而且能够进一步强化民族认同意识，在一定条件下对宗教的认同还可以转化为民族认同，甚至，有时宗教认同与民族认同会重合为一，成为巩固民族认同感和维系民族共同体的纽带。“一个民族的文化生活是多方面的，其中不可缺少的一个层面便是精神信仰，对于多数民族来说，宗教信仰是神圣的崇高的不可亵渎的，必要时可以拿生命来保卫它”[②]。对于回族社会和回族商人而言，侮教行径是对伊斯兰教的极大亵渎，必须坚决抵制并用生命维护宗教的尊严。

四　加强交往，消除误解

鉴于“近年以来，屡被教外人侮辱，报纸上迭登出许多谰言，教案发生，想我们回教前途能不受其影响吗？所以敝所同人方有发起宣传之举”[③]。回族商人们一方面通过创建中国回教宣传所、中国回教宣道所等商人群体宣教组织抵制侮教行径。另一方面开始积极加强对外交往和互助活动，宣扬伊斯兰教真义，以消除外界对伊斯兰教的误解。

（一）加强国际交往

1. 对外伊斯兰教文化交流

上海回族商人团体中国回教学会创始之初，特地把“联络中外回教情谊”作为办会宗旨之一。不少回族商人“献幼困学，壮好游，足迹几遍中国。欲穷欧美而力有未逮。通籍后南北往还，垂三十年。交游

① 王希恩：《民族过程与国家》，甘肃人民出版社，1998，第148页。

② 周佳：《浅论宗教信仰对民族认同形成过程的影响》，《科教导刊》，2010年11月（中）。

③ 《人道》1934年6月1日第1卷第1期。

中不乏通儒硕彦”[①]。为了抵制国内外侮教行径，消除误解，回族商人们亦开始加强和海外伊斯兰教国家的宗教文化交流，寻求支持和帮助。

首先，回商们广泛聘请知名阿訇赴伊斯兰国家学习、考察。民国2年（1913）2月6日，上海回族商人马晋卿和阿訇刘彬如、杨福洲、哈德成等人创办上海协兴公司。其中哈德成阿訇长期居住科伦坡（今斯里兰卡首都），还先后赴埃及、新加坡等地拜访硕彦名宿，研究学问，并对这些国家的宗教、教育、文化事业进行考察研究。民国5年（1916）、民国6年（1917），回商马晋卿出资聘请达浦生、哈德成阿訇出国去埃及、土耳其、印度、南洋等地考察访问，带回大量原文经书。并于民国8年（1919）设立经书发行处，专门办理经书经销业务。[②] 民国10年（1921），达浦生阿訇应上海穆斯林商界聘请，到印度和东南亚各国考察伊斯兰教教育。[③]

其次，回商们加强伊斯兰学校间的交流与合作。民国20年（1931）4月、民国22年（1933）4月，上海回族商人群体创办的上海伊斯兰师范学校先后两次选送6名学生到埃及爱资哈尔大学留学。在回商马晋卿的资助下，马坚在埃及留学期间用阿拉伯文译《论语》，[④] 为中阿文化交流作出了贡献。此外，上海伊斯兰师范学校在办学期间，还聘请教授阿文的埃及学者穆罕默德·卡米莱，以及教授阿文口语的印度学者法杜里·伊拉希等人到校授学。与此同时，上海伊斯兰师范学校培养的学生胡恩钧，在埃及爱资哈尔大学留学期间获得博士学位，并留校任教。[⑤]

---

① 《清真教董事会志序》，引自《上海清真寺成立董事会志》，Y3－1－195，上海市档案馆，1911。

② 《上海宗教志》编纂委员会编《上海宗教志》，上海社会科学院出版社，2001，第282页。

③ 《上海宗教志》编纂委员会编《上海宗教志》，上海社会科学院出版社，2001，第306页。

④ 《上海通志》编纂委员会编《上海通志》，上海社会科学院出版社，2005，第1514页。

⑤ 江宝城：《上海伊斯兰师范学校》，转引自上海市委员会文史科委员会主编《上海的宗教》，上海市政协文史资料编辑部，1996，第175页。

2. 对外文化交流

民国时期，以珠玉业为代表的上海回族商人加强对外文化交流，广交密友，努力消除文化隔阂。其中，回族商人哈少夫曾两赴日本，结识了包括时任日本首相犬养毅在内的一批朝野名流和文人雅士，并获得推崇。在日本业内，更是以文物有无“观津鉴定之章”为鉴定真伪之标准，决定取舍。民国 18 年（1929），犬养毅来华，专程回访哈少夫，交谈甚欢。哈少夫以珍藏宝贵铁砚和“铁庐”匾额一方，赠予留念。另外，20 世纪 20 年代，回族商人仇荣光在巴黎塞纳河畔开设永寿华行从事珠宝玉器的进出口贸易。在巴黎期间，仇荣光与比利时珠宝商培氏（Brachfeld）、法国人造宝石厂厂主马赛尔（Marcel）、英国皇家珠宝行经理等国外同行结为密友。[①]

回商们还积极参与国际博览会，在国际舞台上展示回族商业文化的风采，加强了中外文化的交流。民国 4 年（1915），回商哈少夫将珍藏的古玩精品参加美国在巴拿马举行的国际博览会展出，荣获美国及我国工商部奖章。“民国 27 年（1938）回商马晋卿将珍藏的翠灯、屏风、翠珠等珍品，派其子马鹤年、婿杨峙三代为前往美国旧金山出席进门国际博览会艺展”[②]。

此外，上海回族商人们亦是加强与基督教的互动和交流。尚贤堂是美国基督教传教士李佳白创办的宗教研究单位，回商哈少夫与李佳白系故交，且相交颇深，哈少夫被尚贤堂特聘为董事。所以，哈少夫经常借基督教讲坛阐扬伊斯兰教哲理，以消除教外各界对伊斯兰教的误解和隔阂。加强了相互之间的交往，提高了上海穆斯林的社会地位和威望。1909 年，哈少夫在尚贤堂的一次演讲中，针对宗教的正义性、公正性，以及基督教在中国所做出的一些不良行为就明确指出：“外国基督教是

---

① 《上海民族志》编纂委员会编《上海民族志》，上海社会科学院出版社，1997，第 178 页。

② 阮仁泽、高振农：《上海宗教史》，上海人民出版社，1992，第 527 页。

来中国传教，道德高尚者固占多数，但亦有挟恃国势，偏袒教友，激成事端的，欲使民教相安，必须整顿教规，遵循礼法。”[①] 回商哈少夫即与尚贤堂协议，不定期由清真寺的教长前往尚贤堂演讲伊斯兰教义，哈德成阿訇就曾去演讲过。

（二）沪内外回族商人的互助活动

在动荡时期，上海回族商人们与全国各地回族商人加强联系，通过互助活动，增强回族社会的凝聚力，扩大伊斯兰教的社会影响力，积极维护回族社会各阶层的权益。

1. 上海回族商人的对外资助

回族商人参与沪外地区赈灾救济。民国3年（1914），为解回民求医无力、瘟疫蔓延之困苦，陈经畬创办南京金陵北城送诊给药所，免费送诊施药。之后，回商蒋星阶、哈少夫与陈经畬、杨叔平等联合上海、南京、汉口三地的穆斯林慈善人士，扩大组织，广募资金。上海高鉴清经马乙棠、马裔五介绍就一次捐赠名贵药材34种。[②] 此外，陈经畬、杨叔平在南京捐资兴办了一座孤儿院。回商蒋星阶遂变卖古玩兴建老人堂，设在孤儿院旁。[③]

此外，回族商人们还积极资助沪外伊斯兰教文化教育事业。民国36年（1947），马义方以南京回教协会总会上海办事处名义募集经费，在法华寺创办新建小学。[④] 兴办伊斯兰教学校的同时，上海回族商人们还积极投入资金、建立健全奖学金制度，推动沪外伊斯兰教教育事业的

---

① 马维寿：《哈少夫生平及其对上海伊斯兰教的贡献》，引自上海市委员会文史科委员会主编《上海的宗教》，上海市政协文史资料编辑部，1996，第165页。

② 南京市伊斯兰教协会：《南京回族伊斯兰教史稿》，金陵刻经处，2000，第298页。

③ 黎占亭：《蒋锡夔》，金陵出版社，2008，第12页。

④ 《上海市普陀区志》编纂委员会编《上海市普陀区志》，上海社会科学院出版社，1994，第950页。

发展。其中上海回族富商、慈善家马少园[①]，60 岁时从上海“恒兴瑞”辞职回南京后，创办“西园基金会”（亦称“西园奖学金”）。[②] 另外，马乙棠之女马毓华设置“觉真奖学金”于南京青年会中学。[③]

2. 沪外回族商人对上海伊斯兰事业的资助

沪外回族商人也是广泛参与上海回族商人组织，资助上海伊斯兰教慈善公益事业。宣统元年（1909）冬季，直隶贯市回族商人李子衡因公务途经上海，恰值上海清真寺成立董事会，对上海穆斯林社团建立总董事会赞美不已，并慷慨答应每年捐助清真学堂五十银元、清真义地管理费十银元，允诺担任上海清真董事会名誉董事。[④] 另外，汉口商人杨叔平于民国 25 年（1936）当选上海市福佑路清真寺纳捐人代表会委员，后任上海回教堂理事会常务理事。抗战期间，与上海工商界人士协力组织救济难民工作。[⑤]

此外，沪外回族商人还积极资助上海回族文化教育事业。在汉口经商的回族商人杨叔平，于民国 14 年（1925）任中国回教学会委员，并为该学会成立捐款；民国 19 年（1930）捐款筹建上海敦化小学[⑥]。此外，当时中国回教学会倡议创办上海伊斯兰师范学校，“适甘肃马云亭来沪，愿大力赞助”[⑦]。

抵制侮教、消除隔阂的关键在于文化认同感的形成。“随着回族的形成和民族意识的增强，文化上的认同成为迫切的需要，因为这对于一

① 马少园，上海回族富商、慈善家，经营“恒兴瑞”商号，主要投资保险业。
② 南京市伊斯兰教协会：《南京回族伊斯兰教史稿》，金陵刻经处，2000，第 307 页。
③ 南京市伊斯兰教协会：《南京回族伊斯兰教史稿》，金陵刻经处，2000，第 308 页。
④ 《赞李子衡君乐助学费、坟捐纪念》，引自《上海清真寺成立董事会志》，Y3－1－195，上海市档案馆，1911，第 67～68 页。
⑤ 《上海宗教志》编纂委员会编《上海宗教志》，上海社会科学院出版社，2001，第 689 页。
⑥ 《上海宗教志》编纂委员会编《上海宗教志》，上海社会科学院出版社，2001，第 689 页。
⑦ 江宝城：《上海伊斯兰师范学校》，转引自上海市委员会文史科委员会主编《上海的宗教》，上海市政协文史资料编辑部，1996，第 174 页。

个民族的进一步凝聚和自我确认是至关重要的”①。所以，上海回族商人们试图通过与全国各地回族同胞相互资助的方式完成回族内部的文化认同，进而以加强对外文化互动和交流的方式完成外部对回族的文化认同，消除误解，赢得尊重。

第二节　爱国斗争

一　伊斯兰教思想中的爱国主义情结

“信道的人们啊！你们当服从真主，应当服从使者和你们中的主事人。”（4：59）② 此为《古兰经》中的忠君思想。明代王岱舆在《正教真诠》中说：“人生在世有三大正事，乃顺主也，顺君也，顺亲也。凡违兹三者，则为不忠、不义、不孝矣。”清代刘智在《天方典礼》中也说道：“一时不心于君，即为不贤；一时不合于君，即为不忠。”自古以来，忠君爱国一直是伊斯兰教的核心思想之一。

王静斋阿訇在《月华》上撰文《谨守回教与爱护国家》，文曰：“阿拉伯人尝说，爱卧代尼（Watan）是属伊玛尼。直译之，为爱护国家，为穆民所应有……以此足可证明吾侪穆民，不仅当遵守回教道理，且当爱护国家也。”除了爱国，当国家遇到外侵时，护国亦是广大回族同胞恪守的原则，“据说，父母之邦，各有维护职责，一旦不幸，财产被夺，妻子离散，尤当振起精神，与强权者相奋斗。不此之图，止知斋拜，不问其他，而独不以国破家亡为耻乎。……为国觎将，挺身冒险，皆利国利家之道。遇难苟且，贪生畏死者，能得自由之生存乎？人人不

① 霍维洮：《近代西北回族社会组织化进程研究》，宁夏人民出版社，2000，第5页。

② 《古兰经》，马坚译，中国社会科学出版社，1981，第64页。

免一死，为国捐躯者，其人虽灭，而其名永存于世也”[①]。《古兰经》中也赞美那些爱国思想及反抗侵略的护国行为，“为主道而被戕害的人，你们不要说他是死的；其实，他们是活的，但你们不知觉。”（2：154）[②]

民国时期上海地区的回族商人群体深知：“人民依赖国家，有相系相维之义，士夫联合社会，臻群策群力之能，团体坚则心专齐一，同人合则意气相孚。否则势如散沙，情同异域，乏桑梓敬恭之谊，贻秦越肥瘠之讥，我国贫弱之源即由于是此。”[③] 只有国家强大了，回族才会有更好的发展空间，国家受难，回族同胞应义不容辞地挺身而出，参加爱国斗争，捍卫国家主权和领土完整。

二　辛亥革命、反袁斗争中的上海回族商人群体

《古兰经》中对反抗反动统治，解放劳苦大众有着这样的解释：“你们怎么不为（保护）主道和（解放）老弱妇孺们抗战呢?”（4：75）[④] 辛亥革命前，回民意识到要求得新生，必须与汉民一道，推翻反动统治，共谋救亡图存大业。于是不少回民参加同盟会，追随孙中山进行革命活动。其中，包括成都的清真保路同志会，武昌起义中的马骥云、沙全海等人，光复宁夏战斗中的马日虎、哈明等人，光复西安战役中的1000余回民等。而上海地区，一批爱国的回族商人也是积极投身反对封建反动统治的斗争当中。其中，光绪二十九年（1903），回族商人马刚侯在上海创办昌明公司，经销中外图书。因掩护、营救被清廷通缉的革命党人，结识黄兴、宋教仁等，遂加入同盟会。武昌起义后，组织武汉商团

① 《中国伊斯兰历史报刊萃编》第2辑，宁夏人民出版社，1993。

② 《古兰经》，马坚译，中国社会科学出版社，1981，第17页。

③ 《总董马廷树、协董金彭庚、协董哈麟仝拜具：总协董答词》，引自《上海清真寺成立董事会志》，Y3－1－195，上海市档案馆，1911，第5页。

④ 《古兰经》，马坚译，中国社会科学出版社，1981，第65页。

保安会，以维持治安，救护伤员。[1] 此外，回族商人团体上海清真商团作为上海地区清末反封建斗争的杰出代表，直接参与光复上海的革命斗争。

宣统三年（1911）4月，上海地区以珠玉、古玩商为主，包括教师、医生、手工业者、职员在内的回族爱国青年，联合组织创建上海清真商团，并加入商团公会。建团初期团员48人，后扩充至120余人。建团之初即已聘请教练员进行军事训练，并邀请外界专家或由团长讲课，灌输革命思想、分析国内外形势。武昌革命爆发，清真商团协应上海各商团，负责在西北城一带巡逻，如九亩地、改过所、火药局等。江南制造局位于沪南高昌庙，占地数百亩，专制枪炮。厂中储备大批军火，以供各省军队之用。1911年11月3日，上海清真商团留驻南市的团员前往制造局，救援被扣留的陈其美。“11月5日晚间，清真、韫怀商团协同派员平定了斜桥外‘福字营’兵士的叛变，为光复上海出了大力”[2]。上海光复后，清真商团担任火车站检查工作。同年民军进攻南京受阻，电沪求援，清真商团奉派随军赴宁参加攻击天堡城之役。南京光复后，清真商团又在下关担任兵站工作。次年，清真商团派员30人赴浦口清真寺内，办理北伐军大本营运输军需兵站及军报工作，继而随北伐军到徐州，历时三个月。清真商团回沪时不受薪酬，得到皖省都督柏文蔚嘉奖，授中华民国光复奖章。

武昌首义后，孙中山曾评价：“则所欲救武汉而促革命之成功者，不在武汉一着，而在各省之响应也。吾党之士，皆能见及此，故不约而同，各自为战，不数月而十五省皆光复矣。时响应之最有力而影响全国于最大者，厥为上海。”[3] 上海光复之役的成功，不仅减轻了武汉三镇

---

① 《上海宗教志》编纂委员会编《上海宗教志》，上海社会科学院出版社，2001，第686页。

② 阮仁泽、高振农：《上海宗教史》，上海人民出版社，1992，第581页。

③ 中国人民政治协商会议上海市委员会文史资料工作委员会编《辛亥革命七十周年文史资料纪念专辑》，上海人民出版社，1981，第165页。

的革命压力，而且带动了江浙重镇的起义，作用及影响巨大。其中，回族商人团体清真商团以“回汉民族相关，患难与共”的宗旨，积极响应孙中山先生“联合国内各族人民共同推翻清王朝”的号召，[①] 积极参与反封建斗争。上海清真商团的爱国思想和英勇表现得到全社会的认可和肯定，当时《时报》就曾给予这样的评价：“操练成军，远近传誉。即此光复事业，协同起义，得力殊多。”[②]

辛亥革命胜利后，革命成果被袁世凯篡夺。上海回族商人团体清真商团的团员们依循《古兰经》中反抗非主道的精神，“如果你们为主道而阵亡，或病故，那么，从真主发出的赦宥，必定比他们所聚集的（财产）还要宝贵些。如果你们病故，或阵亡，那么，你们必定被集合到真主那里”（3：157～158）[③]，积极参加反袁斗争。民国 2 年（1913），旨在讨伐袁世凯的“二次革命”中，回族商人团体上海清真商团仍在西北城出防，一直坚持到革命失败。不久袁氏死党上海镇守使郑汝成宣布解散商团，清真商团仅交出枪械，而将所有子弹和在天堡城战役中缴获清军的炮弹壳，投入河中，以免被袁军利用。[④] 清真商团结束后，所有团员回到自己原来的工作岗位。团长沙善余谢绝了陈其美邀请其担任政府官员，重回教育界。适时，袁世凯严查各报发表披露政治暗流的电讯，上海新闻界遂商请英商路透社，以英文拍发，由原上海清真商团副团长伍特公负责英文翻译工作。

“二次革命”后，江苏讨袁失败，袁世凯、张勋攻占南京。当时南京城内大批平民无家可归，缺衣少食。回族商人蒋星阶租赁英商太古、

---

① 金幼云、改柏年：《上海清真董事会》，转引自上海市委员会文史科委员会主编《上海的宗教》，上海市政协文史资料编辑部，1996，第 142 页。

② 《时报》1912 年 1 月 23 日（五）。

③ 《古兰经》，马坚译，中国社会科学出版社，1981，第 51 页。

④ 江宝城：《上海伊斯兰师范学校》，转引自上海市委员会文史科委员会主编《上海的宗教》，上海市政协文史资料编辑部，1996，第 143 页。

大通公司两艘轮船，满载衣食药物驶往南京下关、浦口救护伤兵、难民达数千人。返程时还将无人收容的数千伤兵运往上海，并借屋屯置散放饵饼，日夜照料，直至战乱平息，助资还乡。[①] 民国4年（1915），袁世凯在与日本签订了卖国条约“二十一条”后，又成立筹安会，以劝进为由，制造舆论，强奸民意。筹安会盗用中国回教俱进会的名义，将拟好的“劝进书”稿寄至上海，并催促盖章缮发。回族商人团体上海清真董事会复电拒绝。电文曰：“阎电敬悉。事关政体，恪守会章，不敢妄议。”[②] 并将电稿分送上海各报发表，以示抗议。

在各族同胞的共同努力下，辛亥革命取得了胜利，结束了中国两千多年的封建君主专制制度，使人民获得了一些民主和共和的权利。袁世凯称帝的闹剧，也在国人的抗击和抵制中黯然退场。有着先觉意识的上海回族商人们投身反封建、反袁的斗争中，为资产阶级共和国的建立作出了贡献。与此同时，辛亥革命和反袁斗争的胜利也为民族资本主义的发展创造了有利的条件，在民国建立以后短短的几年内，民族资本主义的经济就取得了显著的增长。可以说，上海回族商人积极参与辛亥革命和反袁斗争，赢得资产阶级革命胜利的同时，也为自身的发展和回族的振兴创造了条件。

三　上海回族商人群体的抗日斗争

民国26年（1937），日本帝国主义全面侵华，上海地区同样遭受严重的破坏。其中，民国31年（1942）2月14日农历除夕至3月10日，日军同时封锁上海市中心六个地区长达24天，一时间，封锁区内居民断炊绝粮、疾病死亡、垃圾成堆、粪污满地。之后，日军又推行保甲制度，对上海市民进行严控。此外，中国民族资本企业要么被直接控制，

① 黎占亭：《蒋锡夔》，金陵出版社，2008，第12页。

② 上海市委员会文史科委员会主编《上海的宗教》，上海市政协文史资料编辑部，1996，第146页。

要么被公开劫夺，或被视为“敌产”被“军事管理”。其中，民国31年（1942）3月25日，日本在华经济侵略机构——兴亚院派遣“会计监督官”进驻各公司，以掌控各大公司财权。

面对日寇的侵略，以及犯下的种种罪行，丁竹园就曾提出：“目下，国基初定，外患频来，凡我清真教人，宜速联络，或投身军界，或捐助军饷，为国家出力边疆，折冲御侮。保国即是保教，爱国即是爱身。在中国清真教的人，奉的是清真教，可全是中国的国民……能把国家维持得强盛了，教门一定亦跟着发达。既是中国人，就当同心努力地维护我们国家大事。没了国，还能保得住教吗？”[①] 回族人民自知，国家主权的保障和维护才是利民立教之本，面对外患，广大回族同胞应统一爱国思想，一致对外、反抗侵略。

上海回族商人们亦遵循《古兰经》中的爱国思想，反抗日本帝国主义的侵略，“被进攻者，已获得反抗的许可，因为他们是受压迫的”（22：39）[②]。回族商人哈少夫在尚贤堂（美国基督教传教士李佳白在上海发起的宗教对话组织）的一次演讲中，针对世人的和平相处就曾提到：“人情莫不喜和平，世事断难违公道。同居乡党，既有民教之分，彼此往来，岂无是非之判？惟能公平相处，交际自可安宁。倘得诚信相孚，仇怨亦将感化。尤要者勿长教友之气焰，毋侵国家之主权，一以遵教规、守法度，及平等待人，和蔼接物为训。庶人民悦服，钦感不遑，久且融会贯通，机心悉泯。此中消息有不期然而然者，尚何民教之不安乎？”[③] 声援抗日斗争。

日军侵华后，面对威胁，上海回族商人们毫不畏惧，坚决予以抵抗。民国4年（1915），李鹄成因见日本工头欺辱中国女工，遂将工头

① 张怀武主编《近现代回族爱国斗争史话》，宁夏人民出版社，1996，第60页。

② 《古兰经》，马坚译，中国社会科学出版社，1981，第255页。

③ 《应尚贤堂民教相安论》，引自《上海清真寺成立董事会志》，Y3－1－195，上海市档案馆，1911，第36～37页。

打伤后辞职从商，并在抗日战争时期，为苏北解放区提供物资。上海沦陷，日军进入租界后，强迫学校办理登记，云生小学因拒绝登记被迫停办。[①] 回族商人杨叔平与陈经畲曾于1935～1936年间，投资二三十万元向德国购买了全套提炼高纯度甘油的设备，存放于上海宜昌路库房，因沪战发生而未能运往汉口开工。在孤岛时期，这套设备被日寇看中，敌伪曾多次威胁两位回族实业家，要求把原拟制造肥皂产品甘油的设备用来为他们制造烈性炸药提供原料，可是这两位穆斯林老人，自始至终都表明了坚决拒绝的态度。[②]

上海回族商人们还组织、动员社会各方力量援助抗日前线。民国21年(1932)，"一·二八"淞沪抗战爆发，回族商人蒋星阶动员子媳、儿女一起出资赶制丝绵背心分送抗日战士，其妻杨氏也变卖金饰以助军用。[③] 在回族商人的带动下，上海回族各界人士推派代表把回民捐助的慰劳品送往前线和医院，以慰劳将士和伤员。如日晖巷清真寺当时制作了大量的清真食品送往前线，表达了上海回族人民抗日的决心和高度的爱国热忱。[④]

回商们积极宣传抗日思想，粉碎煽动阴谋。民国14年（1925）10月，化名为左东山的日本人佐久间贞，冒称与回族商人团体上海清真董事会合办《回光》月刊，在二卷一号上发表《中国政局与回教徒》，假借回教之名，大肆煽动回族独立。上海清真董事会遂即刊登启事于《中国回教月刊》声明："在沪发行之回光月刊，纯为某日人个人事业，敝会从未与闻，海内君子，幸共鉴之。"[⑤] 启事刊登以后，《回光》随即停刊。由回族商人及

① 花念慈、沙新芬：《回顾上海的回民教育》，引自中国人民政治协商会议上海市委员会文史资料工作委员会编《上海文史资料选辑》（第四十九辑），上海人民出版社，1985，第158页。

② 阮仁泽、高振农：《上海宗教史》，上海人民出版社，1992，第594页。

③ 黎占亭：《蒋锡夔》，金陵出版社，2008，第12页。

④ 哈宝信：《上海回族抗日救亡运动述略》，引自乌鲁木齐市民族宗教事务委员会《回族研究·第八次全国回族史讨论会论文集》，新疆人民出版社，1998，第163页。

⑤ 《上海宗教志》编纂委员会编《上海宗教志》，上海社会科学院出版社，2001，第269页。

士绅创办的上海伊斯兰师范学校于民国20年（1931）起创办《伊斯兰学生杂志》。民国20年（1931）“九一八”事变后，该刊发表《为日军强占我东北各省敬告伊斯兰同胞书》，深刻揭露侵华日军暴行，激励穆斯林“速起捍卫国家、保护宗教”，“同仇敌忾、共赴国难”①。

此外，上海回商们还坚决抵制掠夺，冒生命危险保护国家文物。民国28年（1939）前后，为了从日寇手里抢救国家图书文物，“中国书店”有意识地大量采购古旧书画、书籍，放在豫园路44号郑振铎和爱文义路（今北京西路）张家泳家，最后由“中国书店”出面寄往香港大学冯平山图书馆许地山先生，共2790余件，为国家保住了一批非常珍贵的图书文献。② 当时郭沫若等在上海办《救亡日报》，回商金颂清③把“中国书店”店堂后的一间“灶披间”供该报作编辑、发刊之用。此事后为日本人所知，勒令书店停业7天，并施加种种限制，“中国书店”最后于民国31年（1942）倒闭。④

“抗战的历史成为全体中国人增进民族国家认同的重要资源”⑤，抗日民族救亡运动使国家政权深入回族社会，与每个人发生了直接联系。以回族商人为代表的回族人民，在民族危亡之时，自醒、自觉，与帝国主义侵略者作坚决斗争，经历着民族意识到国家意识的上升，国家意识不断地得以自我强化。

四　抵制外货运动

辛亥革命以后，提倡国货、抵制外货的运动持续不断。上海地区，

① 《上海宗教志》编纂委员会编《上海宗教志》，上海社会科学院出版社，2001，第284页。
② 《上海民族志》编纂委员会编《上海民族志》，上海社会科学院出版社，1997，第211页。
③ 金颂清，回族，书店经营商人，对图书文物的研究有较高造诣。其先后开办的书店有：民国3年（1914）与罗振玉创“食旧廛”，民国4年（1915）创“青籁阁”，民国15年（1926）开设“中国书店”，民国21年（1932）创“中国通艺馆”，民国26年（1937）创“秀州书社”。
④ 《上海民族志》编纂委员会编《上海民族志》，上海社会科学院出版社，1997，第211页。
⑤ 宋黎明：《中华民族认同与全民抗战》，《华中科技大学学报》（社会科学版）2005年第5期。

“不用洋货，提倡国货”的口号亦是深入人心。民国8年（1919）的五四运动中的抵制日货运动，以及民国14年（1925）的五卅运动中的抵制英货、日货活动，都是从上海发起，然后席卷全国。民国16年（1927），中国各地群众反对日本出兵山东，遂在全国范围内掀起了抵制日货的运动，迫使日货减少达22278万元。民国20年（1931）“九一八”事变以后，抵制日货的运动更为强烈，日货输华币值由民国19年（1930）的26082万日元下降到15575万日元，下降40.29%。[①] 此外，民国4年至民国21年（1915~1932），上海地区分别成立了中华国货维持会、抵制日货劝告团、劝用国货会、中华国货产销协会、中国国货股份有限公司等商务机构及组织，发起并组织抵制日货运动。期间还创办《国货日报》，宣传抵制日货、提倡国货。

抗战胜利后，美国除了利用援助之名，设立“经济合作总署中国分署”等机构大肆向中国推销战时剩余物资及过剩商品之外，还利用民国政府于民国35年（1946）4月公布的《新公司法》，或直接在华开设公司和店号，或与中国官僚合办商业公司，或利用官僚买办企业代理推销美货，以形成垄断资本，大量倾销美货及收购出口商品。此外，美国人利用联合国上海救济总署的货物海关免检的特权，大肆走私美货。据民国36年（1947）《中国经济年鉴》记载：“美货势如排山倒海而来，而种类之繁与数量之巨，都是空前的。就其种类来说，衣食住行四大需要无所不有。”这一时期上海地区设立的“中央商场”“新世界商场”“安乐商场”等，都进行了大量的美货倾销。美货的大量充斥，给上海民族工商业带来灾难性的打击。美国利用对华的减免税及低汇率政策，大肆向中国倾销低廉商品，导致上海75%的民营工厂倒闭，大批

① 上海社会科学院经济研究所等：《上海对外贸易（上）》，上海社会科学院出版社，1989，第531页。

商人破产、工人失业。中共上海局职委号召“挽救工商危机，反对美国倾销”。民国36年（1947）上海百货业工会提出“爱用国货，抵制美货”的口号，并决定成立爱用国货抵制美货筹备委员会。经过长期不懈的斗争，上海逐渐成为全国提倡国货运动的中心，上海回族商人群体也成为抵制外货运动中的一支重要力量。

民国3年（1914）第一次世界大战爆发后，华商药厂得到发展，国产药品投放市场开始增多。但此时，日本药品乘虚而入，日商药房从6家增至15家。[①]“战前，日本仁丹及胃活、老笃眼药膏、金刚石、牙粉等流行我国。国人每不经意，而计其每年吸收我国资金，为数之巨实觉惊人”[②]。民国8年（1919）五四运动后，回族商人许晓初经营的中法药房股份有限公司进行坚决的抵制日货运动，“‘五四’运动时，抗日怒潮汹涌，而抵制日货的结果，人丹也代‘仁丹’而起。抗战销路即达及南洋。已不仅是挽回利权而已”[③]。抵制日本药品，不仅扼制了日货的倾销，而且为回族商人在西药行业发展本牌药创造了条件，回族商人所经营的药房从制销本牌药中获得厚利，积累了资本，为回族商人们在西药商业领域的发展打下了基础。

上海回族珠玉业商人亦是积极投入抵制日货运动中，据记载：“民国20年（1931）‘九一八’事变后，金子云积极投入抵制日货运动，是一位为上海穆斯林敬重的爱国人士。哈少夫于民国20年（1931）‘九一八’事变后，积极投入抵制日货运动，是一位为上海穆斯林敬重的爱国人士。”[④]随着抵制日货运动的深入，回族珠玉业“以前亦向日本行家买进日本之造假珠。自抵制日货以后，已不再做”[⑤]。

---

① 《上海通志》编纂委员会编《上海通志》，上海社会科学院出版社，2005，第2735页。

② 《中法药房股份有限公司概况调查》，Q78－2－14798，上海市档案馆，1947，第161页。

③ 《中法药房股份有限公司概况调查》，Q78－2－14798，上海市档案馆，1947，第56页。

④ 阮仁泽、高振农：《上海宗教史》，上海人民出版社，1992，第525页。

⑤ 《上海储蓄银行有关古玩业调查资料》，Q275－1－1954，上海市档案馆，1932，第2页。

上海回商们还努力探索和创新，弥补技术空白，抵制外货垄断，振兴民族工商业。当时上海石油市场被英商亚细亚公司、美商美孚公司垄断。民国16年（1927），镇江籍回族商人江显亟另辟蹊径，与人合作创办光华火油公司，经销苏联石油，[①] 抵制美帝国主义的商业垄断。此外，为了“培养钻石磨制工艺的技术，尽快摆脱洋人在这方面对我国的控制。马鹤卿决计以国产的钻石，自己的磨制工艺，争取出口，在国际市场争得一席之地”[②]。民国16年（1927）马鹤卿创办上海中国磨钻厂，后引进国外先进的磨钻技术，寻找出我国的钻石产地，并研制出属于我们中国人的磨钻技术，最终打入了国际市场。

上海回族商人们积极参与抵制外货运动，一方面，保障了国货销售市场的稳定，阻滞了西方殖民经济的垄断和倾销，促进了民族工商业的发展；另一方面，回族商人们在产品质量和品质上下功夫，通过不断创新、改进工艺，以赶超同类外货产品，占据商业主动，确立市场优势，让民族工商业的发展走上正轨。

民国18年（1929）《月华》创刊，在其创刊宗旨中提出“发达回民之国家观念”。在《月华》第1卷第2期中发表的署名“六洲”的文章《中国回民宜具国家之观念》中提到：“为今之计，唯有使吾中国大多数回民同具国家的观念，于此时期推广学校，以倡导教育，俾青年子弟于儿时，灌输宗教之常识，培植国学之根本，以发达青年之国家思想，胥明了爱教不忘爱国，爱国亦不忘爱教之主旨。国强则教兴，教昌则国治，息息相关，表里并重……中华频年多故，灾祸侵寻，正千钧一发之会，五族人民，宜努力共同挽救，尚可图存于优胜劣败之世。”时局动荡，国难当头，上海回族商人挺身而出，保障回族同胞的合法权

---

① 《上海民族志》编纂委员会编《上海民族志》，上海社会科学院出版社，1997，第178页。

② 致维德：《中国磨钻工业创始人——马鹤卿》，参见1987年《伊斯兰教文史资料汇编》。

益，抵制侮教行径，维护国家主权。孙中山先生也对回族同胞的爱国情怀和反帝斗争有着高度的评价："总而言之，中国民族运动，非有回族之参加，难得最后成功。打倒帝国主义工作，非有回族人整个结合，亦势难完成也。"[①] 回族商人群体在民族危难之时，坚决维护中华民族的独立和领土、主权的完整以及在国际社会中的平等地位，与一切有损中华民族利益的行为作坚决斗争。上海回族商人们亦深知，"每好诲求古今宗教沿革之故，深服天方教中人重视宗教，固结团体，足增合群爱国之思"[②]。亡国即亡教，只有合群体之力量爱国护国，才是爱国护教精神之根本。

五　其他回族群体的爱国斗争

在商人群体先觉的国家意识和救国运动的指引下，民国时期上海回族社会其他群体开始自觉，积极投身反封建势力、反帝国主义入侵的斗争，并作出了突出的贡献。

（一）反对封建军阀和帝国主义运动

民国初年，面对帝国主义、封建军阀的剥削和压迫，许多回族工人和学生也开始积极投入革命运动。"二次革命"失败后，革命党人回族人尹神武积极投身讨袁护国运动。民国 4 年（1915）11 月 10 日，时任上海镇守使的袁世凯心腹郑汝成赴日本驻沪总领事馆祝贺日本天皇加冕典礼，尹神武等人于外白大桥（今外白渡桥）畔执行刺杀。民国 6 年（1917）11 月 28 日因叛徒出卖，尹神武被捕，并于民国 7 年（1918）5 月 11 日在

① 江宝城：《上海伊斯兰师范学校》，转引自上海市委员会文史科委员会主编《上海的宗教》，上海市政协文史资料编辑部，1996，第 148 页。

② 《清真教董事会志序》，引自《上海清真寺成立董事会志》，Y3－1－195，上海市档案馆，1911。

龙华英勇就义。

不久，五四运动爆发后，在上海爆发了大规模的抵制日货运动。民国8年（1919）11月，日本驻福州领事馆为破坏抵制日货运动，制造了“福州惨案”。11月23日，回族社会活动家刘清扬在集会上发表演说，声讨日本警察和浪人的罪行，声援福州人民，加强抵制日货。次年1月29日，北洋军阀直隶省长曹锐制造了“一·二九惨案”。刘清扬化装成天主教修女来到上海，痛陈天津爱国运动所遭受的残酷镇压，激起了上海各界民众的极大愤慨，市面各商店均闭门罢市。

之后，震惊中外的五卅运动爆发，民国14年（1925）5月30日，味香居清真馆回族员工谈金福、金元记硝皮厂回族厂主金念七被巡捕枪杀而牺牲。随后，英商公共汽车公司回族职工王有为、内外棉十五厂回族女工柳金玉等迅速投入五卅运动。日商内外棉五厂的回族工人王树森遂即加入“敢死队”[①]。

次年，中国共产党为了配合北伐军的军事行动，准备举行武装起义。法商电车公司的回族工人杨宗儒作为工人纠察队队员，参与了攻打警察厅和高昌庙制造局（兵工厂）的战斗。民国20年（1931）起，从事中共地下工作的回民张志坚开始积极发展人民武装、输送人员到苏区，派遣人员打入国民党警察局，进行策反工作。并与回民李恒志、李汝恒等一起，配合上海工运、学运，散发传单，张贴标语，组织游行。

（二）抗日救亡运动

抗战期间，上海回族人民本着“爱国是伊玛尼”的圣训，各方人士以各种形式积极抗日。“八一三”事变后，回族人士马天英、沙善余

---

① 《上海市静安区志》编纂委员会编《上海市静安区志》，上海社会科学院出版社，1996，第816页。

等在敦化、云生学校的纪念会上作时事报告，对日军的暴行表示了强烈的义愤。民国 19 年（1930）1 月和民国 29 年（1940）春，马天英先后组织了“中国回教近东访问团”和“中国回教南洋访问团”赴埃及、沙特阿拉伯、伊朗等阿拉伯国家和马来西亚等东南亚国家，揭露日军的暴行，号召华侨们团结起来，抵制日货。其间，《申报》代理总编辑、回族著名人士伍特公撰写了《回教与抗战》等多篇宣传抗日的社论，宣传回教徒视逞强侵略为人类之公敌，为教义所不容，而制止强暴为对主之义务的思想，号召回教徒尊奉教义，抗日救亡。敌伪政府下令通缉，欲置之于死地，伍特公坚贞不屈，誓不离沪，直至抗战胜利。

伊斯兰教人士积极投身抗日斗争运动。上海沦为“孤岛”后，上海所有清真寺的教长在宣讲教义时，都宣传抗击敌人是《古兰经》的意旨。浙江路清真寺教长哈德成由于积极宣传抗日，引起日本特务的注意。为摆脱敌人的威逼利诱，哈德成在沿途穆斯林的掩护下，辗转去云南。民国 27 年（1938）2 月，达浦生阿訇赴麦加朝觐，参加世界伊斯兰教大会，用阿拉伯文撰写《告世界回教同胞书》，揭露日军的侵华暴行，呼吁全世界穆斯林谴责日本帝国主义，并进行经济制裁。埃及《金字塔报》全文刊载。达浦生阿訇在印度宣传抗日，募得抗日经费二三十万元。[①]

学生抗日救亡运动高涨。民国 24 年（1935）起，任上海中等学校学生救国联合会主席、组织部长的中共党员、回族学生马寅任，组织学生参加各种进步读书会和救亡运动，曾先后 3 次被捕入狱，但仍坚持领导学生抗日救亡运动。民国 31 年（1942）上海中学回族学生石敬诚加入中国共产党后，通过少年团（基督教青年会的进步组织，后改名为海欧团契）活动团结学生，宣传抗日，并在学生中发展党员。他还经

① 《上海通志》编纂委员会编《上海通志》，上海社会科学院出版社，2005，第 1459 页。

常利用晚上时间为中共组织抄写由解放区传来的秘密文件。其弟石英于民国 32 年（1943）1 月在新沪中学加入中国共产党，曾任上海学生抗日协会执委、中共中华职业学校中共支部书记等职。中法大学药学专科的回族学生何巧娟，民国 34 年（1945）7 月加入中国共产党，积极参加抗日救亡运动，散发、张贴传单，到工厂去教工人唱革命歌曲等。

不少上海回民积极参军入伍，参加抗日斗争。民国 26 年（1937）11 月初，淞沪抗战爆发，轻机枪手回族人张秋明隐蔽在仓库的麻袋包后用机枪和手榴弹狙击包围上来的日军，被日军的炮弹击中正要投掷出去的手榴弹，左臂被炸断，面部炸伤，被誉为“独臂勇士”。民国 27 年（1938），回族青年梁瑾瑜，任中共大新公司地下党支部书记，积极组织各项活动，被资本家以“触犯店规”为名解职。民国 28 年（1939）3 月根据上级党组织决定，梁到苏常太敌后游击区工作。民国 30 年（1941）任辛（庄）莫（城）区区委书记兼区长。同年 6 月 8 日不幸被捕牺牲。[①] 回族人士马吉第，曾任河南地方旅长、陆军 15 师师长、第二军军长、河南警备司令、安徽省保安处处长（即省保安司令）、安徽省代主席等职，民国 26 年（1937）初离任寓居上海愚园路寓所，“八一三”沪战爆发，即捐献一万银元支援抗战。汪精卫伪政府多次派人许以高官厚禄诱其“出山”，均被其拒绝。为保持晚节及防敌骚扰，即装病，后穷困潦倒，于民国 34 年（1945）卒于开封。

---

① 《上海市黄浦区志》编纂委员会编《上海市黄浦区志》，上海社会科学院出版社，1996，第 1108 页。

第六章　民国时期上海回族商人群体的特点、历史作用及其发展的制约因素

民国时期，上海回族社会中涌现出了一大批勇于开拓市场、积极传承传统文化、爱国爱教的回族商人。动荡的时代背景下，他们深知只有合群体的力量，群策群力，才能使中国真正走上复兴之路。“群公民所以成强国，群众志足以当金城，群教育可以开文化，群社会得以改良图。合群之效不亦巨且伟哉！但凡兴一事，成一业，虽有改良从善之法，仍贵提纲挈领之人，否则无所适从，终归涣散而已”①。上海回族商人们在各自经营领域，保持传统优势，并不断取得突破的同时，固结一心，加强组织建设。一方面，阐扬伊斯兰教义、振兴伊斯兰事业，维护广大回族同胞的宗教权益，促进回族社会的稳定；另一方面，宣扬爱国思想，积极投身反帝反封建的爱国斗争，诠释着传统与现代、民族意识与国家意识的相互交织和统一。然而，由于诸多历史因素的影响，上海回族商人群体未能崛起于民国时期，相反，随着上海地区回族商业的衰竭，最终退出了历史舞台。

① 《阖教全体同人公具：致总协董赞词》，引自《上海清真寺成立董事会志》，Y3－1－195，上海市档案馆，1911，第3页。

第一节 上海回族商人群体的特点

一 传统性

上海回族商人群体在其近代化转型过程中，注重保持传统伊斯兰经商理念及传统经商技能，恪守伊斯兰传统习俗禁忌，注重传统伊斯兰慈善思想以及传统伊斯兰教文化的传承。在以伊斯兰教为纽带的回族社会内部，传统性是上海回族商人群体的一个突出特点，“如金子云，马乙棠，马晋卿，方子杰等等，这些经商致富的回族士绅，宗教信仰甚笃，伊斯兰教义指导着他们的世界观”①。

首先，回族商人们恪守伊斯兰传统习俗禁忌。饮食禁忌是广大穆斯林的一种生活习俗，也是伊斯兰传统戒律中最具特色的。回族商人社团清真商团参加攻击天堡城之役，“因无清真食品供应，曾以山芋充饥数日”②。回族牛羊肉业商人对货品的选用也是十分讲究，“这些牛肉庄或是从外地采购活牛……然后请掌刀阿訇念经宰牛”③。除了传统饮食禁忌之外，回族商人们亦恪守伊斯兰教各项传统戒律，“哈少夫虔诚信仰伊斯兰教，恪遵教规，只拜真主，不拜其他，乃捐五品官职，免除诉讼中上堂跪拜之礼”④。传统习俗在回族商人的经商活动和日常生活中占据了极其重要的地位。

---

① 江宝城：《上海伊斯兰教概况》，转引自上海市委员会文史科委员会主编《上海的宗教》，上海市政协文史资料编辑部，1996，第136页。

② 金幼云、改柏年：《上海清真董事会》，转引自上海市委员会文史科委员会主编《上海的宗教》，上海市政协文史资料编辑部，1996，第145页。

③ 《上海宗教志》编纂委员会编《上海宗教志》，上海社会科学院出版社，2001，第289页。

④ 马维寿：《哈少夫生平及其对上海伊斯兰教的贡献》，转引自上海市委员会文史科委员会主编《上海的宗教》，上海市政协文史资料编辑部，1996，第167页。

其次，他们注重保持伊斯兰传统商业精神，传承精湛的商业技能。“金从怡经营讲究货真价实，所售古玩如被确认为赝品，即照价退赔，从不以假乱真、以次充好，声誉甚佳”①。回族商人们保持伊斯兰传统商业道德，诚信经营。与此同时，他们还不断强化传统专业知识和鉴别珍宝优劣、真伪的技能。“马晋卿凭借多年鉴别珠玉的经验，准确判断，将其买下。锯玉后乃为大块优质翡翠，其色质罕见，同业前辈皆称多年未见奇玉”②。自古以来，伊斯兰传统商业道德贯穿于回族商人商业经营的始终，不仅维护了回族商人良好的社会声誉、较高的社会地位，而且促进了回族商业健康、有序地发展。

最后，他们积极投身伊斯兰传统慈善公益事业。“盖闻好施乐善，慷慨出于至诚；作福降祥，仁爱本乎彝秉。修天爵而获无量之报，助公益而为全体之荣”③。回族商人们特别重视对传统伊斯兰慈善思想的继承和发扬，甚至是无私地奉献自己的财产，“哈少夫、蒋星阶、金子云、金元记均各认股 800 两，放弃股权，并将股票交至上海市振兴珠玉业回教同人保管委员会”④。

此外，回族商人们热心支助伊斯兰传统文化教育。“聘请 3 位教师，负责教养，授以文化知识和初等阿拉伯文古兰经课程，一切费用概由金子云个人供给”⑤。除此之外，回族商人们还广泛筹集资金，组织翻译《古兰经》，并且成立“译经社”，加强伊斯兰教经典和伊斯兰教传统文化的推广和传承。

---

① 《上海通志》编纂委员会编《上海通志》，上海社会科学院出版社，2005，第 6266 页。

② 《上海民族志》编纂委员会编《上海民族志》，上海社会科学院出版社，1997，第 169 页。

③ 《赞蒋森书君乐助学费纪念》，引自《上海清真寺成立董事会志》，Y3 - 1 - 195，上海市档案馆，1911，第 69 页。

④ 马维寿：《哈少夫生平及其对上海伊斯兰教的贡献》，引自上海市委员会文史科委员会主编《上海的宗教》，上海市政协文史资料编辑部，1996，第 167 页。

⑤ 上海市委员会文史科委员会主编《上海的宗教》，上海市政协文史资料编辑部，1996，第 151 页。

可以说，对于上海回族商人而言，信仰与善行不仅是其日常生活的真实写照，而且深刻融入到他们各自的商业经营当中。传统思想的沿承，规范了商业道德和商业秩序，给回族商业的稳固发展创造了有利条件。然而，民国时期，帝国主义殖民侵略、资本主义经济侵袭，给上海回族商业带来了巨大冲击，也对回族商人在近代化转型中传统性的保持提出了更高的要求。就传统回族商业而言，回族商人的经营虽然冲破了传统行业模式的束缚，并在传统行业基础上取得了进一步的发展。但从整体上说，多数回族商人恪守伊斯兰商业思想禁忌，仍以那些与民众生活息息相关的传统行业为主要经营范围，多为小规模的生产和经营。回族商人规模化经营的意识并不强烈，群体联合经营的力度也很不够。传统思想的制约因素也是回族商业未能走向繁荣并最终退出历史舞台的一个重要原因。

二　开创性

民国时期，上海回族商人们立足商业，不断寻求回族社会各项事业的突破，努力创造新的发展契机。从制作工艺的创新，到经营模式的转变，从商业市场的拓展，到教育模式的创新，在近代化转型过程中，展现了上海回族商人群体鲜明的时代特征和独特的开创性特点。

首先，回族商人们积极开拓海外市场。仇荣光于20世纪20年代在巴黎塞纳河畔开设了永寿华行。① 另外，何星厚、何星甫合伙开办的厚昌红木古玩号……其货转销本埠华洋巨绅，古玩输往法国，并且在法国巴黎、美国纽约设立分号。② 海外市场的开拓、对外商贸的加强，不断促进对外文化的交流，上海回族商人们开始在国际舞台上展示

① 《上海民族志》编纂委员会编《上海民族志》，上海社会科学院出版社，1997，第178页。
② 《上海储蓄银行有关古玩业调查资料》，Q275-1-1954，上海市档案馆，1932，第34页。

回族商业文化的风采，“哈少夫将珍藏的古玩精品参加美国在巴拿马举行的国际博览会展出，荣获美国及我国工商部奖章”，“马晋卿将珍藏的翠灯、屏风、翠珠等珍品，派其子马鹤年、婿杨峙三代为前往美国旧金山出席进门国际博览会艺展”[①]。以商促文，文商并举，上海回族商人们赋予了回族商业文化新的内涵。

其次，他们不断创新工艺，进而抢占市场先机。“杨希才专用特制的‘大焖子’……这在当时上海是独一无二的”[②]。“鲍云生结合特有的‘富士山’式的发型制成样式独特的配饰……受到日本妇女喜爱”[③]。“李贵斌创新‘中西结合’的新品种奶白酥合子”[④]。此外，“抗日战争胜利后，有东北回民在黄浦公园门口的浦江边开设水上饭店，以及雪园清真西菜社”[⑤]。制作工艺及经营方式的创新，给传统店铺注入了新的活力，大大增强了市场竞争力。

最后，他们积极借鉴西方资本主义先进的生产技术和企业模式，不断创新经营方式，探寻适合中国民族资本主义工商业发展的道路。“马鹤卿于新北门老永安街创建中国第一家磨钻厂——中国磨钻厂……进行研究和试验，终于加工磨制出我国第一个钻石首饰”[⑥]。摆脱了欧美资本主义的商业控制，开创了民族工商业自主研发之路。“镇江籍回族商人江显亟另辟蹊径，与人合作创办光华火油公司，经销苏联石油”[⑦]。开创了新的发展方式，打破了美帝国主义的商业垄断。民国初期，上海

---

① 阮仁泽、高振农：《上海宗教史》，上海人民出版社，1992，第527页。

② 中国人民政治协商会议上海市静安区委员会文史资料工作组：《上海市静安区文史资料选辑》第2辑，1986，第181页。

③ 《上海民族志》编纂委员会编《上海民族志》，上海社会科学院出版社，1997，第169页。

④ 《上海民族志》编纂委员会编《上海民族志》，上海社会科学院出版社，1997，第176页。

⑤ 《上海市黄浦区志》编纂委员会编《上海市黄浦区志》，上海社会科学院出版社，1996，第1110页。

⑥ 致维德：《中国磨钻工业创始人——马鹤卿》，引自阮仁泽、高振农《上海宗教史》，上海人民出版社，1992，第575页。

⑦ 《上海民族志》编纂委员会编《上海民族志》，上海社会科学院出版社，1997，第178页。

鲜有珠玉商人创办公司，“本市经营珠玉者……言其组织，合资者居多，独资次之，公司经营，尚无所闻”[①]。民国4年（1915），回族商人哈少夫发起成立振兴实业公司，集资建立振兴汇市，并发行股票。回族商人们率先成立公司，借鉴先进的企业模式，开创新的发展空间。

此外，创新办学方式，开启近代文化运动。职业型技术学校——回民职业补习夜校的创办开创了新式回民教育方式，教授生产技能，为贫困孩童提供工作所需的职业帮助及就业机会。此外，上海回族商人群体所办学术团体中国回教学会，当时被誉为“中国最大之回教学术机关”[②]，学会的创办及其活动，被历史学家顾颉刚称为“中国回教徒第一次自觉发动的文化运动”[③]，开启了回族思想文化的现代化进程，对近代回族文化运动的发展具有开拓性的意义。

由此可见，具有先觉意识的上海回族商人们，代表了回族社会先进的思想和先进的生产力。随着文化素质的不断提高，他们进一步认清了社会形式和实事动态，变革、创新的开创性思维意识也逐渐形成。在近代中国社会整体变革的背景下，他们不断进行着自我调整，打破封建旧思想的束缚，树立新思想、新道德、新观念、新风尚，通过一系列开创性的改革活动，努力实现其近代化的转型。

三　民族、国家意识的统一性

时局动荡，国难当头，上海回族商人群体挺身而出，保障回族同胞的合法权益、抵制侮教行径、维护国家主权。《南华文艺》、北新书局侮教案的发生，鉴于“近年以来，屡被教外人侮辱，报纸上选登出

① 《上海储蓄银行有关珠宝业调查资料》，Q275－1－1941，上海市档案馆，1933，第141页。

② 《上海宗教志》编纂委员会编《上海宗教志》，上海社会科学院出版社，2001，第274页。

③ 《上海通志》编纂委员会编《上海通志》，上海社会科学院出版社，2005，第1511页。

许多谰言，教案发生，想我们回教前途能不受其影响吗？所以敝所同人方有发起宣传之举”[①]。回族商人们遂积极加强对外交往和互助活动，宣扬伊斯兰教真义，以消除外界对伊斯兰教的误解，赢得支持和尊重。“宗教的认同观念，是宗教的认同观念作用于民族心理的结果，或者说是宗教认同转化为民族认同”[②]。对伊斯兰教的认同不但对回族的民族认同起到作用，而且进一步强化了其民族认同意识，在侮教案发生时，宗教的认同转化为了民族认同，并巩固和强化了回族人民的民族认同感。

“运动对于‘中华民族复兴’观念和话语的广泛传播与社会认同产生了相当明显的影响”[③]。从清王朝的覆灭，到抗日斗争的胜利，无不倾注了回族同胞和商人们巨大的爱国热情，他们的国家意识不断加强。辛亥革命中，清真商团参加攻击天堡城之役；反袁斗争中，上海清真董事会复电拒绝“劝进书”；抗日时期，蒋星阶之妻杨氏赶制丝绵背心、变卖金饰以助军用；抵制外货运动中，许晓初以“人丹也代‘仁丹’而起”[④] 抵制日本药品倾销等。“中国民族运动，非有回族之参加，难得最后成功。打倒帝国主义工作，非有回族人整个结合，亦势难完成也”[⑤]。民族危机引起各族人民国家意识的高度觉醒，民国时期，中华民族面临着近百年来最严重的民族危机，民族利益不断受到损害。对上海回族而言，具有先觉意识的回族商人群体意识到国家主权完整和国家独立的重要性，并对国家之存亡深怀忧虑。他们为中华民族在国际上争

① 《人道》1934 年 6 月 1 日第 1 卷第 1 期。

② 王希恩：《民族过程与国家》，甘肃人民出版社，1998，第 148 页。

③ 黄兴涛、王峰：《民国时期“中华民族复兴”观念之历史考察》，《中国人民大学学报》2006 年第 3 期。

④ 《中法药房股份有限公司概况调查》，Q78－2－14798，上海市档案馆，1947，第 56 页。

⑤ 江宝城：《上海伊斯兰师范学校》，转引自上海市委员会文史科委员会主编《上海的宗教》，上海市政协文史资料编辑部，1996，第 148 页。

取合法、平等地位和民族的独立作出了深刻的思考和艰苦的努力。“抗战的历史成为全体中国人增进民族国家认同的重要资源”①，民族救亡运动使国家政权深入回族社会，与每个人发生了直接联系，以回族商人为代表的回族人民不同程度地将自己的未来寄托于国家的独立和振兴之中，对国家产生了深深的认同感。他们坚决维护中华民族的独立和领土、主权的完整以及在国际社会中的平等地位。反对一切有损中华民族利益的行为，用生命和鲜血赢得民族的独立，维护了中华民族的利益。

“回族是中华民族大家庭中的重要一员，在伊斯兰文化的内核上吸收和承载了大量中华传统文化，并经历了对中华传统文化到中华民族再到国家的高度认同过程”②。在民族危难的特殊时期，回族的民族意识往往是与国家意识一同发展，并相互交织的。回族商人们坚决抵制帝国主义侵略、积极维护伊斯兰宗教权益、全面开展爱国护教运动，诠释着民族与国家意识的高度统一。

第二节　上海回族商人群体的历史作用

一　推动回族商业的进一步发展

民国时期，上海地区凭借优越的地理位置和畅通的交通条件，成为西方文化输入的窗口，并逐步成为近代中国的经济中心、贸易中心和金融中心。善于经商的回族商人们把握时代机遇，充分发挥特长，实现自身商业价值的同时，不断推动回族商业的繁荣。

首先，回族商人们冲破行业经营的局限性，改变经营与穆斯林生活

① 宋黎明：《中华民族认同与全民抗战》，《华中科技大学学报（社会科学版）》2005年第5期。

② 李伟、丁明俊：《从文化认同到国家认同》，《北方民族大学学报》2010年第2期。

习俗有关的行业为主导的经商模式，将西药业、铜锡五金业、出版印刷业等与伊斯兰宗教文化无多大联系的行业纳入了经营范畴，扩大行业面及经营范围，促进了上海回族商业的全面发展。

其次，他们不断寻求传统行业的突破。经营珠玉业、清真饮食业等回族传统行业的回族商人们，注重商业道德和精湛技艺的传承，并在新的历史时期，积极探索全新的发展道路。一方面，强化专业知识和传统技能，诚实经商、注重信誉，保证回族传统行业的优质传承；另一方面，提升经营理念、提高服务质量，不断扩大营销范围、创新工艺，并通过广泛成立、参与同行业公会组织等方式，加强商业合作，使回族传统行业焕发新的生机。

最后，回族商人结构的新变化亦给新时期回族商业的发展带来了新气象。上海开埠后，对外贸易几乎全部由洋行把持，在外国资本的刺激和示范下，回族商人群体也是做出相应的调适，回族买办应运而生，回族对外商贸进一步得到加强，率先开启了回族传统商业结构向近代化商业结构的转型。此外，阿訇们的商业职能逐渐加强，他们广泛参与商业经营和商业活动，经商传教并举，以商兴教，对回族商业的发展作出了一定的贡献。

此外，上海回族商人在其近代化的转型过程中，随着自身思想意识、文化素质的提高，以及民族意识、国家意识的不断增强，积极开创民族工商业。与西方资本主义经济入侵、垄断资本操控国内市场作抗争的同时，借鉴西方资本主义先进的生产技术和企业模式，不断革新，努力探寻一条适合中国民族工商业发展、振兴民族工商业的道路，推动了民族工商业的近代化进程。

上海回族商人群体及回族商业的近代化转型，诠释了传统与现代的相互交织和作用。在复杂的历史时期，面对战乱和西方商业侵袭的冲击，回族商人们一边继承优良的商业道德和精湛的传统技艺，稳固商业基础；一边冲破各种束缚，不断开创新的领域、寻求新的突破，推动了回族商业的进一步发展。

二 加强伊斯兰教事业建设，促进回族社会稳定

广大穆斯林认为从事伊斯兰教事业建设是一种荣耀，是功修的表现。在上海，处于领导地位，具有先觉意识的回族商人们，以身作则，积极投身伊斯兰教事业的建设。他们认为："凡遇寺中大典，诸君子虽已分任他事，仍能不分畛域，竭力倡助。但知于公有益，劳怨亦所不辞，嫌疑亦可不顾，直视公事如己事，毫无假公以济私，似此倾注血忱，结实办事，诚属难能而可贵。倘得全体如一，合力进行，则会务教务定必早底大成，悉臻美备。"[①] 于是不分畛域，对伊斯兰教各项事业投入极大的热情，合群体之力积极建设伊斯兰教事业，

"不少人资本雄厚，上升为民族资本家。但是他们大多数是虔诚的穆斯林，浓郁的宗教意识和虔诚的信仰，使他们将挣得的钱财用于伊斯兰教公益事业。按照伊斯兰教义的规定，他们将从自己财产中抽出一部分交纳天课（即宗教课税）、出散乜贴（宗教奉献）、用以修建清真寺、创建宗教团体、兴办宗教学校、从事宗教的慈善事业等。"[②] 其中，施济贫民：对于贫苦的回族群众，回族商人们除了施济食物和现金外，还给予宗教生活方面的帮助。上海珠玉业回族商人组织归仁社，还向贫困穆斯林丧家施送竹椁、白布等丧葬用品。[③] 通过无息贷款的方式，帮助贫苦商贩搞活商业，致富脱贫："上海清真董事会曾以无息贷款给从事饼馒业的回族小商小贩，而古玩市场珠玉公所附近的小摊贩也多受惠于此。"[④] 救助难民："抗战时南市回民避居租界，南阳桥、太平桥一带利

---

① 《赞石子藩诸君热心公益纪念》，引自《上海清真寺成立董事会志》，Y3-1-195，上海市档案馆，1911，第74~75页。

② 阮仁泽、高振农：《上海宗教史》，上海人民出版社，1992，第566页。

③ 《上海宗教志》编纂委员会编《上海宗教志》，上海社会科学院出版社，2001，第288页。

④ 阮仁泽、高振农：《上海宗教史》，上海人民出版社，1992，第590~591页。

用淮阳大舞台住进了难民。牛肉菜馆业的穆斯林给予物资支援。"[①] 兴建清真寺和回回公墓："在上海的伊斯兰宗教事业中，小到清真寺什物添置，大到建盖清真寺、购置墓地等，其财源基本来自上海回民珠宝古玩商人。"[②] 兴办回族文化教育事业："1909 年上海清真董事会在福佑路清真寺兴办清真两等小学堂时，一次劝捐就有 76 人，慷慨施款共 2383 元。1909 至 1912 年三年共兴学劝捐 5644 元，其中蒋春书先生独资 1200 元。"[③] 热衷朝觐：小桃园还专门派车送朝觐人员等船。如此接待直至 1937 年抗日战争全面爆发，达 1000 余人次。[④]

民国时期，时局动荡，经济残破，加之灾荒频发，使得人民生活窘迫且无保障，整个社会处于失范状态。回族社会亦是处于岌岌可危的不稳定的状态之中。在以伊斯兰教为纽带的回族社会内部，伊斯兰教事业的加强和巩固，是维护回族社会稳定积极、有效的途径。"今观中外重视宗教，其理皆同，何也？宗教足以维系人心"[⑤]，为了维护和发展伊斯兰教，上海回族商人们集中力量整顿教务，兴办伊斯兰教学校，宣扬、发展伊斯兰教文化，救济施赈，全力支持伊斯兰教慈善公益事业的建设，推动了上海伊斯兰教各项事业的发展。回族社会内部各种矛盾得到疏解，广大回族同胞的宗教权益也得到了进一步的保障，促进了回族社会的稳定。

三　组织化程度提高，增强回族凝聚力

民国时期上海回族商人群体社会活动、经济活动、宗教活动，密切

---

① 阮仁泽、高振农：《上海宗教史》，上海人民出版社，1992，第 570 页。

② 朱克同：《古玩市场和珠宝汇市——上海回族穆斯林的传统行业》，引自《中国伊斯兰教研究文集》编写组编《中国伊斯兰教研究文集》，宁夏人民出版社，1988，第 473 页。

③ 阮仁泽、高振农：《上海宗教史》，上海人民出版社，1992，第 481 页。

④ 上海市委员会文史科委员会主编《上海的宗教》，上海市政协文史资料编辑部，1996，第 153 页。

⑤ 《掌教请书》，引自《上海清真寺成立董事会志》，Y3 - 1 - 195，上海市档案馆，1911，第 42 页。

了回族内部各个阶层之间联系和交往，在回族社会内部发生共同关系和共同行为，将相对狭窄的群体归属感上升到更高层次的民族意识和民族归属感，增强了凝聚力，并以独立的民族力量的新姿态登上历史的舞台。

随着回族商人群体的“有序”程度的提升，回族商人社团应运而生。宗教团体——上海清真董事会，保障了回族各阶层的伊斯兰宗教权益，“上海一隅，教中人商于是者，日臻繁盛。鉴于时局，爰组织董事会，维持公益，整理教务”①。革命团体——清真商团，投身爱国斗争，旨在“回汉民族相关，患难与共”。学术团体——中国回教学会，被誉为“中国最大之回教学术机关”②，旨在“挽回学术衰微之风”，筹办新式回民学校，创建宗教图书馆，设立奖学金，选派留学生出国深造，贡献于回族文化教育事业。宣教团体——中国回教宣传所，奋起抵御侮教行径，宣传伊斯兰教真义，消除外界对回族的误解。慈善公益团体——上海回教慈善会，“谋本市回教同胞之各项福济”，广泛赈济、救助贫苦大众，推动伊斯兰教慈善公益事业的发展。回族商人所办社团的出现，不仅是回族社会商业进步、沿承传统的客观需求，更为突出的是回族社会内部整合的迫切要求。

然而，对上海回族商人群体而言，回族社会的宗教利益却是他们始终追求和坚决维护的。从行业公会到商人社团，组织化程度加强的同时，是伊斯兰宗教事业建设力度的不断加强，“它还兼顾同行业穆斯林的民族宗教事业，它往往是某教坊的资助单位”③。与同时期的其他社会团体相比，上海回族商人社团的民族性、宗教性更为突出，维护本民

① 《清真教董事会志序》，引自《上海清真寺成立董事会志》，Y3－1－195，上海市档案馆，1911。

② 《上海宗教志》编纂委员会编《上海宗教志》，上海社会科学院出版社，2001，第274页。

③ 南京市伊斯兰教协会：《南京回族伊斯兰教史稿》，金陵刻经处，2000，第67页。

族宗教利益和建设本民族宗教事业的意识也更为强烈。回族社会内部，不仅是同一类型的回族社团保持着密切联系，而且，不同类型的回族社团之间也是进行经常性的互动和统一行动。甚至，在全国范围内，上海回族社团与其他省市的回族社团同样相互交流，互无畛域，形成了一个整体性的回族社会的网络。

民国时期，回族商人群体组织程度的不断加强，逐步发展成为独立的阶级队伍和社会力量。在以伊斯兰文化为纽带的回族社会中，回族商人社团提高了回族社会组织化程度，同时，也促进了伊斯兰教各项事业的发展，增强了回族的民族凝聚力。

第三节　影响上海回族商人群体发展的主要制约因素

民国时期，上海回族商业及商人取得突飞猛进的发展。但就整体而言，上海回族商人群体的发展仍然受到诸多不利因素的影响。其中，小规模经营居多、商人群体整体文化素质不高、动乱时局的破坏和影响，以及伊斯兰教思想中的从商禁忌等，都制约了民国时期上海回族商人群体的发展。“当时上海的回民中小商小贩占较大比重，他们的经济极不稳定，生活艰困……还有一些情况略好的穆斯林开设了鸡鸭店、大饼油条店，他们的经济情况，不过是城市中的小贫民，多数的小商小贩只是挣扎在生活水平线下的所谓‘穷回回’，这些经济收入低、文化水平不高的回民宗教观念却很深”[①]。随着外部动荡环境影响和破坏的加剧，

① 金幼云、改柏年：《上海清真董事会》，转引自上海市委员会文史科委员会主编《上海的宗教》，上海市政协文史资料编辑部，1996，第135页。

以及自身传统经商思想和旧有商业结构制约力的凸显，上海回族商业发展出现颓势，开始逐渐衰退，并最终退出了历史舞台。

一　伊斯兰教经商禁忌思想的影响

“人生以服务为目的回教教胞因生活习惯之特殊，以至经济、文化落后，几成现社会之一种特殊病态”[①]。伊斯兰教特有的生活习俗也在一定程度上影响了民国时期上海回族商业得发展，其中较为突出的是伊斯兰教教义及教规中的一些禁忌思想。这些思想一方面规范了回族商人们的经商道德，但另一方面也限制了回族商人们经商理念的进步、企业规模的扩大及商业结构的调整，最终成为上海回族商人群体发展的制约因素之一。

在伊斯兰教的教义和教规中，对于重利是明令禁止的。《古兰经》就明确指出：“吃重利的人要像中了魔的人一样，疯疯癫癫地站起来。这是因为他们说‘买卖恰像重利’。珍珠允许买卖，而禁止重利。”（2：275）[②]，“真主褫夺重利，增加赈物。”（2：276）[③]，“信道的人们啊！如果你们真是信士，那末，你们当敬畏真主，当放弃余欠的重利。”（2：278）[④]许多回族商人及商贩们恪守着这一原则。但是，进入民国时期，普通银行开始实行存本付息、借贷还息，目的是促进商业及商人的发展。一方面，个人如果将闲散资金存入银行，可以获得利润，也可将资金的利用率提高；另一方面，个人如果遇到资金需要周转，或是公司、企业需要扩展规模时，可以向银行借贷资金以谋发展、壮大。许多商人及商贩因

---

① 《上海市财政局职员杨文广关于出席民国三十七年度伪上海青年夏令会筹备会议的报告和市府关于录取学生应与青运会议秘密联系的训令以及回教青年建国服务社成立的公函等》，Q432－1－171，上海市档案馆，1946。

② 《古兰经》，马坚译，中国社会科学出版社，1981，第33页。

③ 《古兰经》，马坚译，中国社会科学出版社，1981，第33页。

④ 《古兰经》，马坚译，中国社会科学出版社，1981，第33页。

此得益，商业规模不断扩大。然而二者都需要以利息（有时甚至是重利）的支付和获取为运作条件的，视向银行借贷和储蓄为“哈拉木”（伊斯兰教教规中非法行为的意思）的回族商人和商贩们，便只能运用有限的、闲散的资金以图发展，这样一来，不仅不利于个人商铺或企业的发展，而且不利于借贷投资理念及风气的形成，阻滞了整个回族商业的发展。

此外，伊斯兰慈善、福利精神的基本理论要求公平合理地分配社会财富，反对财富集中在少数人手中，以免导致社会中的贫富悬殊。从这些基本原则出发，伊斯兰教从社会财富的占有、分配、消费、使用、人际经济关系等方面采取了一整套系统体现福利精神的措施，如完纳天课、提倡施舍、分散财产、减免债务等。[①] “不少人资本雄厚，上升为民族资本家。但是他们大多数是虔诚的穆斯林，浓郁的宗教意识和虔诚的信仰，使他们将挣得的钱财用于伊斯兰教公益事业。”[②] 在上海回族商业领域中，积财不如积德的伊斯兰慈善、奉献思想仍然很浓郁，有的回族商人甚至将毕生的财产全部捐献，以资慈善公益事业。回族商人们的这些慈善思想及行为，虽然在一定程度上改善了广大贫苦教众的苦难生活，但就其个人而言，却不利于资本的积累，不利于企业及公司规模的不断扩大，限制了回族商业自身的发展。

民国时期，回族商业虽然呈快速发展之势，但是，在上海回族商人中，富商并不众多，拥有雄厚资本的更是寥寥无几。回族商人大多沿承了旧有的商业经营模式，小规模生产的意识广泛存在，上海回族商业的发展长期存在小商小贩多、经营规模小、多以家庭为单位、经营方式较封闭且原始的状态。这种自然经济形态下的小农经济与商贩营

① 杨曼殊、肖宪：《伊斯兰经济理论及其实践》，《西南亚研究》1987 年第 2 期。

② 阮仁泽、高振农：《上海宗教史》，上海人民出版社，1992，第 566 页。

生，造成许多回族商人只注重眼前利益而忽视长远利益，注重个人利益而忽视群体利益，注重家庭小利而忽视民族发展的大计。在价值观念上往往注重既得的物质利益而轻视文化教育，加重了原本就很落后的回族社会文化教育事业的负担，造成民国时期上海回族商业缺乏高素质商人经营的窘境。加之动荡的时局的影响，回族商人难以得到稳定的发展，回族商业逐步走向衰败。

二　时局的影响

清末至民国，是中国走向衰败，由一个主权国家变成半殖民地国家的时期。同样在这一时期，中国社会也开始逐渐苏醒过来，新民主主义革命的开端，反帝、反封建、反反动统治斗争的浪潮，推动着中华民族的自觉。回族同胞也是在这一洪流中勇进，在政治、经济、文化等方面不断取得进步。然而，商业的发展如果没有稳固的政权和稳定的社会环境予以保障，是很难取得突破性的发展，甚至是会倒退和衰败的。民国时期，上海回族商业亦是受到动荡时局的巨大冲击，回族从商者们的发展举步维艰。“这种极不稳定的经济生活，使广大回民（包括小商小贩）处于极度贫困的状态，乞讨现象相当严重”①。

抗日战争的爆发，使得上海地区回族商人及商贩的经营愈发艰难，生活变得十分困苦。“20 世纪 30 年代，从河南、安徽一带因灾荒而流落在租界内的回民，多数设摊卖大饼、油条、馒头来维持生计，晚上就在摊上栖身，尤以民国 26 年抗战开始后，山东、南京、镇江等地避难而来的回民有的也经营此业”②。抗日战争爆发，上海回族商业受到了巨大的破坏，以回族珠宝古玩业为例，“抗日战争时期，日寇侵入巧

① 《回族简史》编写组编《回族简史》，宁夏人民出版社，1978，第 64 页。

② 《上海市黄浦区志》编纂委员会编《上海市黄浦区志》，上海社会科学院出版社，1996，第 1110 页。

取豪夺，偷盗不少历史文物，我业限于时势，营业清诶，甚至多数手工艺制品者废其业去度负贩生活糊口”[①]，民国 30 年（1941）12 月，日军占领整个公共租界，五马路新、老古玩市场营业日趋衰弱，一部分回民从业人员无法维持营生，改营他业。[②] 同时，日军对中国商人及企业巧取豪夺，大批回族商人经营的公司亦纷纷倒闭、歇业。“然而 1937 年抗战爆发，中国磨钻厂和中国贸易进出口公司，在战乱中先后歇业，职工解散，外籍技师回国，加之市场萧条，人心不定，磨钻事业遂中断”[③]。此外，皮货行业更由于日军的封锁和战时统制禁运，货源、原料相继中断，从此一蹶不振。[④]

“抗战以后，原料来源中断且币值波动，本业受影响，畿有衰弱之势，南市的同业渐移租界不免原气受伤，非可昔比”[⑤]。抗日战争胜利以后，回族商业有了短暂的复苏，但欧美货品的倾销及官僚资本的商业垄断，又无情地打破了回族商人们的复兴之梦。其中，美国利用国民党反动政府的庇护政策，开始大量向中国倾销商品，造成国货滞销、商业发展滞缓。“抗日战争胜利后，美国药品充斥市场，回族商人许晓初经营的中法药房本牌产品营业直线下降，民国 37 年（1948）国民政府实行限价，药房售出之货已无法以原价补进，存货越来越少”[⑥]。这期间，国民党反动政府利用官僚资本对国内主要商业行业实行垄断经营，抑制了回族商业的复苏。“抗日战争胜利后，反动政府通货膨胀制定不合理之外汇政策，扼住喉咙，应该复苏之本业以致窒息奄

① 《上海古玩商业历史沿革》，S186－3－1，上海市档案馆，1954。

② 《上海民族志》编纂委员会编《上海民族志》，上海社会科学院出版社，1997，第 163 页。

③ 致维德：《中国磨钻工业创始人——马鹤卿》，参见 1987 年《伊斯兰教文史资料汇编》。

④ 朱国栋、王国章：《上海商业史》，上海财经大学出版社，1999，第 157 页。

⑤ 《上海珠玉商业历史沿革》，S185－3－1，上海市档案馆。

⑥ 《上海市黄浦区志》编纂委员会编《上海市黄浦区志》，上海社会科学院出版社，1996，第 1110 页。

无生气，同业业务始终在风雨飘摇中过来”[①]。

上海回族教育事业的发展受动荡时局的影响和破坏也是巨大的。抗战时期，纸币贬值，物价飞涨，大多数回族儿童因家庭经济困难而无法入学。“抗日战争爆发后，上海失陷，敦化于一九三七年秋迁入旧法租界南阳桥新乐里，更名为敦和小学，因校址窄小，改为半日制上学。日军进入租界后，学校停办。在此期间，南市校舍一度作为难民收容所”[②]。抗战结束，回族教育事业也没有获得振兴，回族从商者基础文化程度仍然低下，“时逢国民党当局阻扰立案，聘请教师困难，价值币值猛跌，学校只得开设一、二年级两个班级，略收学杂费勉强维持”[③]。

三　回族职业结构的局限性

民国时期，上海回族商业虽取得一定的发展，但在回族社会内部，低文化人群及简单职业从业者仍居多，阻碍了回族商业的整体发展，“上海的回民逐渐形成两极分化状态，当时回族贫民要占全上海回民的90%以上，仍以‘穷回回’著称”[④]。民国时期上海回族商业中的职业结构主要是以小商小贩的小规模经营为主，“一部分人则因商业竞争失败而破产，仍以设地摊、做小贩糊口”[⑤]。

---

① 《上海古玩商业历史沿革》，S186－3－1，上海市档案馆，1954。

② 花念慈、沙新芬：《回顾上海的回民教育》，引自中国人民政治协商会议上海市委员会文史资料工作委员会编《上海文史资料选辑》（第四十九辑），上海人民出版社，1985，第157页。

③ 花念慈、沙新芬：《回顾上海的回民教育》，引自中国人民政治协商会议上海市委员会文史资料工作委员会编《上海文史资料选辑》（第四十九辑），上海人民出版社，1985，第159页。

④ 《中国伊斯兰教研究文集》编写组编《中国伊斯兰教研究文集》，宁夏人民出版社，1988，第471页。

⑤ 《中国伊斯兰教研究文集》编写组编《中国伊斯兰教研究文集》，宁夏人民出版社，1988，第471页。

表 6－1　1951 年上海回族人口职业情况统计表

职　业	人口数（人）	占回族在业人口比例（%）	占回族总人口比例（%）
工人	888	16.29	5.11
独立劳动者	437	8.02	2.51
公司企业职工	483	8.86	2.78
机关员工	109	1.99	0.63
文教医务工作者	178	3.27	1.02
珠玉古玩业者	238	4.37	1.37
鸡鸭牛羊肉业者	197	3.61	1.13
饼馒面食业者	1046	19.19	6.02
其他商业者	590	10.82	3.39
摊贩业者	711	13.04	4.09
公安人员	236	4.33	1.36
宗教职业者	58	1.06	0.33
农民	5	0.09	0.03
其他职业者	269	4.93	1.55

资料来源：《上海民族志》编纂委员会编《上海民族志》，上海社会科学院出版社，1997，第 46 页。

长久以来，回族社会对于学童受教育的重视程度一直不够，回族孩童自幼便进入商铺学习经商之术，大多忽视文化知识的学习，民国时期的上海也不例外。“到了 1871 年前后，在上海新北门附近，出现了第一家由穆斯林开设的古玩商铺——天宝斋。店主哈弼龙及店员学徒均系穆斯林。继而又有尚古斋等。随后大批穆斯林子弟被送往古玩珠玉业当学徒”①。直到民国末年，文化素质低下这一制约回族商业发展的顽疾仍没有得到较好地改善。“1951 年，全市回族人口总数中，7 岁以上人口数有 14376 人，其中具有大学以上文化程度的人口数有 242 人，占 7 岁以上人口数（下同）的 1.68%；具有高中文化程度的人口数有 683 人，占 4.75%；具有初中文化程度的人口数有 1258 人，占 8.75%；具有小学文化程度的人口数有 6252 人，占 43.49%；文盲有 5767 人，占 40.12%”②。至新中国成

① 阮仁泽、高振农：《上海宗教史》，上海人民出版社，1992，第 563 页。

② 《上海民族志》编纂委员会编《上海民族志》，上海社会科学院出版社，1997，第 45 页。

立初期，上海回族人口中小学文化程度和文盲人数之和仍达到总数的83.61%。由此可见，民国时期上海回族商业中从商者文化基础的落后程度可见一斑。

此外，一个民族受教育程度的有限，必然导致整体文化素养不高、高端人才稀缺，以致民众参与政事的机会就大大减少。众所周知，元朝时期回回经济实力的凸显，很大一部分作用归功于回回官员在元廷政坛上显赫地位的保障及推动。然而，民国时期执政的回族官员却是凤毛麟角，这也是影响上海回族商业发展的一个制约因素。民国时期在上海担任各种军政官职的少数民族人数共9人（次），其中，回族仅3人，分别是湘沪卫戍司令部卫戍司令白崇禧、上海市参议员仝道云、制宪国民代表大会代表许晓初。[①]

文化程度及职业结构配置的劣势，严重阻碍了民国时期上海回族商人和回族商业的发展。整体文化水平和职业结构的良性转变非一朝一夕可以完成，所以这一顽疾伴随了上海回族商业发展的始终，成为制约民国时期上海回族商业发展的重要不利因素之一。

民国时期的上海回族商业，随着清末以来政治体制、商业政策的转变，全球化商业模式的侵入，近代民族资本主义及工商业的兴起，以及上海作为全国金融中心的确立等诸多优势条件的汇聚逐渐发展壮大起来，行业规模不断扩大，经营范围也愈加广泛。同时，一批积极发展民族经济、努力振兴伊斯兰事业、爱国爱教的回族商人也相继涌现出来，回族商业呈现出繁荣的态势。但由于动荡时局的破坏，以及回族社会整体文化素质不高和伊斯兰教从商禁忌思想的影响，上海回族商人们难以得到稳定的发展空间和实现资本的有效积累，回族商业发展开始出现颓势，并逐渐衰退，并最终退出了历史舞台。

---

① 《上海民族志》编纂委员会编《上海民族志》，上海社会科学院出版社，1997，第147页。

参考文献

研究著作：

[1] 阮仁泽、高振农：《上海宗教史》，上海人民出版社，1992。
[2] 朱国栋、王国章：《上海商业史》，上海财经大学出版社，1999。
[3] 南京市伊斯兰教协会：《南京回族伊斯兰教史稿》，金陵刻经处，2000。
[4] 上海社会科学院经济研究所编《中美烟公司在华企业资料汇编》第3册，中华书局，1983。
[5] 黎占亭：《蒋锡夔》，金陵出版社，2008。
[6] 徐雪筠：《上海近代经济发展概况》，上海社会科学院出版社，1985。
[7] 王建平：《近代上海伊斯兰文化存照》，上海古籍出版社，2008。
[8] 中国人民政治协商会议上海市委员会文史资料工作委员会编《上海文史资料选辑》(第四十九辑)，上海人民出版社，1985。
[9] 刘宁元：《拍卖法原理与实务》，上海人民出版社，1998。
[10] 陆仰渊、方庆秋：《民国社会经济史》，中国经济出版社，1991。
[11] 中国人民大学政治经济学系《中国近代史》编写组：《中国近代史》(下册)，人民出版社，1978。
[12]《中国近代史稿》编写组：《简明中国近代史知识手册》，北京师范大学出版社，1974。
[13] 吴承明：《帝国主义在旧中国的投资》，人民出版社，1955。
[14] 陈真：《中国近代工业史资料》第1辑，三联书店，1958。

[15] 广东省社会科学院历史研究室、中国社会科学院近代史研究所中华民国史研究室、中山大学历史系孙中山研究室合编《孙中山全集》第1卷，中华书局，2006。

[16] 上海市委员会文史科委员会主编《上海的宗教》，上海市政协文史资料编辑部，1996。

[17] 朱英：《辛亥革命时期新式商人团体研究》，中国人民大学出版社，1991。

[18] 霍维洮：《近代西北回族社会组织化进程研究》，宁夏人民出版社，2000。

[19] 张怀武主编《近现代回族爱国斗争史话》，宁夏人民出版社，1996。

[20] 上海社会科学院历史研究所编《辛亥革命在上海史料选辑》，上海人民出版社，1981。

[21] 中国人民政治协商会议上海市委员会文史资料工作委员会编《辛亥革命七十周年文史资料纪念专辑》，上海人民出版社，1981。

[22] 中国人民政治协商会议上海市静安区委员会文史资料工作组：《上海市静安区文史资料选辑》第2辑，1986。

[23] 中国科学院近代史研究所史料编译组：《辛亥革命资料》，中华书局，1961。

[24]《鲁迅诗歌注》修订本，浙江人民出版社，1980。

[25] 张永庆、马平、刘天明：《伊斯兰教与经济》，宁夏人民出版社，1994。

[26]《中国伊斯兰百科全书》编纂委员会编《中国伊斯兰百科全书》，四川辞书出版社，1994。

[27]《回族简史》编写组编《回族简史》，宁夏人民出版社，1978。

[28] 白寿彝：《中国伊斯兰史存稿》，宁夏人民出版社，1983。

[29] 陈垣：《元西域人华化考》，商务印书馆，2008。

[30]《古兰经》，马坚译，中国社会科学出版社，1996。

[31] 民族问题研究会编《回回民族问题》，民族出版社，1980。

[32] 余振贵：《中国回族之最》，宁夏人民出版社，1998。

[33]《中国伊斯兰教研究文集》编写组编《中国伊斯兰教研究文集》，宁夏人民出版社，1988。

[34] 王希恩：《民族过程与国家》，甘肃人民出版社，1998。

外文著作：

[1]〔巴基斯坦〕赛义德·菲亚兹·马茂德：《伊斯兰教简史》，中国社会科学出版社，1981。

[2]〔美〕帕克斯·M. 小科布尔：《江浙财阀与国民政府（1927～1937）》中译本，南开大学出版社，1987。

[3]〔埃及〕曼素尔·筛海、塔志著《圣训经》，陈克礼译。

论文：

[1] 张志诚：《上海地区的回族及其经济活动概述》，《回族研究》1994年第4期。

[2] 袁纣卫：《苏南回族商帮》，《回族研究》1998年第1期。

[3] 郑勉之：《近代江苏回族经济概貌》，《宁夏社会科学》1985年第4期。

[4] 南文渊：《伊斯兰教对商业经济的影响》，《宁夏社会科学》1989年第3期。

[5] 李永继：《上海最早的一家清真酱园》，《民族联谊》，1986。

[6] 冯今源：《王静斋年谱》，《世界宗教研究》1989年第4期。

[7] 白寿彝：《关于回族史工作的几点意见》，《西北伊斯兰教研究》，甘肃民族出版社，1985。

[8] 杨曼殊、肖宪：《伊斯兰经济理论及其实践》，《西南亚研究》1987

年第 2 期。

[9] 吕建福：《论宗教与民族认同》，《陕西师范大学学报》（哲学社会科学版）2006 年第 5 期。

[10] 周佳：《浅论宗教信仰对民族认同形成过程的影响》，《科教导刊》2010 年 11 月（中）。

[11] 黄兴涛、王峰：《民国时期“中华民族复兴”观念之历史考察》，《中国人民大学学报》2006 年第 3 期。

[12] 宋黎明：《中华民族认同与全民抗战》，《华中科技大学学报》（社会科学版）2005 年第 5 期。

[13] 李伟、丁明俊：《从文化认同到国家认同》，《北方民族大学学报》2010 年第 2 期。

报纸杂志：

[1]《绿旗》。

[2]《中国回教学会月刊》。

[3]《申报》。

[4]《人道》。

[5]《时报》。

[6]《民族联谊》。

地方史志：

[1]《上海宗教志》编纂委员会编《上海宗教志》，上海社会科学院出版社，2001。

[2]《上海民族志》编纂委员会编《上海民族志》，上海社会科学院出版社，1997。

[3]《上海通志》编纂委员会编《上海通志》，上海社会科学院出版社，2005。

[4]《上海市杨浦区志》编纂委员会编《上海市杨浦区志》，上海社会科学院出版社，1995。

[5]《上海市南市区志》编纂委员会编《上海市南市区志》，上海社会科学院出版社，1996。

[6]《上海市黄浦区志》编纂委员会编《上海市黄浦区志》，上海社会科学院出版社，1996。

[7]《上海静安区志》编纂委员会编《上海静安区志》，上海社会科学院出版社，1996。

[8]《上海市卢湾区志》编纂委员会编《上海市卢湾区志》，上海社会科学院出版社，1998。

[9]《上海市普陀区志》编纂委员会编《上海市普陀区志》，上海社会科学院出版社，1994。

[10]《上海市松江县地方史志》编纂委员会编《上海市松江县地方史志》，上海社会科学院出版社，1991。

[11]《上海对外经济贸易志》编纂委员会编《上海市对外经济贸易志》，上海社会科学院出版社，2001。

[12]《上海文物博物馆志》编纂委员会编《上海文物博物馆志》，上海社会科学院出版社，1997。

[13]《上海日用工业品商业志》编纂委员会编《上海日用工业品商业志》，上海社会科学院出版社，1999。

[14]《上海博物馆志》编纂委员会编《上海博物馆志》，上海社会科学院出版社，1997。

档案资料：

[1]《上海清真寺成立董事会志》，Y3-1-195，上海市档案馆，1911。

[2]《上海古玩商业历史沿革》，S186-3-1，上海市档案馆，1954。

[3]《上海珠玉商业历史沿革》，S185－3－1，上海市档案馆。

[4]《上海储蓄银行有关珠宝业调查资料》，Q275－1－1941，上海市档案馆，1933。

[5]《上海兴业钻石翡翠股份有限公司申请登记、经济局呈批函、实业部令》，R13－1－1911－1，上海市档案馆，1943。

[6]《上海振兴公司股票持有人关于将股票捐助振兴珠玉汇市的来函（附股票）》，S185－1－36，上海市档案馆，1918。

[7]《中法药房股份有限公司概况调查》，Q78－2－14798，上海市档案馆，1947。

[8]《宝丰肇记行概况调查》，Q78－2－13429，上海市档案馆。

[9]《上海市教育局关于私立清真小学呈请立案》，Q235－1－1038，上海市档案馆，1927。

[10]《上海市教育局关于私立敦化小学呈请立案》序，Q235－1－1192，上海市档案馆，1930。

[11]《上海市财政局职员杨文广关于出席民国三十七年度伪上海青年夏令会筹备会议的报告和市府关于录取学生应与青运会议秘密联系的训令以及回教青年建国服务社成立的公函等》，Q432－1－171，上海市档案馆，1946。

[12]《上海市社会局关于苏北各属回教教胞旅沪同乡会申请登记的文件》，Q6－5－1064，上海市档案馆，1948。

[13]《上海市社会局关于回教慈善会注册登记等文件》，Q6－9－294，上海市档案馆，1948。

后 记

上海自开埠以后，逐渐成为中国对外通商口岸的中心，近代西方工业文明也借助这个窗口传入。上海社会、经济、文化生活开始发生剧烈变化，上海的近代化也由此开启。在这样的历史背景下，上海回族商人开始探索如何生存发展的途径。本书根据研究对象的特点，采用传统与现代、民族与国家的研究视角对民国上海回族商人群体展开梳理和研究。

笔者选取上海为研究对象，可以更为全面地揭示近代以来，在中国近代化程度最为突出的地区，回族商人的发展变化。上海回族商人群体面对近代化的冲击，商人的结构、商业发展、商人组织、经营方式都发生了巨大变化。在来势汹涌的近代化面前，中国传统社会开始通过不断的调适来适应这种冲击。然而，对处于上海回族社会领导阶层的回族商人群体而言，维护回族社会的整体利益，保障回族同胞的宗教权益，传承和发展传统伊斯兰教，又是其必须重视，且需要投入极大热忱以维持的。本书就是为了探讨在近代化进程中，上海回族商人群体如何实现近代化转型与传统宗教维系有机的统一，以推动回族社会的时代进程。

此外，清末以来，军阀割据、混战，中国在帝国主义殖民侵略下，门户大开，人民灾难深重。民族存亡的危机使人们意识到确立近代民族与国家意识的迫切性。随着辛亥革命的爆发，孙中山先生“联合国内各族人民共同推翻清王朝”“五族共和”统一中国意识的确立，疏解了民族认同感和国家认同感歧见和障碍，民族与国家意识进一步统一。由于民族意识与国家意识的一致性，我们民族、国家有了十分顽强的生命力，积淀深厚的民族自我认同意识与对祖国的深厚感情相互交织在一起，形成了巨大的精神力量。而这股力量从古至今激励着那些先觉者们以各种方式实现民族与国家的振兴。上海回族商人群体正是这样一群有着民族危机感，在民族与国家救亡图存道路上有先觉意识的人们，他们以发展民族经济、倡兴全社会范围内的慈善事业、组织参加救国运动等方式，使民族意识与国家意识得到进一步的加强和统一。

本书的出版，尤其要感谢我的博士生导师霍维洮教授。先生不仅为我量身定制博士论文的选题，为此书定了基调，而且一直关注学生论文的学术规范，使本书得以成功出版，在此表示深切的感谢。此外，西北民族大学的胡桥华老师参与本书部分章节的撰写，在此一并致谢。

图书在版编目（CIP）数据

民国时期上海回族商人群体研究 / 杨荣斌著. —北京:
社会科学文献出版社，2014.4
ISBN 978 - 7 - 5097 - 5510 - 5

Ⅰ.①民… Ⅱ.①杨… Ⅲ.①回族 - 商人 - 群体 -
研究 - 上海市 - 民国 Ⅳ.①F729.6

中国版本图书馆 CIP 数据核（2013）第 311263 号

民国时期上海回族商人群体研究

著　　者 / 杨荣斌

出 版 人 / 谢寿光
出 版 者 / 社会科学文献出版社
地　　址 / 北京市西城区北三环中路甲 29 号院 3 号楼华龙大厦
邮政编码 / 100029

责任部门 / 人文分社（010）59367215
电子信箱 / renwen@ssap.cn
项目统筹 / 宋淑洁
责任编辑 / 宋淑洁　岳　蕾
责任校对 / 张千兵
责任印制 / 岳　阳
经　　销 / 社会科学文献出版社市场营销中心（010）59367081　59367089
读者服务 / 读者服务中心（010）59367028

印　　装 / 三河市尚艺印装有限公司
开　　本 / 787mm × 1092mm　1/16
印　　张 / 15.75
版　　次 / 2014 年 4 月第 1 版
字　　数 / 260 千字
印　　次 / 2014 年 4 月第 1 次印刷
书　　号 / ISBN 978 - 7 - 5097 - 5510 - 5
定　　价 / 65.00 元